走近大思想家

卢梭与休谟：他们的时代恩怨

ROUSSEAU'S DOG：
Two Great Thinkers at War in the Age of Enlightenment

〔英〕大卫·埃德蒙兹 约翰·艾丁诺 著 周保巍 杨杰 译

上海人民出版社

爱,即待之以朋友之道。

——约翰逊博士(Dr. Johnson)

凡 1789 年之后降生之人都不曾体味过生活的醇美。

——塔列朗(Talleyrand)

目 录

恐慌与逃难

　　这两个人在文坛上的地位是如此之高,他们的争吵所引起的关注又是如此之广,再加上这场纷争的旁观者又都是些位尊名显的煊赫之士,以致虽时至今日,他们的故事仍值得我们好好探究一番。

——G. 伯贝克·希尔(G. Birbeck Hill)编,

《大卫·休谟致威廉·史翠寒的信》

(*Letters of David Hume to William Strahan*)

1766 年 1 月的一个晚上，英吉利海峡的天气糟透了——狂风暴雨，寒湿交加。这一晚，一班从加莱(Calais)到多佛(Dover)的邮船因逆风被迫在海港作短暂停留之后，又踉踉跄跄地在风雨中艰难前行。船上的旅客中，有两个人大约在三周前才首次在巴黎见面。其中一个是英国的外交官，一个是来自瑞士的避难者。这个避难者身边有一个形影不离的爱伴，它叫"苏丹"(Sultan)，是一条有着卷曲尾巴的棕色小狗。这个外交官，因为晕船，正坐在船舱里休息。而这个避难者却整个晚上都呆在甲板上，其耐寒性让已被冻僵的船员都感到啧啧称奇。

如果这班邮船不幸沉没的话，那么它将带着 18 世纪两位最具影响的思想家永沉海底。

这位外交官就是大卫·休谟。他在哲学领域所作贡献——无论是归纳理论、因果理论、必然理论，还是个人的自我同一性理论、道德理论和无神论——的意义如此深远，以至于他的名字注定要在最伟大的哲学家阵营中占有一席之地。这个阵营当然也包括古希腊哲学家柏拉图、亚里士多德、苏格拉底，德国哲学家康德以及英国哲学家维特根斯坦。作为亚当·斯密(Adam Smith)①的同时代人和朋友，休谟为现代经济学的发展铺平了道路；

---

① 道德哲学家和经济学家，1723—1790，休谟的挚友，同时也是"苏格兰启蒙运动"中最耀眼的群星之一。当"老"皮特在内阁接见他时，内阁的所有阁员都肃然起立，就像"老"皮特所（转下页）

3

与此同时,他还推动了史学的现代化。

而那个避难者就是让-雅克·卢梭。其智识之广博,思想成就之大,也同样让人深感震惊。他在政治理论、文学以及教育领域都作出了划时代的贡献。他的自传《忏悔录》(*Confessions*)是一部震烁古今的原创之作,此后虽然有不计其数的著述取法效仿,但在自传体的艺术发展史上,它仍然是不可逾越的典范。他的教育学论著《爱弥儿》(*Émile*)在颠覆我们传统的儿童教育观的同时,也改变了我们对于儿童的认知。作为其最重要的政治学著作,《社会契约论》(*On the Social Contract*)曾被用来激励一代又一代为实现民主和平等而前仆后继的仁人志士。更重要的是,卢梭改变了我们看待自己、看待自己的情感以及看待自己与社会、与整个自然界的关系的方式。

同船旅行的这两个人的境遇可谓天差地别。作为英国驻法国使馆的秘书,休谟的任期已告结束,正打算返回伦敦。在任职的这 26 个月中,休谟可谓功成名就,这或许是他一生中最快乐的时光。他已成为巴黎沙龙——它是法国启蒙运动的温床——的宠儿,并以其正直和睿智赢得了众人的肯定和青睐。他更因其高贵的人格而被授予"好人大卫"(Le bon David)的昵称。

休谟的本性似乎就是如此良善,以至于他对于一个身处困境的陌生人也依然能保持慷慨。于是他欣然接受重托,在英国为年过半百的卢梭提供庇护。卢梭的一些著作和小册子所激起的宗教和政治反感是如此地强烈,以至于他先是被逐出法国的寓所,然后又被赶出他在家乡瑞士的避难所。在瑞士,由于受到一名牧师的蛊惑和教唆,一群暴民向卢梭的住所投掷石块。正是意识到卢梭之笔所具有的致命威力,当局才会下定决心除掉如此危险的一个人物。

十年来,卢梭一直觉得自己深陷重围。他深信有人试图暗算他,他的自由受到法国和瑞士当局的威胁,以至于他无法找到一个永久的栖身之地,从而被迫从一个地方逃到另一个地方,颠沛流离。卢梭开始把迫害看成是他

(接上页)说的那样:"斯密阁下,我们都站着,因为我们都是您的学生。"他于 1751 年被遴选为格拉斯哥大学的逻辑学讲席教授,次年又被遴选为道德哲学讲席教授。他 1759 年出版了《道德情操论》一书。1763 年,作为布克莱公爵(the Duke of Buccleuch)之子的家庭教师,与其学生一道到欧洲进行"大游历"(Grand Tour),在此期间,他到费尔奈(Ferney)拜访过伏尔泰,并在巴黎住过一段时间。1766 年他重返苏格兰。十年之后他出版了"现代经济学"的开山之作《国富论》,在其中,斯密痛击了当时占主流地位的重商主义,提出了自由贸易学说。

命中注定,甚至看成是他荣誉的勋章。很早以前,他就下定决心要远离喧嚣的尘世,过一种遗世独立的生活。而现在这种生活似乎正与他的决心不谋而合。不过这并不是要把友情排除在外。对卢梭而言,友情必须基于平等:它需要彼此之间胸怀磊落、坦诚相见。所以友情只能存在于平等人之间,任何形式的依附都与它水火不容。

无论如何,生活在人生地不熟且语言不通的国家,卢梭现在只能仰仗休谟。戴莱丝·勒·瓦瑟(Thérèse Le Vasseur)①,这个在逾三十年的时间里与他形影不离、并一直充当着管家婆照看其日常起居的女仆,尚留在瑞士。卢梭非常喜欢她,一刻也离不开她,当不得已分开时,卢梭也是对她念念不忘。至少,他的身边还有苏丹。所以,卢梭对于苏丹的那种深厚感情,曾让旁观者感到不可理喻。曾一度养过狗的休谟这样评点道:"他对那条狗的喜爱简直无以言表,也超乎人们的想象。"

自卢梭成年后,另一个"人"也一直与他形影不离。

弗里德里希·格里姆(Friedrich Grimm)②,一个自封为欧洲宫廷文化信使的人,曾说道:"很显然,卢梭随身带的这个爱伴一刻也不让他安闲。"这个焦躁不安的爱伴就像苏丹一样与他形影不离,并且永远对他颐指气使。这个爱伴就是卢梭内心深处根深蒂固的信念——这个世界充满敌意且阴险狡诈,准备随时背叛他。

船是在1月11日中午抵达多佛的。一踏上英国的土地,卢梭就紧紧地

---

① 卢梭的伴侣,1721—1801,在1746—1752年间,他们一共育有五个子女。当于1745年在巴黎的圣-昆汀(Saint-Quentin)旅馆初遇卢梭时——当时卢梭正寄宿在这家旅馆,她还只是一名洗衣工兼厨房女佣。他们一直生活在一起,直至卢梭于1778年去世。在描述他和她之间的关系时,卢梭用到的词是"依恋"而非"爱",并称其为姑姑、管家和妹妹。卢梭死后,受到吉拉丁伯爵(Comte de Giradin)的男仆——一个比她小很多的、年仅34岁的亨利·贝利(Henri Bally)——的诱惑,并于1779年11月与其结婚。

② 一位贫困潦倒的德国男爵,1723—1807,在巴黎担任奥尔良公爵的家庭教师,并由此进入到"哲人"圈内部。他因一段无果的爱情而致使全身僵直而声名狼藉。其1753年至1792年间在巴黎编辑出版的文化通讯性质的半月(双周)刊《文学通信》对传播启蒙思想贡献甚巨。《文学通信》不受审查地流通于德国、斯堪的纳维亚、俄罗斯的王公贵族中间。其内容可谓包罗万象,既有新闻和小道消息,也有对新近出版物的评论和摘录。如今,人们一般公认,对于了解那个时代的文化史而言,《文学通信》具有无量的价值。经主编《百科全书》的狄德罗介绍,格里姆与卢梭相识,但他最终和卢梭闹僵,因为他觉得卢梭对其情人埃皮奈夫人忘恩负义,但自豪于自己并没有因此而用文字公开攻击卢梭。"法国大革命"让格里姆倾家荡产,他只能靠凯瑟琳大帝赐予他的一份年金勉强维持生计。

抱住休谟,他没有说一句话,只是泪眼婆娑地亲吻着休谟。两人抵达伦敦之后,在给其兄长的信中,休谟快活地写到:"我相信我可以和卢梭做一辈子的朋友……我想我们之所以能和睦相处,一个最重要的原因是:我和他都不是那种好辩之人。"

在巴黎,休谟和当时的许多文化名流以及名媛贵妇们相交甚欢。然而,即便是在激进的思想家对社会生活的方方面面(包括传统的思想观念、制度和文化)都发起了无情的挑战和批判的法国启蒙运动时期,也没有哪一个激进思想家能比得上卢梭。尽管满怀善心,休谟——这位被授予"好人大卫"(*Le bon David*)名号的哲学家,是否真正了解他所带的这位客人呢?

纯真的心

出自上帝之手的时候，人们都心智单纯。

——托马斯·艾略特（T. S. Eliot）

"我的出生是我无数不幸中的第一个不幸。"让-雅克·卢梭在《忏悔录》中这样写着。卢梭于 1712 年 6 月 23 日生于日内瓦,他父亲伊萨克·卢梭(Issac Rousseau)是一名钟表匠,母亲苏珊·伯纳德(Susan Bernard)是日内瓦一位加尔文派牧师的女儿。卢梭是家里的第二个男孩,在他出生十天后,他的母亲就撒手人寰。据卢梭记载,他的父亲再也没能从丧妻之痛中走出来。因为他总能在其幼子的身上看到亡妻的影子,一抱起让-雅克,他便悲从中来、不能自已。半个世纪之后,卢梭仍能清晰地记起当初的情景,当他的父亲提议他们应该好好地谈谈他的母亲时,他回答道:"好吧,爸爸,我们肯定又要大哭一场了。"

　　对于一个遭此重创并一直沉浸在丧母的无尽苦痛和思念中的孩子来说,这种要求必然是创伤性。毫无疑问,卢梭将对于无条件的爱的渴望,对于背叛的一种预期,对于他人的不信任带入了成年。如果说卢梭在生活中一直感到童真不再,为错过的幸福生活而抱憾,并专情于他自己的内在自我——在某种意义上,内在自我比外部世界更可靠——的话,这也是理所当然的。他或许会弄错事实,"但是,我的感觉是不会出错的"。

　　卢梭并不是一个强健的男孩:他的膀胱先天畸形,终其一生,卢梭都深受这种病痛的困扰和折磨。他小便费力且慢,而且总感到尿意未尽。

在十岁的时候,已经失去母亲的卢梭,又失去了他的父亲。他父亲跟一个法国军官发生争执,这个军官随后控告他在城里向他持剑行凶。依照日内瓦当时的法律,卢梭的父亲是要吃官司的。由于不愿去坐牢,卢梭的父亲最后选择逃离日内瓦,流落异乡。父亲走后,卢梭的舅父收养了他,并将卢梭与自己的儿子,也即卢梭的表兄伯纳德一道寄养在乡下的一个牧师家,以便跟他学习拉丁文。后来,卢梭曾回忆起这段世外桃源般的幸福时光,并就永远使他着迷的一个主题——友谊——评价道:"这种纯朴的农村生活给我带来了不可估量的好处,它使我敞开怀抱,收获了友谊。"与此同时,卢梭还发现,牧师妹妹纤纤玉手所施加的责罚给他带来了性的快感。当他言行无状、顽劣不羁的时候,她就会责罚他,但这只会激起他肉体上的快感,于是他便情不自禁地一犯再犯。

日内瓦是一个居民只有两万多人的小城邦,但它城墙壁垒森严,四境有群山拱卫。由于这两方面的环境隔绝使然,虽然仍受到周边强大的天主教君主国的威胁,日内瓦人保持着一种独特的、深受加尔文主义浸染的文化和氛围。加尔文于1541年起草了日内瓦宪法,希望通过它来实现他的神圣理想。卢梭总是自豪地称自己为一名"日内瓦公民"(他的朋友常在信中称他为"亲爱的公民"),而他在日内瓦的成长也塑造了他特有的思维模式,特别是他对政治、民主参与以及个人责任的理解。

但是在1728年3月14日,星期天,卢梭遭遇到他人生中第三次痛彻心扉的离别,同时也永远地告别了他的童年——那时已16岁的他回到日内瓦给一个雕工当学徒。当正和一群同伴在城门外散步时,卢梭听到了晚间的城门即将关闭的号声。他拼命地往回跑,可还是迟了。在离城门还有二十步之遥的时候,他看到第一座吊桥已经升起。因为被关在城外,他已被处罚了两次,所以他立马下定决心不再回到师傅那儿,并从此离开日内瓦远走高飞。他的表兄伯纳德溜出城来,给他送来了一些盘缠,其中还有一把短剑。卢梭怀疑是他的舅父、舅母指使伯纳德这么做的,为的是要摆脱他这个麻烦不断的外甥,而不是劝他回家。在卢梭看来,这是他一生中遇到的第一桩阴谋。卢梭离开了日内瓦,并朝着萨瓦省(Savoy)的方向走去。

一周后,在安纳西(Annecy),卢梭被引荐给一位对他的一生有着决定性影响的夫人。她就是华伦夫人①,那时尚不足 30 岁,有着"一副引人入胜的面容"。她是瑞士的一名男爵夫人,后来皈依天主教。她最大的爱好据说是拯救新教徒的灵魂,特别是那些寓居在体貌俊伟的美少年身体中的灵魂。她把这个无家可归的少年领回家,在朝夕相处的五年中,她和她所照看的这个少年成为一对恋人。同时,在一个牧师的建议下,她把卢梭送至都灵。在那里,卢梭皈依了天主教,并在一家宗教收容所度过了一段短暂的时光,给人当贴身男仆(在那里,他受到了男性的非礼和凌辱,在《忏悔录》中,卢梭对此有着细节性的描写)。

直至 1704 年 4 月,卢梭依然和这个他总是称作"妈妈"的华伦夫人住在一起,而她则亲昵地称他为"小不点"。随后,在一次旅行归来时,卢梭发现她又领养了一个小伙子,当地一位高级官员的儿子。按卢梭的说法,这是"一位身材高大、脸色苍白、傻里傻气的年轻人。虽然身体健硕,但表情呆滞,毫无智趣可言"。卢梭想必又再一次地感受到了背叛。

这件事促使卢梭远走里昂,正是在这里,卢梭遇到了他的第一位"哲人"——法国启蒙运动的主要发起人——朋友。这些"哲人"是一群科学家、艺术家、作家和政治家,他们相信,通过运用理性,人们可以建构一个理性的秩序并获得真理。他们坚持用批判的眼光去审视一切成见,他们对传统和权威,特别是宗教权威持怀疑态度。他们将自己视为一个看似松散实则统一的世界主义进步文化的一部分。在里昂,卢梭给市长马布利(M. de Mably)的孩子做家庭教师。马布利市长的两个兄弟都是"哲人"。马布利家族为卢梭事业的进一步发展提供了一个至关重要的门径。

在卢梭的一生中,音乐始终是一位忠实的伴侣,是他消磨大部分闲暇时光的志业。他能熟练地演奏多种乐器,包括长笛和小提琴。他曾自诩:"让-雅克是为音乐而生的。"可终其一生,卢梭都是以抄乐谱为生,虽然他也曾雄心勃勃,希望有朝一日能成为一位优秀的作曲家。在里昂,除了教学(和偷东家的红酒、面包),他开始建构一套全新的音乐记谱法,其基本的想法是想用数字来取代视觉符号。

---

① 瑞士男爵夫人,化学家,1699—1762,终生致力于劝奉别人献身于天主教信仰。在卢梭离开日内瓦开始流亡生涯的时候,他经人介绍认识了华伦夫人,于是他便扮演起了其母亲兼情人的角色。卢梭尊崇其惊人的美貌。她后来在贫困潦倒中离世。

所以，在 1714 年，带着其新近建立起来的各种社会关系，怀揣着他的新记谱法和一部喜剧剧本，卢梭准备在文化之都巴黎大展手脚，为自己博取锦绣前程。

实际上，对于卢梭而言，名望，以及不菲的财富，终究都会如约而至，但不是现在。在那时，巴黎还看不上这个年轻人，认为他不过是一位不善言辞的乡巴佬而已。而音乐界的权威也对他的记谱法嗤之以鼻。

眼看着钱囊渐空，卢梭不得不拼命地创作戏剧和芭蕾舞剧以维持生计。在闲暇时，他会在咖啡馆里与弗朗索瓦-安德烈·菲利多（François-André Philidor）①弈棋，借以消磨时间，菲利多不仅棋艺一流，而且也是一位作曲家，跟卢梭算是同道中人。与此同时，他还结识了一位年龄相仿、境遇相似的年轻人，这个人就是狄德罗（Dennis Diderot）②。

狄德罗是怀揣着崇高的文学抱负来到巴黎的，并且也有着与其雄心相匹配的才干和天赋。狄德罗生性好辩，热情洋溢，思想自由、狂放不羁，不仅出版了大量的政治、哲学和科学著述，而且还有小说和戏剧面世。但最能使他彪炳史册的当属他积 25 年之心力一手创办的《百科全书》。这项庞大的文化工程不仅编撰和收罗了成千累万的词条和插图，而且还把当时所有的一流学者都网罗至其麾下。作为法国启蒙运动的焦点和典范，《百科全书》的目的不仅仅局限于记载和传播知识，而且还旨在推动当时的政治和社会论辩。通过为它撰写音乐词条，卢梭也从中挣了一些钱，总计不下两百法郎。他还负责撰写了当时最为重要的政治词条之一——"政治经济学"（Économie Politique），而这也为他后来对财产权的批判奠定了基础。

这八年中，卢梭尽管从事过各式各样的活动，但一直籍籍无名，直到 1749 年他的人生出现了重大转折。

有一天，他正赶往万塞纳监狱（Vincennes）去探视狄德罗。他的朋友收到了"密札"——臭名昭著的皇家逮捕令，可以不通过任何法律程序而将人

---

① 法国国际象棋大师，1726—1795，同时还是 18 世纪法国喜歌剧的代表性作家。

② 无神论者，小说家，剧作家，激进戏剧理论的倡导者，极具创新意识的文学和艺术批评家，《百科全书》的主编，1713—1784，从 1750 年开始筹划，到 1772 年最终完稿，狄德罗一直主持《百科全书》的日常编务。尽管出身低微——是一位刀匠师傅的儿子，但狄德罗却在一所耶稣会学校接受过正规教育。1741 年身材魁梧的狄德罗和卢梭在巴黎的 Procop 咖啡馆结识，并由此开始了长达 15 年的友情。

们投入监牢——正遭到羁押,因为在书报检察官看来,他所撰写的《论盲人书简》(*Letter on the Blind for the Use of Those Who see*)①含有亵渎神灵的无神论观点。由于《百科全书》第 1 卷即将面世,狄德罗非常需要朋友的陪伴,以便鼓舞斗志。作为狄德罗(那时)最亲密无间的朋友,卢梭每隔一天都会去看他。卢梭曾说道:"我肯定是最同情他遭遇的人之一,我想自己也应该是最能抚慰他心灵的那个人。"

从巴黎到万塞纳足有六里路,而经济上捉襟见肘的卢梭只能冒着夏日的酷暑和飞扬的尘土步行去看他。有一次,坐在路边的树下歇息时,卢梭开始翻阅他随身携带的一本文学杂志,并注意到其中所登载的"第戎科学院"(the Académie de Dijon)所发布的一则征文启事,题目是:"科学与艺术的进步起了败坏风俗的作用,还是起了敦风化俗的作用?"后来在谈及此事时,卢梭袒露心曲:"在看到这个题目的一刹那,我看到了另外一个世界,而我自己也变成了另外一个人。"直到抵达万塞纳,卢梭"一直处于一种近乎发狂的亢奋状态"。

卢梭的仇敌们可能会说,此后的他一直处于这种状态,但卢梭却不这么认为。狄德罗"鼓动我将我的想法写下来并参加征文比赛。从那一刻开始,我就陷于万劫不复的境地。在我的余生中,我所有的不幸,都是那一刻的谵妄所产生的不可避免的后果"。

卢梭开始发狂地工作,并在辗转反侧、苦思冥想中度过了无数个不眠之夜,然后,在第二天早上将这些结果记下来,——这最终成了他的写作习惯。正是这篇文稿——在其中,卢梭对文明的腐蚀性影响进行了极具煽动性的攻击——为卢梭赢得了头奖(一枚约值 300 里弗的金质奖章)。在以《论艺术和科学》(*Discourse on the Sciences and the Arts*)为名发表后,这篇论文立即在全国上下引起一片轰动。这位穷困潦倒、名不见经传的 38 岁的音乐家和剧作家,一夜之间蜚声法国,成为"文人共和国"——它是由机智、论辩、文学和哲学探讨以及沙龙所组成的一个私人世界的别称,它与同时代传统宫廷文化的单调乏味形成了鲜明的对比——和巴黎知识界的座上宾。

尽管在此后的二十年中,卢梭的思想有所发展和变化,但对于启蒙哲人

---

① 全书强调知识来源于感觉,进而认为上帝的存在也是虚妄,从而挑战了上帝创世的观念。

们所持的人类进步观的讥讽和贬斥却一直是他整个思想的基调:也即,与过去相比,我们现在更不自由,更不平等,更不满足,更不真诚,更加依赖,更加疏离,更加自恋,更加多疑。在一个所有的思想家都对进步抱有不证自明的信念的时代,对卢梭这种思想所引起的巨大震撼怎样形容都不为过。

卢梭的个人生活也开始发生了转变。1745 年前后,他进入了一段亲密关系,并一直维系到他辞世。年方 22 岁的戴莱丝·勒·瓦瑟(Thérèse Le Vasseur)是卢梭所居住的靠近索邦的一家旅馆的侍女。她是个女仆,没受过什么教育,专在厨房和洗衣房做些洒水扫地、浆衣缝补的蠢笨活,是失业在家、一贫如洗的父母的唯一的支柱。但自见第一面起,卢梭一下子就被她那"端庄而略显羞怯的举止"和"活泼而温淑的容貌"给吸引住了。他相信她是一个情感诚挚的女子,是"一个不解风情的单纯女孩"。"正是因为有了她,我才能生活得如此开心。"但他事先跟戴莱丝声明,他绝不会抛弃她,但永远也不会娶她。尽管就社会等级而言,戴莱丝低于卢梭,但与首都巴黎那些出身钟鸣鼎食之家的娴雅淑女相比,她与卢梭还算是门当户对。对于卢梭而言,他虽然不久之后常常出入高门巨户,但在那他总是感到浑身的不自在。

次年,卢梭的第一个孩子降生了。卢梭与戴莱丝总共育有五个孩子,但他却把这五个孩子全都送给了巴黎的"育婴堂"。乍听之下,卢梭的这种冷酷行径似乎不可饶恕,然而在一个孩子降生意味着灾难的时代,人们并不认为这种行为是什么十恶不赦的大罪。对于六十万居民中的绝大多数人而言,首都巴黎是个污秽不堪、臭气熏天的臭水坑:大街小巷里污水横流,直接流到人们日常饮用的河流里。在《忏悔录》(Confessions)中,卢梭是这样描述他对于巴黎的最初印象的:"我看到的只是肮脏的、臭气熏天的狭窄街道,奇形怪状、黑漆漆的房子,空气中弥漫着懒散和贫穷的味道,到处都是乞丐、车夫、修理工,以及沿街叫卖狗皮膏药和各种旧物什的小商贩。"生活成了与天花和花柳病作生死抗争的角斗场。当时有将近三万人在从事这种行当,而卖淫也成了一种主业。仅就 1751 年这一年,就有 3 785 个孩子被寄养在弃婴收养院。对于这些孩子来说,存活的希望微乎其微:他们中的大多数在辞世时尚不满周岁。卢梭曾坦承,为了说服戴莱丝同意将这几个孩子送到"育婴堂",他费尽了口舌。由于他不可能与她结婚,所以,这是保全她面子的唯一办法。但无论如何,卢梭与戴莱丝还是实实在在的夫妻,但尽管如此,卢梭甚至连其弃子的"接收编号"都没有记下。此后,他一直没能逃脱泯灭人性的骂名。

1752 年,四十岁的卢梭又一次迎来了事业上的高峰。在行宫"枫丹白露",他创作的歌剧《乡村卜师》(*Le Devin du village*)终于在国王路易十五面前上演了,而国王也非常喜欢。歌剧上演那天,国王坐在自己的私人包厢里,唱着剧中的歌谣,哼着剧中的小曲。而在观看自己的歌剧时,卢梭则一如既往,身穿工作服,满脸胡须,假发蓬乱,即便如此,国王依然传唤了他,让他面圣。他由于担心老毛病会使自己身陷尴尬,于是便逃回了巴黎。如果卢梭不是这么急匆匆地弃舞台而去的话,路易十五甚至会赏赐他一笔年金。狄德罗因卢梭放弃这笔收入而指责他,指责他没有设身处地为戴莱丝和她的母亲多考虑考虑。而让卢梭感到苦恼的是:一旦他接受国王的金钱施舍,那么他将不可避免要做出妥协:"一接受这笔年金,我要么阿谀逢迎,要么噤若寒蝉了……并与真理、自由和勇气告别!"

1754 年,在阔别多年之后,卢梭回到了他的家乡日内瓦,并在那呆了四个月。他在重新皈依加尔文教的同时,还恢复了公民权。他现在正在赶写第二篇论文,同样是为了参加"第戎科学院"的征文比赛。卢梭的这篇献给日内瓦城的论文《论人类不平等的起源》(*On the Origins of Inequality among Men*)是于该年 5 月完成的。这也许是卢梭最为激进的一部著述,它强调:社会中存在着两类人,一类是有钱有势之人,一类是贫苦无依之人,他们之间存在着无法逾越的鸿沟。而有钱有势之人却极力用各种欺骗的手段将这种不平等合理化。卢梭认为,尽管人类生而自由,但现在却深陷奴役的泥沼,与此同时,他还对这种悲剧性状态何以会产生提供了一种历史的概述,强调了私有产权的产生及其邪恶影响。尽管他的这篇征文并没有获奖,但却进一步提升了卢梭的声望。他送了一份论文的复本给朗索瓦-马利·阿鲁埃(*François-Marie Arout*)——他更众所周知的名字是伏尔泰(Voltaire)①,

---

① 剧作家、哲学家、道德家、历史学家、智者、成功的商人、多产的通信人、反对迷信和不宽容的斗士,1694—1778,其著名的座右铭就是"踩死败类"。他曾两次被捕入狱(巴士底监狱)。并在英格兰流亡了一段时间。1764 年,他匿名出版了《公民的情感》(*Le Sentiment des citoyens*),揭露了一些对卢梭有着致命打击的秘密,尽管他与卢梭只有一面之缘,那是在 1751 年的一次沙龙聚会上。从一开始就保持着一种莫名的疏远,并最终决裂。他们死于同一年,并先后葬于法国先贤祠,紧紧挨着。

他回了一封语带讥讽的答谢信,尽管礼数还算周到,但语气却相当冷淡:"先生,我已收到您反对人类的新书……在努力使人类蜕变为兽类方面,还从未见过有谁曾如此殚精竭虑、大费周章。"

现在,怀揣着能够出入"文人共和国"有名望沙龙的通行证,这个来自于日内瓦的钟表匠的儿子看起来似乎注定会锦衣玉食,前程似锦。然而,尽管握有让人垂涎三尺的干禄利器,卢梭却反而要归隐乡间,这不仅让他的朋友们感到惊诧莫名,更让他的一帮仇敌们感到瞠目结舌。

实至名归

　　休谟先生就好比一条清澈透明的小溪，永远安闲自得而又与世无争地流淌着。

——弗里德里希·格里姆　1759 年

在爱丁堡的一次晚餐上,当看到小狗鲍德因为浑身散发出臭味而备受呵责时,年幼的大卫哭喊道:"哦,不要伤害它。别怪鲍德,那股臭味是从我身上散发出来的!"安妮·琳赛夫人(Lady Anne Lindsay)在她的"回忆录"中记载了这个小插曲,并对休谟的仁善之心评价道:"试问世间有几人能把一个无辜小动物身上的臭味承揽到自己身上呢?"

在许多赞扬休谟非凡的良善本性的人当中,安妮·琳赛夫人无疑只是第一个。而作为休谟的挚友,经济学家亚当·斯密①在其对休谟弥留之际那段日子的描写中(在这些文字中,他自比柏拉图,而休谟就是他笔下的苏格拉底),更是强调了这位蔼然长者堪称师表的伟大品性:"就整个而言,无论是在生前,还是在身后,我一直都把他视为一位高才大德之士,一个近乎完美的理想典范,这也许是人类脆弱而不完善的本性所能臻至的顶峰。"当身受晚期肠癌折磨、66岁高龄的休谟回顾其一生时,他自己将会欣慰地看到,他的一生是富有德性的一生:

> 我的为人,或者毋宁说,我从前的为人(因为现在说到自己时,我必须用这种过去时;这样一来,我反而更有勇气吐露自己的意见),温和而

---

① 英国人,《国富论》作者,现代经济学之父。有意思的是,亚当·斯密体弱多病,曾指定休谟为遗嘱执行人,可休谟先他而去,反而是亚当·斯密担当了整理休谟遗著的重任。

能直制,坦白而又和蔼,愉快而善与人亲昵,最不易发生仇恨,而且一切感情都十分中和的。我虽是最爱文名,可是这种主导性的情感从不会使我心生醋意,虽然我也曾屡遭挫折。

说自己"屡遭挫折"一点也不夸张。尽管恭维不断,但休谟的职业生涯却远非一帆风顺。事实上,当他与卢梭初次相识时,休谟才刚刚获得公众的青睐和称许,尽管我们现在认为这都是他应得的(他过去也这样认为)。

休谟于1711年4月26日出生于爱丁堡的一个殷实之家。尽管作为家里的幼子,要想在这个世界上出人头地,他只能自谋前程。他的父亲约瑟夫·霍姆(Joseph Home)是宁威尔地区(Ninewells)一名富有的律师,出自霍姆伯爵一脉。母亲凯瑟琳也出身名门。1713年约瑟夫·霍姆不幸离世,撇下三个尚未成年的孩子:长子约翰、女儿凯瑟琳,以及幼子大卫。大卫后来把自己的姓由霍姆(Home)改为休谟(Hume),因为他的英格兰朋友很难正确地读出霍姆这个姓。

年轻的休谟曾主修过一段时间的法律,但后来却发现他的兴趣全在哲学上:

> 在我大约18岁的时候,一种崭新的思想舞台出现在我面前,使我不能自抑地沉湎其中,并以年轻人惯有的热忱,弃绝我此前曾打算追求的全部逸乐和事业。法律,我此前曾打算从事的行当,现在在我看来完全是面目可憎、令人生厌的。在这个世界上,除了作为一名学者或一位哲学家,我想不到还有其他什么可以扬名立万的人生机运。

由于读书读得太过辛苦,以至于身体落下了病根,1730年,休谟被诊断出患有"学者病"①。这种病时好时坏,纠缠他有五年之久;休谟很可能从未能从这种病痛中完全恢复过来,至少在心理上是如此。一方面是为了医治这种病,一方面是为了自谋生路,他曾在布里斯托尔的一家船运公司干过一段时间。当他发现这并不适合他时,他又辗转去了法国,先是住在兰斯,然

---

① 实为抑郁症。

后又去了安茹（Anjou）。在这两年的异国他乡生活中，休谟完成了《人性论》（*A Treatise of Human Nature*）的初稿。

1737年一回到伦敦，这个苏格兰人立马就开始打量英国和法国这两个国家，结果却发现，英国没有哪一点能比得上法国。而英国人对1738年出版的三卷本的《人性论》的接受，也没有让休谟对英国人的印象有所改观。他从亚历山大·蒲柏那里借用了一句诗，以悼念现在被普遍尊为杰作的《人性论》："它一印出来就死产了。"（蒲柏："所有的一切，除了真相，一印出来就成了死胎。就像最新的公报，或是最新的演讲。"）

由于在这本书上投入了大量的时间和精力，所以休谟期望能获得实质性的经济回报。而商业上的失败意味着，尽管他做了百般努力，他的事业却走进了一条死胡同。于是休谟遂将哲学弃之一旁，重返宁威尔故里，并开始从事随笔写作。他或许还算不上是一个哲学家，但是他至少可以靠卖文——比如写一些随笔、评论、历史——为生。他有一个新的称号——文人。而且在这方面，他还算小有成就——1742年，《道德和政治论集》（*Essays Moral and Political*）在伦敦发售。

如果说休谟能够轻而易举地将《人性论》抛之脑后的话，其他人却做不到这一点，他们依然对它耿耿于怀。1744年，爱丁堡大学的伦理学和精神哲学教席出现了空缺，休谟虽然提出了申请，但却由于神职人员的齐声反对而作罢，因为他们认为，作为《人性论》的作者，休谟不适合教导年轻人。（同样的敌视也让他在1751年竞争格拉斯哥斯大学的道德哲学教席时铩羽而归，后来由亚当·斯密执掌了这个教席。）

休谟的下一份工作显然更为庸常，他依然在为生计奔波，文人也要吃饭呀！1745年，休谟成为性情暴烈、疯疯癫癫的安南戴尔侯爵（他那时只有十几岁）的家庭教师，并在圣·奥尔本斯（St. Albans）度过了阴郁的一年，尽管收入颇丰。他那时已经在着手《人类理解论》（*An Enquiry Concerning Human Understanding*）一书的写作，但在1746年4月，当他欢欣雀跃地离开安南戴尔侯爵以及他那蛇蝎心肠的随从时，休谟的未来，无论是职业上的还是经济上的，都前途未卜。

可是就在5月18日这个星期天，休谟却意外地收到了一封邀请函，力邀他参加于5月21日开拔的一次军事远征。休谟义无反顾地踏上了远征的航程。休谟能得到这次机会要归功于他的一个远房亲戚,陆军中将詹姆斯·圣克莱尔(James St.Clair),休谟后来做了他的随身秘书。当时正值"奥地利王位继承战争"(1740—1748)的收官阶段,英国和法国激战正酣。圣克莱尔将军此去的军事任务就是占领法国的殖民地加拿大,后来又改为进攻布列塔尼,但是,对于这一军事任务,他们没有任何地图或海图可资利用。这样做的目的是为了将法国的军事力量从低地国家(low countries)吸引出来。正是在这次远征中,休谟亲眼目睹了战斗,看到士兵被任意屠杀,船员被活活淹死;一个军官发现自己失职时,决然地带着罗马人的尊严结束了自己的生命。至少军队里的食物还算合他的胃口,所以这场远征结束后,休谟的身体像发了酵似地迅速膨胀起来,成了一个不折不扣的大胖子,而伴随休谟载入史册的也正是这个形象。

1747年,圣克莱尔再次征召休谟,不过这次是作为出使维也纳和都灵的一个军事使团的秘书。在维也纳,按照外交礼仪,外交官在觐见奥地利女王玛利亚·特蕾莎(Maria Theresa)时应该行屈膝礼。但当看到休谟步履蹒跚时,她立刻就免了他们的屈膝礼。后来在写给他哥哥的信中,休谟自嘲道:"对于她对我们的体恤,我们万分感激,特别是我的同伴们,他们非常害怕我跌倒在他们身上,并将他们压得稀巴烂。"随后他们又来到了意大利北部的一个城市,曼图亚(Mantua),在这里,休谟亲吻了诞生维吉尔①(Virgil)的这方热土。而在都灵,一旦和约得以签订,他们的使命也就算完成了。

也就是在这个时候,我们从年仅十七岁的詹姆斯·考菲尔德(James Caulfeild)②——也就是后来的查尔蒙特勋爵(Lord Charlemont)——那里获得了其对于休谟外貌的惟妙惟肖的描画:"我相信,造化弄人,绝没有哪个人比大卫·休谟的内在品性与外在容貌之间的反差更大了":

> 他长得肥头大耳,嘴巴阔大,除了一副愚钝痴傻的模样,他脸上并无其他表情。他的眼睛空洞无神。整个人大腹便便、臃肿不堪,看上去

---

① 古罗马诗人,著有《埃涅阿斯纪》(Aeneid)。

② 其以对古典文化艺术的挚爱著称,花费9年时间游历了意大利、希腊、埃及和土耳其,写下了大量脍炙人口的游记。

更像是一个整天饱享山珍海味的政府官员,而不是一位风度翩翩的哲学家。由于带着浓厚的苏格兰口音,他的英语听起来滑稽可笑,如果有机会,他的法语恐怕更是笑料百出。

他还为后世描述了深陷爱河中的休谟,尽管这些描述读起来更像是一出宫廷闹剧。据说,一个已经嫁为人妇的美丽的女伯爵,曾让休谟神魂颠倒、意醉情迷,而她只是在故意作弄他。她特地把查尔蒙特藏在她香闺的帏帘后,这样他就可以一睹当休谟拜倒在她的石榴裙下时,她是如何通过玩弄欲拒还迎的把戏来捉弄这位神魂颠倒的肥情郎的。不过有趣的是,考虑到休谟此后一贯以简朴的面目示人,休谟的同伴们总是会心地注意到:对于他那套镶有蕾丝和金线的军事制服,休谟是如何地爱不释手,尽管查尔蒙特认为他穿起来更像是民兵队里的一个杂货店老板。

休谟与圣克莱尔是在 1748 年的圣诞节前夕赶回英格兰的。38 岁的休谟终于摆脱了经济上的困窘,可以一心一意地从事他所钟爱的写作。1749年,休谟离开伦敦返回苏格兰,并从此开始进入长达十年的创作丰产期和事业鼎盛期。

休谟最后在爱丁堡定居下来,在那里,他勤奋著书,生活得怡然自得,在用钱方面也总是精打细算。他尽量出去用餐——一周大概有四五次,但他从来不给小费。因为他总能逗乐餐馆里的男女主顾,所以服务员们看上去似乎并不介意。休谟吃得很好,饮酒适量。他晚饭却吃得很少,唯有一块烤母鸡,一碟碎肉片,外加一杯葡萄酒。他有自己的房子和"正式的家庭,其成员包括作为一家之主的我,以及两个下等成员,一个名叫佩吉的女仆,此外还有一只猫。自那以后,我的姐姐也加入了这个家庭,与我一块生活"。

在此期间,休谟还发表了他的《政治论衡》(*Political Discourses*),"这是我作品中唯一一部一经出版就大获成功的著作"。这是一部集历史学、政治学和经济学之大成的作品,它在两年之内就发行了三个版本。与此同时,休谟还刊印了《道德原理探究》(*An Enquiry Concerning the Principles of Morals*),"我认为,在我的所有著述中,无论史学著述,还是哲学抑或文学著述,《道德原理探究》都是冠绝群伦的(无与伦比),最好的。但是,自面世以来,它却没有受到世人的重视"。这种说法多少有些夸张。评论家们虽然谴责书中的思想,但却很欣赏其文字的简洁明了。

1752 年,在竞争格拉斯哥大学教席失败后,作为补偿,休谟获得了一项极受爱丁堡民众敬慕的任命。该年的 1 月 28 日,他被任命为"爱丁堡律师公会"图书馆的管理员("一个不足挂齿的职位,年薪只有四十到五十基尼",他曾这样自嘲道)。但这份工作使休谟坐拥三万册图书,并且使他由立志作一名随笔作家改为立志作一名历史学家,而正是这一步最终奠定了他的一世英名。他后来反思道:尽管哲学很少能打动人心,但历史学家却是"美德真正的朋友"。

18 世纪中叶的爱丁堡,无疑是最适合休谟居住的城市。1707 年苏格兰与英格兰的"合并"带来了经济繁荣和文化复兴,一大批报纸、杂志、俱乐部和致力于改良的协会如雨后春笋般地破土而出,而律师、教士、学者、医生和绅士们也都纷纷离开他们的祖产,一窝蜂地涌入爱丁堡,比邻而居。

尽管就天性而言,休谟只是在小范围的朋友圈子里才比较放得开,但爱丁堡的生活让他变得更合群、更喜欢社交。每周五晚上都在"命运酒馆"聚会的"拨火棍俱乐部",其话题永远都是政治和大喝红葡萄酒。只要是在城里,休谟总会去参加聚会,一直未有间断,直至他去世前的八个月。从 1754 年开始,由休谟、亚当·斯密和肖像画家艾伦·拉姆齐(Allan Ramsay)①创立的"群贤会"(the Select Society)就为社会各界人士提供了论辩的平台。它具有广泛的兴趣和深远的文化影响。休谟所选择的专供大家讨论的第一个话题就是:"国民性格的差异主要是归因于气候的差异呢,还是归因于道德和政治因素?"

爱丁堡的社会精英比比皆是,其中的一些经常与休谟有书信往来:比如休谟的堂兄,约翰·霍姆(John Home)牧师,他是悲剧《道格拉斯》(*Douglas*)

---

① 出生于爱丁堡的肖像画家,1713—1784。在布特伯爵的帮助下,他于 1767 年成功跻身为"乔治三世的首席御用画家"(据记载,他共为乔治三世和夏洛特女王画过至少 150 幅加冕像)。他还是一位政治评论家和古典学家,也是当时伦敦知识界的成员之一。他是休谟的爱丁堡朋友之一,并于 1754 年和休谟以及亚当·斯密成立了一个辩论俱乐部,也就是"群贤会"。同年,他在爱丁堡为休谟画了一幅肖像画,1766 年他又在其画室(位于伦敦哈利大街 67 号)为休谟和卢梭两人作画。1773 年的一场意外致使其右臂受伤,并为其绘画生涯画上了句号。

的作者,同时还担任乔治三世(George Ⅲ)①的苏格兰宠臣约翰·斯图亚特(John Stuart)——也即布特伯爵(Earl of Bute)②——的私人秘书;威廉姆·罗伯逊博士(William Robertson)③,他是一位堪与休谟相比肩的、久负盛名的历史学家;亚当·斯密,道德哲学家和经济学家;休·布莱尔(Hugh Blair)牧师④,他是爱丁堡"高教会"的牧师,也是第一个在大学里开设"修辞学和纯文学(Rhetoric and Belles-lettres)"课程的教授;亚当·弗格森(Adam Ferguson)牧师,爱丁堡大学的哲学教授。据说,如果你站在爱丁堡的十字路口,几分钟内将会有不下五十位学富五车的俊彦之才与你擦肩而过。

尽管休谟在与"苏格兰启蒙运动"的俊杰名彦们打交道时游刃有余,但却与官场文化格格不入。1754 年 4 月,当图书馆的其他三位管理员拒绝接收休谟从伦敦订购的一些法语书、并指责"它们都是海淫海盗之书,不应该陈列在这个学术殿堂"(这其中包括拉封丹的《寓言集》)时,他作为图书馆馆长的权威就受到了挑战。此后,休谟所做的所有决定都要受到审查,他们一手遮天。尽管受此奇耻大辱,但是,由于其研究工作离不开图书馆,所以,休谟只能采取权宜之计,也即在移交职权的同时想方设法保住这个职位。休

---

① 乔治二世之孙,1738—1820,1760 年登基,成为大不列颠和爱尔兰的国王。同时也是汉诺威选侯和国王。1761 年他迎娶了梅克伦堡-施特雷利茨大公爵(Duke of Meckleburg-Strelitz)的女儿,新教公主夏洛特·苏菲(Charlotte Sophia)。在其统治时期,在国外,人们见证了大不列颠在英法"七年战争"中赢得一个海外帝国的同时,也见证了大不列颠在欧洲日益受到孤立,并失去了其在美洲的殖民地;在国内,1770 年之前,这位一直以"作为一个大不列颠人而引以为荣"的勤勉之君,由于缺乏政治手腕,导致了近十年左右的政局动荡,在这种局面下,他虽然通过施加影响先后不断地改组并解散了七届政府,但仍无法将政局稳定下来。从 1788 年开始,他便一直忍受着疯癫病发作的折磨,有些人将其归因于其所遗传的卟啉症。

② 苏格兰朝臣和政治学家,1713—1792。因与未来的乔治三世的母亲奥古斯塔皇后(Dowager Princess Augusta)关系亲密而引发各种流言蜚语,后来成为乔治三世的老师。自乔治于 1760 年登基之后,他先后出任高级朝臣、国务大臣,并最终于 1762 年担任财政部第一大臣。1763 年参与了最终为英法之间的"七年战争"画上了句号的《巴黎条约》的谈判。他是当时英格兰民众嫉恨和仇视的对象,受到约尔·威尔克斯所办的杂志《北不列颠》的猛烈抨击。1763 年约翰·斯图亚特退职,但却指控"垂帘听政",也即通过现任国王施加影响,以反对其继承者乔治·格兰威尔。格兰威尔最终迫使国王将约翰·斯图亚特赶出朝廷,但对辉格党政治家们而言,约翰·斯图亚特仍然是一位让他们闻风丧胆的人物。就个人生活而言,布特是一位著名的植物学家。

③ 启蒙时期最具世界主义观念的历史学家,著有《苏格兰史》、《查理五世在位时期史》、《美洲史》、《古印度史》,生前享有盛名,辞世后渐渐淡出人们视野。

④ 爱丁堡长老派牧师,修辞学和美文教授。大卫·休谟的挚友和固定的通信人,同时也是"苏格兰启蒙运动"的核心人物。

谟把他的工资全都送给了一个盲诗人，托马斯·布莱克洛克（Thomas Blacklock）①。不过，休谟却在 1757 年 1 月突然提出辞职，可能是为了力保他的朋友亚当·弗格森（Adam Ferguson）②能获得这一职位。

休谟所受的这点屈辱是值得的。从 1754 年到 1762 年间，他的史诗般的四部六卷的巨作《英国史》相继问世，并成为迄今出版的历史著述中最受欢迎的作品之一。

有趣的是，休谟是采用倒叙的手法来写这部历史巨著的。休谟先是从斯图亚特王朝时期的英国史写起，然后再写都铎王朝时期的英国史，最后以尤里乌斯·恺撒（Julius Caesar）的早期统治结束。休谟从整个《英国史》所得的收益不下于 3 200 镑，而在当时，一个人能年入 80 镑就算是相当丰厚的收入了。休谟不仅在经济上收益颇丰，而且还赢得了公众的喝彩和人们私下里的赞誉，可谓名利双收。就连伏尔泰也称其"在各种语言所写就的作品中，《英国史》也许是最好的"。

在这个生机勃勃的图书市场上，休谟敏锐地观察到这样一个缺口，也即尽管形形色色的小说充斥着各大图书市场，但历史书籍却少之又少。在休谟的带动之下，其他作者也顺势推出了其他的一些广受称誉的英国史著作。但是，他的著作仍然傲视群侪，直至 19 世纪仍然维持着它的经典地位，到 19 世纪末，它已经出版发行了上百个版本。在美国，《英国史》最近的学生版刊行于 1910 年。与其前辈和同时代人不同的是，休谟是一名哲学历史学家。1762 年，《批评性评论》（*Critical Review*）曾这样热情洋溢地称颂道：

> "他的著作或许可以被视为人类激情的图录。借助于一位不世出的艺术家的鬼斧神工之手，它剥去了人类所有的伪装，将人类的所有情欲赤裸裸地展现在世人面前。在这里，人类的每一个行为都被追溯至它最初的本源和驱动原则，他的分析是如此地自然和顺理成章，以至于

---

① 苏格兰诗人兼牧师，1721—1791，曾长期受到休谟的经济资助，但他更为人称道的是，鼓励罗伯特·彭斯（Robert Burns）从事写作，而后者正是《友谊地久天长》（Auld Lang Syne）的作者。

② 18 世纪苏格兰启蒙运动主要思想家之一。著有《文明社会史论》，其中的思想，极大地影响了包括黑格尔、马克思在内的德国思想家。

我们最后都情不自禁地对休谟先生所得出的结论点头称善,即便这些结论与我们在熟知简单事实的基础上所得出的结论并不一致。"

但是,这篇颂词是在休谟苦等数年之后才姗姗而来的。《英国史》第一卷涵盖了詹姆斯一世和查理一世统治时期,它的问世并没有带来任何商业收益。虽然休谟曾对自己的这部史著寄予厚望,因为他自认为在处理国王与议会、特权与自由、教会与国家、英格兰与不列颠帝国的其他民族等敏感问题上一直秉持着刚正不阿的态度,但结果却事与愿违,他受到了各方的攻讦。正如他写道的那样:"英格兰人、苏格兰人以及爱尔兰人、辉格党(Whig)和托利党(Tory)①、教会中人和各派中人、自由思想家和宗教家、爱国者和朝臣们,全都对我怒不可遏……在英格兰、苏格兰和爱尔兰,我实在也不曾听说有哪个达官贵人或文人墨客能容忍我这本书。"

按照休谟自己的分析,之所以会出现这种情况,无非出于以下几种原因:首先是这本著作中所蕴含的非宗教精神;其次是辉格党大臣们的诋毁;最后是伦敦书商们的暗中捣鬼,因为它是由一个爱丁堡书商出版发行的。《每月评论》(*Monthly Review*)(1755 年第 12 期)曾刊载了一篇长达 23 页的书评,并在开篇以一种居高临下、咄咄逼人的语调写道:"这应该是他最后一次涉足历史写作。"有的评论者称赞休谟的叙述条理清楚、文字典雅,人物拿捏得当,但却质疑他的公正性,并在结尾处狠狠地批评道:"在宗教问题上,他似乎秉持这样一种观点:就其本质而言,世上只存在两种宗教,一种是迷信,一种是狂热。他是想让我们明白,整个基督教要么是迷信,要么是狂热,要么两者兼而有之。"

1756 年,休谟挑选了一个伦敦书商来出版其《英国史》第二部分,它涵盖了从处决查理一世到 1688 年光荣革命这一历史时期。《每月评论》认为这一部分更令人满意:这本书在宗教问题上再也没有发表任何不当言论,这些言论必然会冒犯每一位公正的读者。

---

① 英国历史上的两个党派,1679 年,在英格兰王位的继承问题上,约克公爵,也即后来的詹姆斯二世因其天主教背景而遭到一批议员的反对。这批议员被政敌讥为"辉格"(源于苏格兰盖尔语,意为"马贼"),他们也渐以此自称。在此政争中,与"辉格"党人针锋相对的则为"托利"党人("托利"源于爱尔兰语,意为不法之徒)。对王权和宗教自由的态度,是两党的主要分歧。

卢梭与休谟

　　1758 年夏,休谟离开爱丁堡赶赴伦敦,并与安妮·埃利奥特和佩吉·埃利奥特(Annie and Peggy Elliot)同住,她们那时在靠现在的"莱斯特广场"(the Leicester Square)附近的一条安静而局促的莱尔街(Lisle Street)经营一家专供苏格兰绅士寄宿的公寓。对这个满脑子都装着悖时的神学和政治观点的苏格兰人而言,与爱丁堡的舒适惬意相比,伦敦的人际关系要冷漠淡薄得多。塞缪尔·约翰逊(Samuel Johoson)①就曾对他大肆奚落,大卫·加里克(David Garrick)②曾把他引荐给埃德蒙·伯克(Edmund Burke)③,而伯克也曾坦言,他之所以与休谟说话,完全是因为当时社会的自由风气要求他这么做。

　　休谟也曾试图涉足伦敦的政界,并在那里会见了一批辉格党政要。但他与一些位尊权重的政客们相处得并不融洽,这中间也包括即将出任首相的乔治·格伦维尔(George Grenville)④。乔治·格伦维尔和他的辉格党盟友全都是布特(Bute)⑤——他那时还是未来的乔治三世的老师,未来的国王称这个苏格兰伯爵为他"最亲密的朋友"——的死敌。辉格党深信:是布特向乔治三世灌输了危险的君权政府思想,而这也助长了人们的反苏格兰情

---

　　①　更为人所熟知的称呼是约翰逊博士,英国文学评论家、诗人,1709—1784。18 世纪中叶后的英国文坛领袖,因编写《英语大词典》而声名大震;在伦敦协助文坛成立文学俱乐部,成员皆是一时之选。博士集诗人与雄辩家,花花公子与道德家于一身,其人品及谈话因鲍斯威尔的《约翰逊传》而得以永垂不朽。

　　②　英国演员,1717—1779,有史以来最著名的英国演员,制作人,剧作家,诗人,"特鲁里巷剧院"的经理。他同时是以约翰逊博士为核心的文学俱乐部成员之一。位于利奇菲尔德大教堂(Lichfield Cathedral)的加里克的纪念碑上刻着他朋友塞缪尔·约翰逊为他撰写的碑文:"他的离世让整个国家都黯然神伤,并使公众们少了许多无害的赏心乐事,对于他的离世我极度沮丧。"由于他的努力,莎士比亚这位 16 世纪晚期的游吟诗人最终成为英国卓越的诗人和剧作家。

　　③　爱尔兰政治家、英美保守主义奠基人,其思想深刻影响了哈耶克、波普尔的古典自由主义,其《对法国大革命的反思》批判了法国大革命,及与之相联的卢梭的思想。他支持美国独立。

　　④　英国辉格党政治家,1712—1770,从 1741 年起任辉格党国会议员。"老皮特"的内兄,曾两度在其手下担任公职。当老皮特于 1761 年辞职后,他继续在布特手下任职,尽管因反对《巴黎条约》而一直深受排挤。尽管如此,当布特于 1763 年下台后,格伦维尔继任首相,并克服重重阻力,最终迫使国王将布特驱逐出其私人智囊团。由于生性刚正不阿,格伦维尔并不受乔治三世宠信。乔治三世曾抱怨道:"他宁愿每天在衣橱里碰到鬼,也不愿见到格伦维尔先生。"在当政期间,他一直从事反对约翰·威尔克斯的斗争,虽然他是"普遍授权令"的辩护者。1765 年 7 月,国王终于设法用罗金厄姆侯爵取而代之。1765 年,他制定了《印花税法案》,这一法案使美洲殖民地人民与英国政府起了纷争。

　　⑤　布特伯爵三世约翰·斯图尔特,曾于 1762 年至 1763 年任英国首相,乔治三世的老师。当时英国人普遍认为他是乔治三世母亲的情人。他在位期间,乔治三世向中国乾隆皇帝派出了特使马戛尔尼。

绪。这或许又引起了辉格党人对休谟的敌意,到后来,休谟甚至被认为是托利党的积极支持者。

1759 年,休谟完成其两卷本的《都铎王朝史》(*History of the House of Tudor*)。"这部著作在公众中掀起的反对声浪丝毫不亚于头两个斯图亚特君主统治时期的英国史。"霍拉斯·沃波尔(Horace Walpole)①认为它"草率成篇",用词不够准确,粗心大意。此后,休谟辗转于爱丁堡和伦敦这两个城市之间,直到 1761 年 11 月,他才最终完成其鸿篇巨制的最后一个部分,也即从尤里乌斯·恺撒(Julius Caesar)到亨利七世这一历史时期的英国史。

《每月评论》以两期(1762 年,第 25 期和第 26 期)的篇幅讨论了休谟的这部史著,并解释了它何以无法在英格兰赢得普遍赞誉的原因。在第 25 期中,作者注意到:休谟自由而放任的思想取向很难胜任这样一个任务,也即调和斯图亚特和都铎统治时期内各种相互矛盾的原则:

> 由于既不囿于任何偏见,也不谀从任何党派,休谟既攻击天主教徒,也攻击新教徒,既攻击王权派,也攻击共和派。因此,无论是天主教徒,还是新教徒,无论是王权派,还是共和派,他们都曾体味到休谟反思的锐利,都曾遭到休谟无情的苛责。故而,对于休谟的这些作为,这两派不乏理由,有时甚至是合情合理的理由感到嫌恶和反感,尽管他们不得不承认作者的写作才华,但最终还是加入了口诛笔伐这位历史学家的队伍。

这一系列《英国史》的面世,最终给休谟带来了敬重、收益和名望,尽管有些姗姗来迟。无疑,休谟洗练的文风,再加上他非凡的哲学洞察力,使他为世人呈现出一幅前所未有的历史画卷。他在用自出机杼的场景设置和直指人心的人物刻画打动读者的同时,还以哲学历史学家所特有的天赋来解释书中所描述的各种历史事件所具有的深远意义和动机。他对讽刺、诙谐、

---

① 罗伯特·沃波尔爵士的末子,赫特福德公爵和康威将军的表兄,1717—1797。文人、收藏家、日记作者、园艺师、哥特式小说的开山鼻祖,建在"草莓山庄"上的哥特式公馆的建造者,国会议员(尽管他只在下议院做过一次演讲),政治活动家,智者。其书信、回忆录和日记为我们了解 18 世纪的社会和政治提供了价值无量的导引。

反讽的运用,他不费吹灰之力地将事实性陈述转变为一种明智的观察性描述的能力,以及他对于用语言来营造效果的圆熟运用,所有这些都使他能够将枯燥乏味的历史事实和历史分析转变为一种天衣无缝、引人入胜的叙述。他对查理一世之死极具同情心的描绘让读者泣不成声,而他对劳德大主教在圣餐仪式上的所作所为几近滑稽的呈现又让他们啼笑皆非。

但无论如何,争议是不可避免的。因为休谟已经卷入一种根本性的政治分歧。应该对斯图亚特王朝及其覆灭采取什么样的一种态度?从历史上讲,英格兰的统治是基于绝对君主制呢,还是基于有限君主制?一般而言,托利党信奉世袭的绝对君主制,认为英国政府之所以能施行统治并行使权力,完全是基于国王的特权,而辉格党则认为,在传统上,英国国王的特权一直受到了民众——他们通过议会来表达自己的主张和诉求——自由权的限制。

休谟庆幸自己能在这两种相互对立的历史诠释中秉持一种中庸之道。"就对事物的看法而言,我更契合辉格党的原则;而就对人物的品藻而言,我更符合托利党的偏见。"但是,正如休谟自己所理解的那样,由于受其人物品藻方面的影响较深,所以,他的读者们更多地认为他从一个托利党人的立场来写《英国史》的:"没有什么比这件事更能证明——人们一般都是重人不重事的,以至于人们通常将我列入托利一派。"

但是,休谟一直认为自己是超越于政党纷争的,在他的著述中,辉格党同样可以发现有利于他们的叙述。在《英国史》的结尾,在强调英国宪法的脆弱和易变的同时,休谟坦言:"光荣革命"预示着与"过去"的不可挽回的决裂。"它赋予民众原则以这样一种显见的优势,以至于一劳永逸地确立了英国宪法的本性,使其不容有任何可以争论的余地……自此以后,我们这个岛国的人民,一直享受着人类迄今所知道的最完备的自由体制,如果不是最完美的统治体制的话。"

《英国史》在让休谟声名大噪的同时,还给他带来了不菲的资财。1762年的"圣灵降临节",休谟向众人宣告,他已买下了位于爱丁堡的詹姆斯公寓朝南的第三层(其第六层朝北,因为它是建在一个斜坡上)。站在楼上凭栏远眺,可以将整个爱丁堡和福斯湾(the Firth of Forth)美色尽收眼底。他的姐姐凯瑟琳·霍姆(Catherine Home)和女仆佩吉也搬过来与他一起住,他还买了辆马车。

随着最后一卷《英国史》的出版发行，休谟也走到其创作生涯的尽头。从现在开始，他唯一要做的就是与一些不良书商交涉，并重新编校和修订他的著述。

休谟的晚年何以江郎才尽、思想创作日渐枯竭呢？在致谢尔本勋爵(Lord Shelburne)①——苏格兰的一位知识分子，也是后来的首相——的信中，休谟将自己比作一位逃离文明生活并回到丛林中同伴身边的霍屯督人(Hottentot)。休谟告诉谢尔本勋爵：一个习惯于退隐和研究之人，是不适合在这个非富即贵的豪门世界里虚与委蛇、周旋应酬的，对他而言，最明智的做法便是逃离这个世界。但是，在这些貌似理性的言辞背后，却是休谟满腹的不快和愤怒。尽管休谟现在在伦敦拥有让人艳羡不已的声望和朋友圈，但是，在那些达官贵人、富商巨贾的眼中，文人根本就不值得敬重，这让休谟痛心疾首。苏格兰人对文学尊崇有加，但"居住在泰晤士河畔的那帮蛮民们"并不是如此。

实际上，休谟之重返爱丁堡，似乎是为了疏远伦敦，甚至是在为自己寻求一块避世的净土。伦敦的那帮"野蛮人"充满了反苏格兰的偏见。1764年9月，吉尔伯特·埃利奥特(Gilbert Elliot)②，爱丁堡的一位故友和国会议员，曾写信给那时尚在巴黎的休谟，奉劝他"要尽其所愿地爱法国人，但重要的是，他仍是一名英国人"。在不乏忿激之词的回信中，就自己的未来，休谟写道：

> 我相信，在欧洲大陆的任何地方，从彼得堡到里斯本，从卑尔根(Bergen)到那不勒斯，凡是听闻过我名字的，其听到的无不是我道德文章方面的美名。但是，在英格兰，在听到我夜里一命呜呼的消息后，五十个英国人中没有一个不感到欢欣鼓舞的。有人恨我是因为我不是托利党人，有人恨我是因为我不是辉格党人，有人恨我是因为我不是一名

① 第二代谢尔本伯爵威廉·莫里斯，曾于1782年至1783年任乔治三世的首相。他是亚当·斯密经济思想的推崇者，与功利主义哲学家杰里米·边沁(Jeremy Bentham)有着亲密的友谊。

② 苏格兰政治家，休谟的密友。在休谟构写《自然宗教对话录》的过程中曾帮助过他。在同时期的一批信中，吉尔伯特奉劝休谟不要过分迷恋法国巴芙勒伯爵夫人，后者最终成为法国孔蒂亲王的情妇，而使苦恼的休谟不得不转变角色，扮演一个柏拉图式的顾问和知己。

基督徒,而所有的一切都因为我是一个苏格兰人。难道您真的还继续认为我们是一个英国人吗?

休谟本打算将奥兰治的威廉(William of Orange)①和安妮统治时期的英国史作为他的下一个写作主题。但他依然这样告诉他的出版商安德鲁·米拉(Andrew Millar):"我非常不愿意在伦敦露面,除非有一天我看到此前出版的那几卷《英国史》受到更为公正的对待……而社会上对于苏格兰人所普遍持有的恶意或狂怒更加让我心灰意冷。我认为作为一名苏格兰人,布特首相理应对我所遭受的不公予以补偿。"

这或许只是一句玩笑话。如果他真的曾向布特表达过这样一种希望,也即希望在政府谋个一官半职或一份年金的话,那么,等待他的只是再度的失望。诚然,布特当时确实正在考虑为一位苏格兰历史学家——但不是休谟——谋个公职。1763 年 7 月 25 日,威廉·罗伯逊被任命为苏格兰的皇家史官(Historiographer Royal),外加 200 英镑的津贴。休谟曾公开宣称:"对于来自于祖国的伤害和屈辱,我已经习以为常了;但如果她继续这样待我的话,*ingrata patria,ne ossa quidem habebis.*"——用战功赫赫的罗马将军大西庇阿(Scipio Africanus)的话说:"忘恩负义的祖国,你连我的一根尸骨也休想得到。"

因而,在 1763 年,我们发现休谟迎来了其文学生涯的鼎盛期,被视为他那一代人中最杰出的文人。无论是在哲学上,还是在政治学上,无论是在经济学上,还是在史学上,他都开辟出一片新的天地。但是,他所取得的巨大成就并没能给他带来真正的成功、满足甚至是心灵的宁静。相反,在他人生的每一个阶段,成功总是与失败、挫折和公众的敌意如影相随。唯有其品性的良善赢得了人们的广泛认可。

在 52 岁的时候,休谟即将经历其职业生涯中的另一个重大变化,并成为欧洲文化之都(巴黎)的一名外交官。对休谟而言,这不仅是一个全新的工作,而且也是在奔向另一个世外桃源。

---

① 威廉三世,在 1688 年英国"光荣革命"中,夺取岳父詹姆斯二世的王位,接受《权利法案》,建立起了世界上第一个长期稳定的君主立宪制国家。

阴谋、紧张与忙乱

人类社会中再也没有哪种品性比癫狂更危险了。

——大卫·休谟

城市是人类痛苦的渊薮。

——让-雅克·卢梭

早些时候，当大卫·休谟还在爱丁堡埋首写他的《英国史》，并在"拨火棍俱乐部"尽情逸乐的时候，让-雅克·卢梭已经决定归隐山林了。

　　尽管这个决定让其同时代人大惑不解，但卢梭还是决定弃巴黎而去。1756 年，44 岁的卢梭接受了路易-佛罗朗斯·德·埃皮奈夫人（Louis-Florence d'Épinay）①的盛情邀请，搬到了她位于巴黎北郊蒙莫朗西森林附近的别墅居住。埃皮奈夫人是一位富有的贵妇，她的丈夫是一名包税商（tax farmer），由于他的滥情和放荡，埃皮奈夫人已经与他分居。在日记里，埃皮奈夫人曾这样描述卢梭：他看上去似乎"对立身处世之道一无所知，但很显然，他才华横溢。他面色黝黑，但那双熠熠生辉的明眸照亮了他的整个脸庞。谈吐间，他显得器宇轩昂、一表人才。但过后再回忆起他那张脸庞时，人们不禁会认为，它竟是那样地朴实无华。"卢梭总是很幸运，不时有贵人相助。在很长的一段时间内，埃皮奈夫人都是他忠实的拥趸。

　　1756 年春，卢梭、勒·瓦瑟以及她身体虚弱的母亲一道迁入了埃皮奈夫人替他修葺一新的一处住所，也即"隐庐"（Hermitage），它与埃皮奈夫人

---

　　①　一个放荡的总包税商之妻，后离他而去，1726—1783。曾在 St Honoré 操持，并引来了达朗贝尔、霍尔巴赫和格里姆等哲人参加，格里姆还成为了她的情人。她还是卢梭早期的赞助人，当卢梭离开巴黎时，她曾将其住宅"隐庐"借给卢梭住。正是在那里，卢梭创作出了《新爱洛漪斯》。1757 年当卢梭拒绝陪她去日内瓦找唐奇恩医生看病时，他们便分道扬镳了。卢梭怀疑她和格里姆暗中串通，图谋让他名声扫地。

的别墅相距不远。尽管卢梭是在与他的女恩主进行过一番交涉，并确信在此生活并不会妨害其经济上自给自足后才搬过来的。用埃皮奈夫人的话说，卢梭非常喜欢这个"隐庐"："五间正房，一间厨房，一间地窖，一亩有半的菜园，一泓清泉，一个硕大无朋的大花园（指蒙莫朗西森林）。"她还曾独具匠心地建造了一个壁炉，这样的话，几个房间都会温暖如春。

当卢梭搬来与埃皮奈夫人为邻时，弗里德里希·格里姆（Friedrich Grimm）——一个穷困潦倒的世家子弟，是文化时讯杂志《文学通讯》（correspondence littéraire）的编辑。同时也是埃皮奈夫人的新欢，因此也就理所当然地成了她府上的常客。常到她府上拜访的还有另一个人，也就是埃皮奈夫人的小姑子，索菲·德·乌德托伯爵夫人（Countess Sophie d'Houdetot），她也是卢梭痴爱之人。

在巴黎，卢梭的离开遭到了众人的冷嘲热讽，他们自信满满地断言：他很快就会重返巴黎。但是对卢梭而言，从城市移居乡下，标志着一种自觉的蜕变，即褪去大都市的浮华和喧嚣，摒弃哲人们所崇尚的那种理智高于情感的生活方式，致力于过一种自立而诚实的生活。卢梭深信，大城市沸反盈天的不道德已经毒害了他的心灵。伴随着这次隐退，"我恢复了自己的真正本性"。

卢梭意欲全身心地拥抱大自然，而巴黎的污浊世风早已让卢梭憎恶不已。在《忏悔录》中，卢梭曾思忖道：歌剧《乡村卜师》的声名大噪"在我的身边人中间播下了嫉妒的隐秘种子，在很长时间之后，这嫉妒终于不可遏抑地爆发了。"甚至直到1756年，卢梭才在他的一帮文友——包括格里姆和狄德罗——那里发现，他们此前对于他的那份热忱已经踪迹全无。当哲人圈中最富有的成员霍尔巴赫男爵（Baron d'Holbach）①邀请卢梭参加他所举办的社交晚宴时，席间，男爵社交圈中的其他常客在相互间窃窃私语，而唯独把卢梭晾在一旁。此后，1757年，狄德罗创作了一部剧作——《自然之子》。在这部剧作中，狄德罗专门插入了一句台词，卢梭知道这句台词是专门针对

① 居住在巴黎的一位家财万贯的德国人，曾在精神上和物质上给予法国"哲人"和《百科全书》以慷慨的帮助，1723—1789。他是法国"启蒙运动"的参与者之一，其对于"无神论"的那份激情甚至让其他的哲学人感到惊骇。作为应用科学的专家，他曾为《百科全书》撰写过四百多篇文章，题材涉及从化学到宗教的诸多领域。他不仅是休谟的挚友，更是其忠实的崇拜者。在卢梭一事上，他曾好言提醒过休谟。百科全书派主要人物之一，他举办的沙龙是百科全书派的主要活动地。卢梭在《忏悔录》里被问及为何不与他相往来的原因时，卢梭的答复是"你太有钱了"！

他的："正人君子都生活在众人之中，唯有恶人才独自过活。"卢梭受到了深深的伤害。

在蒙莫朗西森林隐居的这几年里，卢梭经历了一次重大的心理转型，对于这次心理转型，卢梭曾以十分夸张的笔调加以描述。在《忏悔录》中，卢梭将自己描述为痴醉于美德：这种痴醉起于脑而达于心。这就是"我陡然间变得雄辩的缘由，也是在我内心燃烧并遍及我所有著作的那股天火的源头。"在与别人打交道的过程中，他也变得愈发自信。在卢梭 1758 年所创作的《论戏剧：致达朗贝尔的信》(Letter to d'Alembert on the Theatre)中，所有这些变化均可窥见一斑。正是在这部著作中，卢梭不仅与让-巴贝斯特·勒朗·达朗贝尔 (Jean-Báptise le Rond d'Alembert)①发生了冲突，而且还将狄德罗和伏尔泰卷入其中。达朗贝尔，曾与狄德罗共同主编《百科全书》(Encylopédie)，他不仅是一名颇具开创性的数学家和理论天文学家，还是一个才思敏捷的交谈者和极具天赋的模仿者。人们普遍认为他是一个性情随和的人，除了有一腔不可遏抑的勃勃雄心，再也没有其他任何偏执的激情。

在日内瓦做了一次短期旅行之后——期间，他还顺道拜访了伏尔泰，达朗贝尔为《百科全书》专门纂写了一篇论日内瓦的文章。在文中，受伏尔泰的煽动，达朗贝尔对日内瓦城的加尔文主义清规戒律进行了抨击，他不仅建议在日内瓦建立一座剧院，而且对日内瓦的长老们的担心——担心剧院会败坏日内瓦城的道德和礼俗——嗤之以鼻。而随后由这篇文章所引起的轩然大波则让《百科全书》的前景陷入一片黯淡。

但当卢梭为日内瓦辩护的文章发表后，日内瓦城又重新恢复了平静。卢梭的辩护文章重申了人们对于剧院以及各种形式的戏剧的谴责。卢梭严

---

① 达朗贝尔是沙龙女主人 Mme de Tencin 和一个著名的军人 Chevalier Destouches-Canon 的私生子，1717—1783。刚出生，他的母亲便把他放在一个小木箱里遗弃在巴黎圣-让·勒朗教堂 (Sain-Jean-le-Rond)的石阶上，故取名为让·勒朗。不过，他的父亲还是为他支付了生活和教育费。达朗贝尔首先是一位首屈一指的数学家——发展了偏微分方程式，同时也是"哲人"中领袖群伦的人物，也是"法国启蒙运动"的一股中坚力量。受狄德罗之邀，他们共同主持《百科全书》的编纂工作，而那篇阐明《百科全书》之宗旨的"序言"就是达朗贝尔操刀写的。在社交方面，他总会适时地插科打诨，活跃气氛。他还因对沙龙女主人朱莉·德·埃斯皮纳斯(Julie de L'Espinasse)一往情深而闻名。当埃斯皮纳斯她的姑姑兼赞助人杜·德芳夫人扫地出门时，是达朗贝尔及时地接纳了她，并给予无微不至的关照和帮助。不过，在斯汤达的《红与黑》中，他同卢梭一道被调侃："此辈什么都要议论，却连一千埃尼的年金也没有。"

斥戏院助长了人类的堕落、不道德以及各种虚情假意。他强烈反对剧院的伪善,相信民众能创造出他们自己的娱乐方式。

当然,这篇文章并不是只是针对达朗贝尔。显而易见,伏尔泰也是其批判目标之一。当时,伏尔泰主要是作为一名剧作家而为人们所熟知,其剧作也都是在其日内瓦的家中完成的。但是,狄德罗也希望自己能成为一名剧作家。后来,狄德罗写道:"卢梭是一个魔鬼……他说过他憎恨所有他理当心怀感激之人,而他已证明了这一点。"

受到卢梭攻击的还不止狄德罗和达朗贝尔。在 1756 年至 1758 年间,有一种怀疑在卢梭的大脑里挥之不去:为了反对他,他身边的人正在设计"一个巨大而恶毒的阴谋"。这场争执——其间的关系是如此错综复杂,以至于人们根本就不可能辨明其中的真相——最终导致了卢梭和埃皮奈夫人以及格里姆的彻底决裂。

据卢梭称,狄德罗和格里姆暗中捣鬼,唆使勒·瓦瑟夫人以及她的女儿返回巴黎(实际上,他们可能只是关心老妇人的健康,因为在与世隔绝的隐庐,冬天的日子并不好过)。他们同时还阴谋诋毁卢梭的名声。埃皮奈夫人打算去日内瓦让著名的泰奥尔多·唐奇恩(Théodore Tronchin)①医生给她治病。唐奇恩是一个有着宽阔的下巴、方正的脸庞、宽厚的肩膀的男子。他说话有些华而不实,喜好长篇大论,尽管心意不坏。唐奇恩医生是第一批对病人进行种痘治疗的先驱者之一,是一位医学改革家(卢梭对于作为医生的唐奇恩是赏识的,因为唐奇恩主张病人应当多呼吸新鲜空气,多过一种乡村生活)。卢梭被要求陪同他的女恩主一道去日内瓦,但是遭到了他的拒绝。至于埃皮

---

① 唐奇恩家族(Trochin Family):日内瓦最具名望和权势的家族之一,其成员包括泰奥尔多·唐奇恩医生,一位享誉欧洲的名医,被视为妙手仁医的典范,许多王公贵族和达官贵人都找他看病。他曾推荐过"清新空气疗法"和"节食疗法",不过其最为人们所熟知的功绩是其推广预防天花的"种痘法"。他因成功地为奥尔良公爵的孩子接种牛痘而声名远播。1765 年,奥尔良公爵邀请他到法国定居,而他于次年慨然前往。除此之外,他还写过一本关于诊疗"干腹痛"的著名医书。弗朗索瓦·唐奇恩在日内瓦的统治机关"小议会"(Petit Conseil)中任职,也是卢梭的反对者之一。让-罗伯特·唐奇恩是日内瓦的总检察官(Prosecutor General),同时也是攻击卢梭的《乡村来信》的作者。泰奥尔多的儿子,路易斯-唐奇恩是亚当·斯密在格拉斯哥大学的学生。当卢梭到达伦敦时,他也同时出现在伦敦,并与休谟住在同一家寄宿旅馆里。卢梭曾一度认定,路易斯-唐奇恩之所以来到伦敦,是为了监视他的一举一动。唐奇恩家族与伏尔泰过从甚密,泰奥尔多是伏尔泰的私人医生,所以也难怪卢梭会这么想(泰奥尔多也经常拜会卢梭,直到 1757 年他们彻底闹翻)。

奈夫人到底是身患病恙，还是怀上了格里姆的孩子，人们一直争讼不断，尽管她看起来似乎更像是身患病恙。但是，自身身体状况不佳的卢梭却得出这样的结论：他们是在合谋陷害他，是想让人们看到他与埃皮奈夫人在日内瓦招摇过市，从而误认为他才是埃皮奈夫人的情人，埃皮奈夫人所怀的正是他的孩子。

格里姆对卢梭施加压力，希望他能对他的女恩主尽一份力。而卢梭则以粗暴生硬的方式回应道，他并不亏欠埃皮奈夫人什么。"如果说埃皮奈夫人曾对我表现出友谊之情，那么，我给予她的友情会更多……至于各种利益，首先我并不贪慕它们，至于那些强行对我施恩授惠之人，我根本就不会心存感激……在为友情做出一次牺牲（即陪她）之后，现在，出于感激，我必须再做出一次牺牲。"格里姆听后勃然大怒："如果我能够原谅你的话，那么，我这个人根本就不值得拥有朋友。只要我一息尚存，我就绝不会再与你见面，要是我能清除关于你所作所为的所有记忆，我将是多么的快活啊！"不可避免地，卢梭最终从"隐庐"搬了出来。在他离开之前，狄德罗特意赶来看望他。这场短暂的重逢最终以泪眼婆娑收场。这位"百科全书"编纂人后来写道：在他与这位疯子道别时，卢梭瞥了他一眼，从中他看到了一个深邃的、充满邪恶的渊薮。20世纪的历史学家利顿·斯特雷奇（Lytton Strachey）则以更为抽象的语言描述了这两位伙伴之间的决裂：它是理性主义旧世界同"自觉和怀疑、在内心的孤寂中不断内省的"新世界的决裂。

富贵的恩主再次来到卢梭的身边，并向他伸出了援手。在接受别人慷慨馈赠的过程中，作为一位一直怀揣着平等、简朴生活之理想的人，卢梭的恩主也从卜居乡间的华伦夫人，一变而为富甲一方的包税商之妻，再变而为法国的名门贵胄，也即法国元帅、卢森堡公爵查尔斯-弗朗索瓦-弗雷德里克·德·蒙莫朗西-卢森堡（Charles-François-Frédéric de Montmorency-Luxembourg, Duc de Luxembourg and Maréchal of France）①，以及他的妻子玛德林-安热莉克（Madeleine-Angélique）。

---

① 杰出的军人，卢梭在蒙莫朗西的保护人。在巴黎高等法院因卢梭出版《爱弥儿》而对其发出逮捕令后，正是卢森堡公爵在危难之际为卢梭提供马车，帮其逃跑。在卢梭的眼中，他是一个"柔软但值得信赖之人"。他的妻子，玛德琳-安热莉克（Madeleine Angélique, 1707—1787）也是卢梭和勒·瓦瑟的一个重要支持者，卢梭自认为她很有魅力。从其沙龙上，她对正确的文风和行为作出裁决，即便早在其嫁给巴芙勒公爵之前，她就因放浪不羁而臭名昭著。

不过让人高兴的是，卢梭与元帅夫人可谓一见如故。年轻的时候，玛德林-安热莉克曾过着一种放浪形骸、声色犬马的生活，但是，在这个时候，据她此前的一位情人说：她为大家树立了"罕有的典范，一个历经岁月的风霜但仍姿色不减的女人，一个饱受世人非议但依然我行我素的淫荡女人，一个众叛亲离的女人。"霍拉斯·沃波尔（Horace Walpole）①对她的欣赏可谓是一把双刃剑："她曾经是那样的天生丽质，曾经是那样的鲜廉寡耻，曾经是那样的心怀恶意。现在，她已经美丽不再，她的情人们也纷纷弃她而去，她觉得恶魔正在向她走近。"她主持过一个非常著名的沙龙，她是风尚和品位裁决者（arbiter），她是卢梭的一个坚强的靠山。对卢梭而言，根据《忏悔录》的说法，当他于1759年第一次看到她的时候，他就立刻成了她的"俘虏"。

卢梭从"隐庐"搬到位于蒙特-路易斯（Mont-Louis）的朋友家的一处破败的房子里，而这栋房子恰好又建在卢森堡公爵的地产上。元帅夫人专程到那儿去探望卢梭，当她看到卢梭穷困潦倒、破败不堪的生活景象时，遂敦促他赶紧搬到位于蒙莫朗西的一个小城堡的一处"风景宜人的住所"居住，并趁此机会将蒙特-路易斯的房子大修一番。"小城堡"环境静雅，不愧为一个完美的居所。在这"深深的但却令人愉悦的孤独之中，在这茂林碧水中，在各种鸟雀的啁啾鸣叫声中，在栀子花的扑鼻芬芳中"，卢梭忘情地工作着。卢梭与卢森堡元帅夫妇的关系，印证了他对于一种纯洁无瑕的友谊的柏拉图式理想，在其中，既没有屈尊俯就，也没有权力方面的任何悬殊。尽管元帅夫妇富甲一方、权势喧天，但卢梭却对他们相当认可，因为他们对他平等相待。他们从没有干预卢梭自己所要求的自由，也从没有对他的收入和生存方式指手画脚。但是，尽管对其恩主们心存敬意，但卢梭却发现：尽管甚为相熟，但他们之间仍然存在着一道不可逾越的鸿沟，对此，卢梭甚为苦恼。1760年10月，在致卢森堡夫人的信中，卢梭写道："友谊，夫人！唉！正是友谊给我带来了不幸。您与元帅好心地使用了友谊这个词，但是我却是一个十足的傻子，对您的客套话信以为真。您们是在自娱自乐，而我却深陷友谊的泥沼不能自拔，而到了曲终人散的时候，我将独自承受这新的伤痛。"与

---

① 英国作家，英国首任首相之子，他的《奥特兰托城堡》（*The Castle of Otranto*）首创了集神秘、恐怖和超自然元素于一体的哥特式小说风格。其神秘环境，如哥特式古堡，人物恐惧心理体现了对当时流行的理性主义思潮的反动。

此同时,作为日内瓦公民的卢梭与伏尔泰——他已经迫于压力离开了日内瓦,现居住在瑞士靠近法国边境的费尔奈(Ferney)——之间的关系也出现了裂痕。伏尔泰无法容忍卢梭对于财产权和剧院的抨击。此后,伏尔泰将卢梭关于如何养育孩子的教导斥为卑劣的伪善。而从卢梭这方面讲,这位孤傲的日内瓦公民非常憎恶伏尔泰在其家乡的文化影响。1760年6月,他给这位剧作家(伏尔泰)发去了一封最粗鲁无礼的信,在信中,卢梭写道:

> 我不喜欢你,先生……日内瓦曾是你安身立命的避难所,可作为回报,你却毁了它……是你使我有家不能回;是你迫使我流落异国他乡,苟延残喘,你随意地剥夺了一个行将就木之人的所有慰藉,就好似随随便便地就将一只狗遗弃在路边……我鄙视你。你想让我鄙视你。但是,我恨你的心原本是可以去爱的,如果你曾希望得到这份爱的话。

伏尔泰并没有回信。他对埃皮奈夫人说道:"让-雅克已经精神错乱了。"

只有当与一个动物相处的时候,卢梭才能感到相对地轻松自在。"这条狗是在我刚搬到隐庐时别人送给我的,那时它还很小,我叫它'公爵'……与那些拥有公爵头衔的大多数人类相比,它当然更值得拥有这个称号。"为了避免冒犯元帅——因为他是一位公爵,卢梭后来把它的名字改为"图尔克"(Turc)。

1761年,图尔克突遭不幸,卢梭不得不将它杀死。卢梭悲痛欲绝:"尽管可怜的图尔克只是一条狗,但它却敏感多情、公正无私、天性善良。唉!请看,在这人世间中,缺少这些磊落品性的所谓朋友是何其之多啊!"与卢梭有书信来往的一些朋友都表达了他们的同情,并且讨论着要再给他物色一条狗,以取代图尔克。卢森堡元帅说,他目前已经物色到了一条狗,但是可能因为"太漂亮了"而不合卢梭的心意。悲痛欲绝的卢梭极力打消他们的念头:"我要的不是另一条狗,而是另一个图尔克,我的图尔克是独一无二的。失去这样的一条狗是无法替代的。我已经发誓:从今以后,我当前的所好,便是我最后的所好。"

1761年和1762年这两年是卢梭的"奇迹之年"(anni mirabiles)。隐居于蒙郎西斯的卢梭创作出一大批优秀的作品。这些作品以其雄奇的想象力、极强的语言表现力和敏锐的分析冲破了主流文化的牢笼,并给读者带来了现代的震撼。首先面世的是他的浪漫主义书信体小说《新爱洛漪丝》(*La Nouvelle Héloïse ou Lettres de Deux Amans*),又名《朱莉》(*Julie*),卢梭从 1757 年起就开始创作这部小说。他极具原创性的政治学论著《社会契约论》(*On the Social Contract*)点燃了革命的导火索。直到此后的数个世纪,其开篇的第一句话还一直在革命者的耳畔回响:"人是生而自由的,但却无往不在枷锁之中。"此后,卢梭又以其在《爱弥儿》(*Émile*)中所表达的关于青年教育方面的激进观点,彻底颠覆了关于儿童天性和儿童教育方面的传统观念。特别是最后一部著作,为卢梭带来了教会和国家铺天盖地的责难。这三部著作加在一起,对宗教和现有的社会秩序构成了持久的、根本性的挑战。它们也使卢梭成为迄那时为止欧洲稿酬最高的作家(尽管在法国,卢梭还不是受众面最广的作者。这项荣誉要归于色情小说《哲学家泰利兹》(*Thérèse philosophe*)的匿名作者)。

特别是《新爱洛漪丝》,它在当时成为一种社会现象。它是一部以一个田园牧歌般的世外桃源为背景的浪漫悲剧,你既可以把它解读为是对自然和共同体的一种崇敬,也可以把它解读为美德和激情之间令人痛彻心扉的一场较量。书中附有由最好的雕工所制作的插图。这部小说一经面世,就获得了世界性的成功,它所宣扬的自然之爱和自然之美,影响了整整一代人。写给作者的浸透着泪水的表扬信像潮水般地从欧洲的四面八方涌来。在巴黎,由于供不应求,书商们瞅准了其中的商机,于是便经营起租书业务,即将《新爱洛漪丝》出租,并按时间收费(每 6 分钟 12 苏)。在这部小说里,卢梭倾注了他对于苏菲·乌德托夫人(Sophie d'Houdetot)的一腔柔情。而这股情欲留给卢梭的唯有叹息、哭泣、梦萦魂牵,以及遭受中风的侵袭。尽管卢梭多有误解,乌德托夫人依然忠诚于她那个心不在焉的军官情人。这位心烦意乱的(或发狂的)作者最后悲叹道:"我迷醉在爱情里,却找不到目标。"

但《新爱洛漪丝》并不曾给卢梭带来什么麻烦。直到《爱弥儿》和《社会契约论》,卢梭才真正涉足政治写作。尽管主管图书贸易的书报检察官拉莫瓦尼翁·德·马尔泽尔布(Lamoignon de Malesherbes)曾对《新爱洛漪丝》大加称颂,但现在,官方已经对卢梭忍无可忍。由于这本书的第四部分"萨瓦牧师的信仰告白"公然挑战教会的权威和违抗教义,《爱弥儿》这本书最终遭致当局的谴责和毁禁。对于"教士应该在儿童教育中扮演什么样的角色"这一问题,卢梭的答案很简单:最好没有。

到 1762 年,卢梭已经成为全欧洲最具争议的人物之一。在《忏悔录》中,卢梭回顾道:"诅咒我的声浪响彻整个欧洲,并以前所未有的疯狂语调喝骂我⋯⋯说我是一个异教徒、一个无神论者、一个疯子、一个衣冠禽兽、一匹狼⋯⋯"

生活在卢森堡公爵的庇护之下,卢梭很久才意识到外界对《爱弥儿》的一片责骂。他注意到,很多朋友写给他的祝贺信都是没有署名的,比如达朗贝尔。"不论说什么事,他们都万分谨慎,甚至达到了怪异诡谲的地步,就好像有一些缘由让他们不得不将对我的敬重隐藏起来,秘不示人。"但是,卢梭并不相信他个人会有什么危险。相较于卢梭,他的庇护者们却显得格外地忧心忡忡。在《忏悔录》中,卢梭回忆道:巴芙勒夫人(Mme de Boufflers)①、卢森堡夫人的一个朋友,"怀着焦躁不安的心情,为我四处奔走、活动,并向我保证:她的爱人——孔蒂亲王②——也正在积极地想办法,以帮我避开正准备投向我的致命一击"。尽管如此,她仍向卢梭索回了她当初称颂《爱弥儿》的便笺。

巴芙勒夫人极力劝说卢梭去英格兰,在那儿,她可以向他引荐她的几位故交,包括"大名鼎鼎的休谟",她与休谟很早就相识了。她还指出,如果他不幸被捕并被拷问的话,他可能会牵连到现在的庇护人卢森堡夫人(卢梭认

---

① 21 岁时嫁给了德·巴芙勒伯爵爱德华(Édouard)(他于 1764 年辞世),不久便成了孔蒂亲王的情妇,并一直相伴其左右,直至孔蒂亲王于 1776 年辞世,1725—1800。孔蒂亲王安排她住在其巴黎的居所"神殿",并因而得名"神殿的偶像"。与此同时,巴芙勒夫人还因其感性、修养和成就而被人们封为"博学的密涅瓦"(Minerve savante)。她所操持的沙龙是那个时代最为耀眼的沙龙之一。自 1761 年致信给英国的休谟之后,便与其结交成挚友,也正是因为她的牵线搭桥,休谟才得以结识卢梭。她一直对卢梭非常钦佩,并给予其许多物质和精神上的支持,直至卢梭 1770 年出版《忏悔录》。

② 杰出的军人,1717—1776,1747 年至 1757 年任路易十四的私人政治顾问。那段时间他为法国国王在欧洲执行秘密外交使命。后来退居"神殿"(其巴黎住所曾作为 Grand Prior of the Order of Knights of Malta)。他还因其无神论主张和对"哲人"的支持者而闻名于世。1751 年在和他的首要情妇德·亚蒂夫人(Mme d'Arty)大吵一架之后,孔蒂亲王开始了其与巴芙勒夫人的长期情人关系,但他却并没有娶她的打算。于 1761 年在遇到卢梭之后,便成了他的赞助人。曾在和卢梭弈棋时败北。

同这一点,因为他可能会这样做,因为他总是据实相告)。她还突发奇想要为卢梭在巴士底狱安排一间相当舒适的监房,因为作为国家的囚犯,"巴黎高等法院"是没有逮捕权的。但这个计划最终未能付诸实施。

1762 年 6 月 9 日夜里发生在蒙特-路易斯的事件成为《忏悔录》中最富戏剧性的一幕。它们表明:这个日内瓦人将再次离开,并自此以后开始了长达八年的逃难生涯。

凌晨两点钟,卢梭辗转难眠;他刚读完《士师记》并合上《圣经》。突然间,人声鼎沸、火把通明、急促的脚步声打破了乡下的寂静黑夜。卢森堡夫人的贴身仆从,拉·罗什(La Roche)带着夫人的便条闯进了卢梭的卧室。便条里面是孔蒂亲王的一封亲笔信,信上写道:巴黎的法院已决定不惜一切代价严惩卢梭,"呼声是如此之高,以致无力回天"。所以卢梭必须立刻赶到卢森堡夫人那儿去,拉·罗什说道,不见到卢梭本人她(卢森堡夫人)是不会休息的。

卢梭还是第一次看到她是如此地焦躁不安。但是,在这个紧要关头,他只能仰仗这帮有权有势的朋友来帮他躲过一劫。卢森堡元帅闻讯赶来,紧接着,巴芙勒夫人也赶了过来,并带来了巴黎的最新消息。"巴黎高等法院"逮捕卢梭的"逮捕令"已经发出。在政府的授命下,《爱弥儿》被当众烧毁。尽管如此,孔蒂亲王总算找到了一个保全颜面的折中之策:如果卢梭逃离巴黎,将不会有人对他进行追捕——他甚至还可以花几天时间好好地考虑一下他的出逃计划。

卢梭拒绝了留给他的休整时间。当日下午四时,乘坐着卢森堡元帅的一辆敞篷轻便马车,卢梭离开巴黎赶赴瑞士。当他乘坐的马车途经巴黎的时候,他们就曾从几位法官身边驶过:"端坐在一辆四轮大马车上的四名黑衣男子正向我微笑致意。"

他将勒·瓦瑟连同他的书稿都留在了巴黎,这是 16 年来他们之间的首次别离。

与"友人"一起流放他乡

黑暗从此降临;八年来我一直被禁锢在这个黑暗的牢
笼里。

——让-雅克·卢梭,《忏悔录》,1762 年夏

从 1762 年到 1765 年，卢梭的命运犹如纳莎泰尔湖畔的一叶浮萍，无望地追寻着一个安全的庇护所。

经过深思熟虑之后，这位高傲的日内瓦公民没有回到他的家乡日内瓦城。他相信，日内瓦很容易受到法国的影响，卢梭的这一判断很快就得到了验证。1762 年 5 月 18 日，日内瓦的统治机构——"小议会"（*Petit Conseil*）——便开会讨论卢梭的案子，并于第二天投票决定：如果卢梭胆敢踏入日内瓦城一步，他立即就会被逮捕。此外，他们还下令焚毁《社会契约论》和《爱弥儿》。而将日内瓦的反卢梭运动推波助澜的正是有权有势的唐奇恩家族的另一个成员让-罗伯特·唐奇恩（Jean-Robert Tronchin），他是日内瓦的总检察长，正是他对卢梭提出了控告，并提请日内瓦当局将卢梭的这两本书予以毁禁。

刚开始，卢梭在伊韦尔东（Yverdon）安顿了下来。这是一个矿泉疗养小镇，受位于纳莎泰尔湖南岸的伯尔尼管辖，就地理位置而言，它正好处于日内瓦、苏黎世和巴塞尔之间的三角地带。但是，伯尔尼议会很快就步日内瓦之后尘。在 1762 年 7 月 1 日召开的一次会议上，伯尔尼参议院决定禁止在伯尔尼出售《爱弥儿》，并将其作者驱逐出伯尔尼共和国，时限为 15 天。而操纵这项决议的幕后黑手正是"巴黎高等法院"。在此之前，"巴黎高等法院"就曾施加过类似的影响：比如在 1758 年，应其要求，伯尔尼政府当局下令收缴并焚毁市面上流通的所有爱尔维修（Claude-Adrien Helvétius）①的《论精神》（*Of the Spirit*）和伏尔泰的《少女》（*Maiden*）。但伯尔尼人也能够做出一些颇具反讽意味的抵制。这一次，一位法官走进议会汇报道："尊敬的阁下，在搜查了一切可疑地方之后，在整个伯尔尼城，我们只找到一点零星的精神，但却没有发现一个少女的踪影。"

1762年7月10日，卢梭向北迁至莫蒂埃（Môtiers）。它坐落在特拉弗斯溪谷（the Val de Travers）尽头的一个湖畔。特拉弗斯是位于侏罗山峡和纳莎泰尔湖之间的一条宽广的溪谷，它正好介于伊韦尔东和纳莎泰尔这个要塞城市之间，而纳莎泰尔湖也是由此得名。于是，在其一个老朋友的侄子一处破败的房子里，卢梭临时安顿了下来。一直都对"自立"异常敏感的卢梭坚持要付房租。不久之后，勒·瓦瑟也搬了过来。

卢梭仍然戒心重重，这是可以理解的。在7月底写给巴芙勒夫人的信中，卢梭谈到了当地狂暴的牧师。"他们惊恐地留意着我的一举一动，唯恐我踏进他们的教堂。"他指责是"诗人伏尔泰"和"骗子"让-罗伯特·唐奇恩在这帮牧师中煽风点火。他还在信中写道，他在等普鲁士国王的好消息——他将在莫蒂埃村给卢梭提供一处庇护所。

作为王朝时代才会出现的咄咄怪事，卢梭居住的纳莎泰尔邦恰好是普鲁士的地盘，而普鲁士的统治者"弗雷德里克大帝"（Frederick the Great）又是卢梭的一位支持者，一位地位最高的支持者。弗雷德里克不仅是一位卓越的军事战略家，更是一位艺术鉴赏家和"启蒙运动"的赞助人。他将"启蒙运动"原则运用到国家治理上，这在为他赢得"哲人王"的美誉的同时，也招致了"开明暴君"的骂名（与卢梭一样，他也是一个宠物爱好者。当他的爱犬生病的时候，他不惜兴师动众，召集十个医生来给它治病）。他将流放的詹姆斯二世党人乔治·基思（George Keith）②——他是苏格兰世袭的伯爵元

---

① 法国哲人，1715—1771，其志向在于通过教育来变革整个社会。他于1758年出版的《论精神》中抨击了当时法国基于宗教的旧道德观，并因此遭到当时法国和瑞士当局的禁绝和焚烧，并一度导致《百科全书》的停办，因为他曾给《百科全书》撰文。《论精神》这本书中所包含的观点如此激进，以至于就连其哲人朋友狄德罗和卢梭都纷纷加入到批判他的队伍中来。

② 苏格兰詹姆斯二世党人。休谟的朋友，卢梭的"父亲"，1692—1778。曾参与了1715年詹姆斯二世党人起义。起义失败后，他逃至欧洲大陆。但在1719年，他又参加了詹姆斯二世党人的入侵尝试，尽管有西班牙的支持，但最终还是以失败而告终，而他也在此次战斗中身受重（转下页）

帅——任命为纳莎泰尔邦总督。从伯爵的画像不难看出,他面容瘦削,愁眉苦脸,鼻如鹰钩。

作为一个年轻人,伯爵在参加 1715 年的詹姆斯二世党人起义之后逃离苏格兰;然后又于 1719 年参加了詹姆斯二世党人和法军在爱丁堡附近的联合登陆。而这次登陆最终以惨败告终,伯爵也身受重伤,并从此亡命天涯。他后来投靠弗雷德里克,并成为普鲁士驻法国和西班牙的大使。不仅如此,普鲁士国王还授予他纳莎泰尔州总督一职。这是一个不太劳心费神的闲差。1759 年,伯爵受到乔治二世的赦免,虽说他后来又重访故里,并赎回了先前的一部分祖产,但是,他仍然难以找到家的感觉。在卢梭眼里,这位年过七旬的古稀老人——"他的意见总是那么温厚,他的心地总是那么善良"——就像是他的父亲。卢梭是他府上的常客。卢梭亲切地称伯爵为"父亲",而伯爵则称卢梭为"儿子"(mon fils)或"我的野蛮人儿子"。

寻求庇护的过程中,卢梭不仅对自己的立场表现出极大的自信,而且也对那位专制君主(即弗雷德里克)的好心表现出极大的信任。尽管卢梭先前一直对弗雷德里克大帝持批判态度,但据伯爵称,弗雷德里克认为,"仅仅因为其情感卓尔不群,便去迫害一个过着无可指摘的生活的人"是错误的。弗雷德里克向卢梭提供了酒类、谷物和柴火,因为他相信,跟金钱相比,卢梭更愿意接受这类礼物。弗雷德里克还想为卢梭建造一处带有小花园的"隐庐"。不过,卢梭却拒绝了:他宁愿以吃草、啃树皮为生,也不愿意接受别人所施舍的半片面包。

伯爵还有另一层有益的关系:他是大卫·休谟的挚友和仰慕者。他曾提醒休谟:由于"民众的力量",卢梭在纳莎泰尔的处境甚为不妙。因此对于

(接上页)伤。他由此成为法外之徒,其在苏格兰的领地也被没收。屡遭失败让他对詹姆斯二世党人的领导才能深感失望,并由此转而全身心地效命于普鲁士。他深受腓特烈大帝的信宠,并先后被任命为普鲁士驻巴黎的大使(1751)、纳莎泰尔邦总督(1752)、普鲁士驻西班牙大使(1758)。在西班牙期间,他曾提醒英国政府要警惕西班牙种种不良图谋,他之前所受到的惩罚也因而被取消,先是于 1759 年获得乔治二世的赦免,然后又于 1761 年重获其世袭领地。此后,他曾重回故里,不过最后还是决定在普鲁士终老一生。当卢梭流亡到纳莎泰尔时,他曾为其提供过庇护,但卢梭后来对休谟的攻击让他们之间的关系濒临破裂。卢梭曾说他"才智过人,但富有人道情怀",对于他,卢梭一直心存感激。在伯爵元帅去世前的数月,查塔姆伯爵(布特)曾拜访过他,这让伯爵元帅颇感怪诞:"乔治三世手下的一个大臣居然会去看望一个行将就木的老詹姆斯二世党人"。实际上,查塔姆伯爵先伯爵元帅辞世。

卢梭来说,英国会是一个更好的去处。

当然,有这种想法的不止伯爵一人。卢梭曾记述道,巴芙勒夫人强烈反对他去瑞士。"并且直到现在还在不断地劝我去英格兰。但我依然不为所动。我从来都没有对英格兰或英格兰人产生过任何好感;纵然巴芙勒夫人巧舌如簧,也未能让我对英格兰的厌恶之情削减半分,反而更助长了我对于英格兰的厌恶之情。"

就在不久前,巴芙勒夫人开始与休谟通信,并给休谟寄去了一封便笺,上面尽是些她认为休谟的作品如何"崇高威严"之类的赞词。与伯爵一样,她也是在找休谟帮忙,希望他能帮卢梭找一个安身立命之所。在 1762 年 7 月中旬写给这位苏格兰历史学家的信中,她建议卢梭去英格兰避难,并在信中详细地介绍了卢梭的品性。巴芙勒夫人称颂这个日内瓦人有一颗"古怪而正直的心,和一个高尚无私的灵魂"。他唯恐自己依赖别人,所以他宁愿以抄乐谱为生,也不愿接受其挚友的惠助。他只有在独居时才会感到快乐。"我相信您在这个世界上再也找不到比他更温厚善良、更悲天悯人、更具忍耐心的人了。简而言之,他的美德看上去如此之纯粹、如此适意、如此平等,以致时至今日,那些憎恨他的人也只能从他们内心找寻怀疑他的理由。"

为了附和巴芙勒夫人对于一个他从未曾谋面的男人的热忱,休谟抛下他一贯的中庸之道。于是乎,休谟也开始滔滔不绝地夸赞起卢梭来:

> 卢梭先生的德性和才赋,我素所敬重,甚至可以说,是我素所崇拜的……夫人,我向您保证:在欧洲,还没有哪个人能获得我如此之高的评价,对于能为他效劳,我深感荣幸……我敬重他心灵伟大,这使他不愿依附于人;而我则虚荣地认为:在我的整个一生中,我正努力在这些方面效法他。

那时尚在爱丁堡的休谟又在信中补充道:他在伦敦还有一些颇有身份的熟人,他将使他们"意识到:卢梭选择到英国避难,对我们而言是多么大的一份荣誉。让我们颇感高兴的是:我们现在的国王颇雅好文艺,我希望卢梭能从中受益,而他也不会拒绝来自于一位伟大君主——这位君主独具慧眼,他能认识到卢梭的价值——的馈赠"。但不管怎么说,休谟的英雄崇拜不是盲目的。休谟就对《爱弥儿》颇有微词:其中,除了天赋,总是混杂着"某种程度的夸饰……人们甚至会怀疑,他对于论题的选择更少出于信念,而更多的是为了展示自己的独创性,以及用他的悖谬言论来博取读者的欢心"。

这位苏格兰人将自己在爱丁堡的房子提供给这个日内瓦人使用,他愿意住多久就住多久。休谟后来解释道:"我之所以做出这种义举,没有其他任何动机,只是朋友们对于卢梭个人品性的描述打动了我。"休谟还提议为卢梭争取一份皇家年金。休谟深信:帮助卢梭所产生的宣传效应,甚于在战场上赢法国一百次。

作为回报,卢梭,一个重视直觉、想象力丰富、感情细腻之人,在给巴芙勒夫人的信中,也对大卫·休谟的公正和超脱大肆颂扬:

> 在我所认识的人中,休谟先生是一位真正的哲学家,也是唯一一位在写作时不带任何偏见的、公正无私的历史学家……我的作品总是掺杂着强烈的感情;而由于其所具有的开明观念和优美的才赋,他的作品总是胜人一筹……他对每一个观点都仔细斟酌、反复思量,而激情则却只允许我从一个角度来考虑问题。

然而,卢梭接着说道:由于路途遥远,加之旅费昂贵,他还是打消了去英格兰的念头。此外,他也不想生活在伦敦街头的"乌烟瘴气"之中。"我已经习惯了乡村生活,一旦远离了茂林修竹,过不了多久,我就会郁郁而终。"

11月份的莫蒂埃冬寒料峭。伯爵最终放弃了力劝卢梭远赴英国的努力。他告知巴芙勒尔夫人:卢梭甚至还拒绝了将其安置在科隆比尔(Colombiers)的提议。科隆比尔是纳莎泰尔湖畔的一个中世纪古镇,与纳莎泰尔湖只有一箭之遥。这里气候温和,盛产水果和各种蔬菜。"他甚至比美洲的野蛮人还要更加不可理喻。"他还补充道,一个饥肠辘辘的野蛮人会接受另一个捕获甚丰的野蛮人所提供的鱼,但卢梭却会拒绝——"我不再和我们的朋友谈论出山的问题。"在信中,伯爵还描述了他的一个计划("只是一个空中楼阁"),也即他自己、卢梭和休谟生活在其新近赎回的苏格兰地产上过一种学者的隐修生活,但他又说了其中的难处:"能够说服卢梭去实现这个计划的一个主要的理由是,他对那个国家的语言一窍不通。就卢梭而言,这是一个足够充分的理由;毕竟,这或许还算是一个不错的理由。"

以此同时,卢梭和休谟之间长距离的书信往还,也使两人的关系得到进一步的发展和深化。1763 年年初,卢梭就向休谟袒露心迹:他后悔信任自己的国人——他们给他带来了无尽的伤害和凌辱,他本应该去英国。

> 在我们的谈话中,(伯爵元帅)频频提及您的大名,并让我有幸见识了您的美德,而在此之前,我只是对您的天赋有所耳闻。他不仅在我的心中激起了对您最真挚的友谊之情,而且在我还不知道您是否愿意以我为友之前,就并让我产生了一种不可遏抑的热望——也即渴望能获得您的友谊。那么,请想象一下,当我发现我们彼此都想成为对方的朋友时,我内心的喜悦是何等的溢于言表……您的远见卓识,您让人惊叹不已的公正,您的天赋,所有这一切都使您高踞于芸芸众生之上,如若不是您因为心地善良而与他们结为一体的话……我只希望有一天能看见您和伯爵相聚在您们共同的故国,它或许也会成为我的故国……踏上这片曾孕育出休谟和伯爵元帅的沃土,我将怀着无与伦比的喜悦大声叫喊:"向这片我命中注定之地致敬,这里是我的家园,这里是我的祖国。"①

诚然,卢梭丝毫也没有这样一种打算——也即由一个瑞士人变成一个苏格兰人。他这样做只是为了表达他的善意、尊重和礼貌,并且一如既往地运用了大量的修辞手法。然后卢梭又继续解释道:糟糕的身体状况使他无法做长途旅行。

这只是一种托词。卢梭向来都不是一个亲英派人士,他对于英国人引以为傲的各种自由权向来没有什么好感。代议制民主所传递的只是自由的幻象。在《社会契约论》中,卢梭写道:"英国人认为他们是自由的,他们大错特错了。他们只是在选举议员时是自由的;而一旦这些议员当选,选民就会受到奴役;仅此而已。"卢梭担心英国人会记得他在《爱弥儿》的第二卷的一个注中对他们所作的评论:"我知道英国人一直为他们的仁慈和他们民族的

---

① 语出维吉尔(Virgil)的《埃涅阿斯纪》(*Aeneid*),拉丁原文为:*salve, fatis mihi debita tellus*! / *Hic domus, haec patria est*。

良好天性沾沾自喜,他们将自己描述为'天性善良之人',但是,尽管他们可以以此自吹自擂,但却没有一个人会附和他们的。"

从表面上看,卢梭算是在莫蒂埃安顿下来了。卢梭常常坐在门廊上,一边编丝质绶带,一边和路人闲聊。这些丝质绶带是要送给那些即将嫁为人妇的年轻女性的,条件是:她们将亲自给自己的孩子哺乳,而不是将他们交给乳母。他说这才是母亲们应该做的。他身着一套亚美尼亚服(这是由一个途经蒙特朗西的亚美尼亚裁缝做的),装束甚为怪异——短上衣,长罩袍,饰有金流苏的皮帽,丝质腰带。这件宽松的长袍使他在处理他那烦人的膀胱病时更为方便。当卢梭就这身装束请教当地牧师时,牧师说他可以穿这身装束,甚至可以穿这身装束去教堂。当伯爵元帅第一次看到身穿亚美尼亚长袍的卢梭时,"他只是简单地问候道,愿和平与您相随。这个问题就这样定下来了,我此后再也没有穿其他的服饰"。在满溪谷的巉岩峭壁、茵茵绿草和一望无际的葡萄园里,卢梭想必已成为一道十分突兀的风景。

当社会舆论最终将批判的矛头指向他时,当地的一些居民开始坚信:卢梭是魔鬼附体。"当我身穿长袍和头戴皮帽走在乡间时,在乡民们的眼里,我就像是一只疯狼,这些暴民们不仅对我污言秽语,有时甚至还向我投掷石块。有好几次我从他们房前走过,只听一位乡民喊道:'把我的枪拿来,让我给他一枪。'"1764年冬,由于感到孤苦无依,卢梭又收养了一条狗和一只猫。尽管这只狗品种不纯,但卢梭却给他取了个帝王般的名字——"苏丹"(Sultan)。

来自欧洲各地的探访者络绎不绝,他们甚至在卢梭门前踩出一条小径;成百上千的信函如雪片般飞来,有的是为了征询他的意见,有的是为了辱骂他。正是从这段时间起,卢梭开始了与富有的金融家皮埃尔-亚历山大·杜·佩鲁(Pierre-Alexandre Du Peyrou)①的友谊。杜·佩鲁虽然身患痛风顽疾,但是在卢梭的说服下,依然决定和他一起做植物研究,并且此后以改宗者的狂热继续从事这份新消遣。杜·佩鲁虽然出身法国,但却是纳莎泰

---

① 出身于荷属圭亚那的一个富有的法国胡格诺家庭。一位金融家,居住在纳莎泰尔,在湖上建造了一个新码头,并将卢梭的许多手稿送到市图书馆。由于对漫游和博物学的共同爱好,佩鲁和卢梭遂结成朋友。佩鲁身患痛风病。1782年,他首次刊印了卢梭的著述全集。在其许多书信中,卢梭都称呼佩鲁为"我亲爱的主人",而佩鲁则称呼卢梭为"我亲爱的公民"。

尔的最大慈善家之一,后来,杜·佩鲁成了卢梭的终身赞助人,他不仅保存了卢梭的手稿,而且还于 1782 年出版了卢梭的第一部著作集。

卢梭的名气是如此之大,以至于人们要求他去安慰在身在洛桑(Lausanne)的爱德华·吉本(Edward Gibbon),也即未来的史学巨擘,《罗马帝国兴衰史》的作者,吉本正因为与苏珊·屈尔绍小姐(Mlle Suzanne Curchod)情事破裂而伤心欲绝。我们从史书中不难知道,这位苏珊·屈尔绍小姐正是路易十五①的银行家兼财政大臣雅克·内克尔(Jacques Necker)之妻,同时也是著名的沙龙女主人和女才子斯塔尔夫人(Mme de Staël)之母。卢梭则回答道:"我希望吉本先生不要来;他的冷淡让我对他印象不佳。我又看了一遍他的书——指《论文学研究》(*Essay on the Study of Literature*);由于他太想表现得才智过人,反而显得有点矫揉造作。吉本先生与我不是一路人,我相信他与屈尔绍小姐也不是一路人。"

但有一个颖异过人但却桀骜不驯的苏格兰人却成功地博得了卢梭好感。正是从他那里,我们才得以管窥卢梭在莫蒂埃(Môtiers)的家庭生活。

1763 年 12 月 3 日,星期一,24 岁的詹姆斯·鲍斯威尔(James Boswell)②在一个叫作梅森的小村庄前停下脚步,并朝一栋装有绿色窗板的白房子瞥了一眼,他发现,这与《爱弥儿》中的描述极为相似,因为他曾拜读过《新爱洛漪丝》和《爱弥儿》。在拜访卢梭之前鲍斯威尔先去了一封信(他将其描述为"一部真正的杰作。我将永远保留它,以作为我心灵高贵的佐证")。颇为滑稽的是,这封信的内容也颇有卢梭之风:"先生,我毛遂自荐,我是一个具有独特价值之人,我有一颗善感的心,有一股生机勃勃但却阴郁悲愁的精神。唉! 如果在卢梭先生眼里,我所有这些遭遇都不曾赋予我一

---

① 路易十五,"深受爱戴的"(Louis ⅩⅤ,'Well-Beloved'),1710—1774,1715 年至 1774 年任法国国王,路易十四之孙,在世俗、放浪但自由的奥尔良公爵菲利普的摄政下年仅五岁便登基。在 1744 年罢免了朝廷所有的股肱之臣后,其宫廷便成为一个党争蜂起、尔虞我诈的地方,而他则沉湎于女色,其中最为出名的当数蓬帕杜夫人(Mme de Pompadour)。在其执政期间,法国的海外领地几乎丧失殆尽。其软弱统治最终导致了王室权力和威望的衰落,并助长了革命的力量。

② 苏格兰人,传记文学之父,著名的《约翰逊博士传》即出自他手,他与休谟、伏尔泰、卢梭均有往来,但却遗憾地未留下任何传记资料。同样以屡教不改的嫖妓和酗酒闻名。奥金莱克勋爵(Lord Auchinleck)之子。是作为"群贤会"一员而在爱丁堡与休谟初次相遇的。1764 年专程到瑞士拜访卢梭,并在 1766 年 1 月底因陪伴卢梭的"女管家"勒·瓦瑟一同从巴黎前往奇斯维克的途中和其发生一段风流韵事而臭名远扬。

种独特的价值,那么,我为什么要被造成现在的样子呢？而他为什么又要写其所写呢？"

鲍斯威尔最终还是不得不亮出他的王牌——他与他的同胞伯爵元帅是旧识。碍于伯爵的情面,卢梭答应了鲍斯威尔的拜访,但条件是他不能在这里呆太久。

在赴约之前,为了整理自己的思绪,鲍斯威尔特意出去溜达了一圈:

> ……这是一片美丽、娴静、幽深的溪谷,四周群山环抱。有的地方遍布着嶙峋的怪石,有的地方长满了茂密的松树,有些地方覆盖着皑皑的白雪……我回想起我此前对让-雅克·卢梭的各种想法,他在全欧洲所赢得的尊敬,他的《新爱洛漪丝》、《爱弥儿》,他的一些伟大的思想。在我的一生中,这半个小时最让我没齿难忘。

尽管鲍斯威尔有些惴惴不安,但卢梭却热情地接待了他。一见面,鲍斯威尔就发现他"一身亚美尼亚装扮,肤色黝黑,彬彬有礼"。之后,他又四次登门造访,并在卢梭那里用餐,宾主相谈甚欢。其中的一顿饭包括:

> 1.一道味道鲜美的汤。2.一盘牛肉和小牛肉。3.卷心菜,白萝卜和胡萝卜。4.冷猪肉。5.腌鳟鱼,他开玩笑称其为舌头。6.其他的一些叫不出名字的小菜。甜点是醉梨和栗子肉。我们还喝了一些红酒和白酒。

鲍斯威尔的笔记表明:卢梭的谈话相当直率,而这也是法国社会所深恶痛绝的。对于法国人,卢梭评论道:"法国人是一个让人鄙视的民族。"对于苏格兰人,卢梭评论道:"先生,您的国家是为自由而生的。"对于人类,卢梭则评论道:"人类厌恶我,我的管家婆告诉我:当独处的时候,我的心情要比与人相处的时候好得多"。对于批评家,卢梭评点道:"他们不理解我。"对于他的性情,他评点道:"我生性平和,我的阴郁不是出自我的天性。是我所遭受到的一系列不幸让我变得悲愁忧郁的。"

卢梭还不忘在鲍斯威尔面前炫耀他的苏丹,据鲍斯威尔记载,"他把狗食放在盘子里,让他的爱犬围着它转……我想这条狗就是苏丹,他边抚摸它边给它喂食,并带着一种孩子式的调皮说道,'尽管它不受尊重,但却被照顾得很好'"。

鲍斯威尔依稀记得:在那些轻柔迷人的夜晚,他的主人总是哼唱着《乡村卜师》第五幕中的一首歌,并用小曲来讨好纳莎泰尔的一位夫人:

> 我们所居住的房间/尽是些好东西
> 甜蜜的糖果、美味的菜肴/动人的诗谣/窈窕的姑娘
> 而所有这一切都抵不上/女主人的一句话

这个陶醉其间的造访者甚至还讨得了戴莱丝——那时,卢梭家的大门是由她把守的——的欢心。当鲍斯威尔怀着忐忑不安的心情第一次去拜见卢梭的时候,站在门外迎候他的正是戴莱丝。鲍斯威尔后来写道:"她是一个娇小、活泼、整洁的法国女孩,让我感到内心安宁。"事实上她整整比鲍斯威尔大二十多岁。她告诉鲍斯威尔:"在和卢梭呆着一起的这 22 年间,我见过的陌生人何其之多!而且我可以肯定地告诉你,因为不喜欢他们的说话方式,我曾经将许多人扫地出门。"

在交往的过程中,登徒子鲍斯威尔和戴莱丝之间或许擦出了爱的火花。所以在辞别时,鲍斯威尔告诉戴莱丝,他想送她一件礼物。她到底喜欢什么呢?一根紫晶项链,戴莱丝说。这位热情似火的年轻人果然没有食言,从日内瓦给她买来了紫晶项链,并对她写道:"这是来自一个奋发有为的苏格兰人的不成敬意的礼物,我将永远不会忘记你的音容笑貌:你织衣物时的样子,你做饭时的样子,你坐在桌边讲笑话时的模样,你起床梳妆打扮时的模样,你拾掇桌子的模样,你洗碗时的模样,以及当一切收拾妥当后您又和我们坐在一起聊天时的模样。只有一位魔术师才能完成这一切。"就在这一天,鲍斯威尔同时感到有必要向卢梭解释这一切。如果他一次又一次地与勒·瓦瑟通信,他希望卢梭不要介意:"我发誓我并没有引诱您家女主人的企图。在我的脑海里,常常会冒出一些罗曼蒂克的、不着边际的想法,但是,我绝不会去做这种不可能之事。"

如果从某种层面上讲,卢梭现在正过着一种安逸恬静的田园生活的话,那么,从另一个层面上讲,他的一些观点正受到来自巴黎、日内瓦、纳莎泰尔、莫蒂埃和伯尔尼的诸多大人物的挑战。在此之前,卢梭从未经历过这种

全面的敌对,而他也不得不在漂泊不定的流放生活中予以还击。

反对他的声音可谓是层出不穷。在他逃离巴黎后不久,"索邦神学院"①就开始严厉谴责《爱弥儿》,并向卢梭本人提出指控。紧接着,巴黎大主教克里斯托夫·德·博蒙(Christophe de Beaumont)②就对卢梭在《爱弥儿》第四部分"一个萨瓦牧师的信仰告白"中所表达的观点进行了抨击。这让卢梭痛心不已,因为他一直都很敬重德·博蒙。作为回击,卢梭写了长达四万字的《日内瓦公民卢梭致巴黎大主教德·博蒙书》,以捍卫他的宗教观点。但在当时,迫于法国的压力,由25人组成的日内瓦统治机构"小议会"(Petit Conseil)却禁止卢梭发表这封信,于是,这位此前一直对其日内瓦公民身份"引以为傲的"日内瓦人在憎恶中放弃了其公民身份。

卢梭现在陷入一场更为残酷的政治冲突,正是由于这场政治冲突,在逾30年的时间里,这个城市共和国一直都处于四分五裂的动荡状态。冲突的一方是传统的统治寡头,他们控制着"小议会"(受到法国的支持),另一方是被剥夺选举权的资产阶级,卢梭在《忏悔录》中称其为"自由党"(the Party of Liberty)。"自由党"将"小议会"施加在卢梭身上的不公正待遇作为自己的斗争筹码。作为"小议会"的首脑,总检察长让-罗伯特·唐恩奇(尽管卢梭很厌恶这个家伙,但却从未低估他的智力)也加入了这场论战。1763年夏,在其匿名出版《乡下来信》(Letters from the Country)中,唐恩奇力挺传统的统治模式,并断言:卢梭将使教会和国家陷入万劫不复之地。这在"自由党"的追随者中引起了一片哗然。

一开始,对于这场政治斗争,卢梭是置身事外的。但"自由党"③却向他施加了压力,要他介入其中,尽管稍带犹豫,卢梭最终还是以其《山中书简》(Letters Written from the Mountain)对唐奇恩的挑衅进行了回击。这部论战性的应答之作于1764年出版,它强烈地谴责了日内瓦当局对其著作的审查,并指责日内瓦行政当局实施独裁统治:他们践踏了日内瓦的传统,并严

---

① 巴黎大学前身,现为巴黎第四大学,世界上人文艺术学科领域最著名的大学之一。

② 博蒙大主教干涉了《爱弥儿》的出版,并禁止人们阅读此书;随后巴黎法院发出此书的禁令,促使卢梭从巴黎出逃。

③ 所谓"自由党人"在卢梭与唐奇恩交手之后,却退缩了。《山中书简》发表后,日内瓦议会发表宣言,声称此作品渎神,作为异端应由刽子手烧毁,事实上,巴黎当局已下令烧毁此书。而自由党人不置一辞,集体失声。

重危及脆弱的权力平衡。

卢梭当初对介入这件事有所顾虑是情有可原的：想过一种安稳宁静生活的愿望已经落空了。在《忏悔录》中，他曾这样自我打趣道："像我这样的一个怪物还能存活于世，这着实让整个日内瓦和巴黎都吃惊不小。"

卢梭与唐奇恩的这次交手，也促成了卢梭与伏尔泰的彻底决裂。1764年末，《公民对于〈山中书简〉的看法》(*Sentiments des citoyens sur les letters écrites de la montagne*)对卢梭进行了恶毒的人身攻击，卢梭是在该年年末的最后一天才看到这本小册子的。小册子是匿名出版的，这在当时的文化界并不鲜见。作者匿名出版自己的著述，可以使自己免受攻击或决斗的挑衅，而在法国，数以百计、无孔不入的皇家检查员的严格审查也迫使作家们采取种种瞒天过海之计。比如匿名出版，使用笔名，在荷兰印制然后再走私入境，将哲学或色情小说伪装成历史或书信，这些都是出版商的惯用伎俩。

尽管基于这本小册子的加尔文式文风，卢梭立马就指认一位日内瓦牧师（卢梭的老相识）是这本小册子的作者，但现在人们普遍认为，《公民对于〈山中书简〉的看法》这本小册是出自伏尔泰之手。它将卢梭描画成一个铁石心肠、忘恩负义和伪善的小人。小册子还揭露了卢梭一些不为人知的"秘密"，其中有些属实，比如他抛弃子女一事，但有些却纯属空穴来风。

这本小册还质问道："一个与众学者为敌的作家还算是一个学者吗？不，作为作者，他只写过一部歌剧和两部不算成功的剧作。"书中还宣称卢梭身染梅毒，并指责他对其岳母近来的亡故负有不可推卸的责任。卢梭被描述成这样一个人："他身上至今仍带有其淫邪放浪的致命印记，他一身江湖骗子的装束，拖着那个可怜的妇人辗转于村庄和群山之中，他不仅杀死了那位可怜夫人的母亲，而且还把她的孩子丢弃在孤儿院的门口……他不仅背弃了人类的天然情感，甚至还离弃了荣耀和宗教信仰。"

尽管这些毁谤之词根本就站不住脚，但是，我们后人还是应该感谢伏尔泰。为了洗刷自己的污名，卢梭最终决定出一本自传，以详细地介绍他的一生、他的情感、他的动机，于是也就有了后来的《忏悔录》（早在1761年，他的出版商就建议他写一本自传，但他一直没有动笔，这样也就拖延了下来）。

在莫蒂埃，当地的牧师现在开始禁止卢梭做弥撒，因为卢梭此前曾向他们信誓旦旦地保证，他再也不会出版任何有争议的作品，而他也相信了。不仅如此,该牧师还在布道中煽风点火,将卢梭斥为异教徒。他甚至还试图将卢梭逐出教会,只是未能得逞。现在,当地村民们也开始转而反对卢梭,情势变得越来越危险。卢梭走在大街上都会遭到辱骂。伯爵元帅以普鲁士国王弗雷德里克的名义发布了一道保护卢梭的命令,但依然无济于事。

1765 年 9 月 1 日,卢梭的房子遭到了石块的袭击,尽管窗户没有被打破。第二天晚上,有人试图撞开前门。此后的一周,也即 9 月 6 日,星期五,莫蒂埃恰逢小镇定期市集举办,人们纵情地饮酒作乐。当晚的后半夜,卢梭的房子再次遭到攻击,而且比以前还要暴烈。后来,卢梭在《忏悔录》中曾回忆起这次让人胆战心寒的恐怖经历:

> 石块如雨点般地向面对走廊的门窗飞来,由于其落地时的动静是如此之大,以至于我家的狗——它通常都躺在走廊上——开始狂吠不止,但再后来它就被吓得不敢做声,躲到一个角落里,对地板又咬又抓,拼命地想逃出去。

有一块"大如脑袋"的石头差点砸到卢梭的床上,他和瓦瑟紧紧地抱在一起,蜷缩在远墙角。抛向卢梭住处的石块是如此之多,以致当地的治安员赶到时,不禁脱口道:"天哪!这简直成了一个采石场!"

当地所有的头面人物都希望卢梭能离开。"我屈服了,根本不需要人来做我的说服工作;因为看到人们对我如此深恶痛绝,这让我痛心疾首,不堪承受。"他和苏丹先逃离了莫蒂埃,但留下了戴莱丝,与在纳莎泰尔的杜·皮鲁呆了一晚之后,哲学家和他的那条狗一起来到了位于比尔湖(Lake Bienne)湖中心的圣·皮埃尔岛(Isle St Pierre)。它受伯尔尼(Bern)管辖。

在卢梭逝世后出版的《一个孤独散步者的遐想》(Rêveries)中,卢梭将他在圣·皮埃尔岛度过的短暂的五周描绘成是他一生中最幸福的一段时光:四周到处都是果园、草地、葡萄园和森林,一间孤零零的寓所点缀其间,宛如人间仙境。他在这里的主要消遣便是散步和采集植物标本,他立志编一部"圣·皮埃尔岛植物志",从而将岛上所有植物都收罗其中。卢梭和苏丹还会到附近的一个荒无人烟的小岛去闲逛,尽管苏丹怕水,尽管湖上泛舟也常常让卢梭感到紧张不安。

可是圣·皮埃尔岛注定只是卢梭短暂的避难所。戴莱丝9月底也搬到岛上与他同住。可就在10月18日这一天,"正当我对未来的生活充满无限憧憬之时,"卢梭却收到伯尔尼当局下达的限他两周之内离开其辖区的通知。他恳请当局将他囚禁于此岛,直至终老,而不是让他和平地离开,但伯尔尼当局置之不理。他告诉他的一个通信人,他被"粗暴地"赶走了。

三年间,卢梭先后被赶出法国、日内瓦、伊韦尔东、莫蒂埃和圣·皮埃尔岛。普鲁士国王的庇护①也无济于事,他的夙敌们终于如愿以偿。这位欧洲最激进的思想家又一次踏上了逃难的征程。

① 卢梭是否真正受到自诩开明的普鲁士国王的保护存有争议,弗里德里希·威廉二世曾辩称:我保护的应是那些举止有礼、思想健康的自由思想家。

狮子和公鸡

报纸给去巴黎的风潮起了一个好听的名字；他们称其为"法国病"。

——霍拉斯·沃波尔，1763 年 10 月

他的个性包裹在层层面具之下。当剥去喜形于色这层外在的伪装之后，你仍看不清他的庐山真面目。

——T.B.麦考莱，《批判和历史论文》

（*Critical and Historical Essay*）

1763 年 4 月，弗朗西斯·西摩·康威，赫特福德伯爵（Francis Seymour Conway, Earl of Hertford）①，受邀出任英国驻法国大使。自《巴黎条约》结束"七年战争"以来，这是英国首次向法国派驻大使。尽管历史学家们将赫特福德伯爵贬为一介庸才，但休谟却将他形容为"英国宫廷中最和善的贵族"。至于赫特福德伯爵为什么会邀请这位苏格兰哲学家与他一道赴任，现在仍不得而知。但休谟只是赫特福德的第二人选，所以最可能的解释是：最初，在伦敦的苏格兰人朋友圈中有人提名休谟，并受到英国副国务大臣和古典学家罗伯特·伍德（Robert Wood）的力挺，伍德与休谟于 1758 年初识。伍德曾就读于格拉斯哥大学。

而休谟为什么会应承下来，则较为清楚，因为这次征召使他有机会得以摆脱当时的困窘。而休谟自己在《自传》中所提供的解释则甚不可信："这个职位虽然富有吸引力，但起初我却婉拒了。一则是因为我不愿意和权贵打交道，二则是因为我担心巴黎的文雅礼让、优游放浪的交际圈也不适合我这样的年纪和性格。但是，经不住那位伯爵的再三邀约，我最终还是答应了。"

像之前一样，休谟所获得这份厚赍是有瑕疵的。休谟此次受邀出任的是赫特福德伯爵的秘书，年薪 1 000 英镑，而且还有望获得晋升。但是，就

---

① 亨利·康威的兄长，罗伯特·沃波尔的外甥，霍拉斯·沃波尔的表弟。英法"七年战争"结束后英国派驻巴黎的首位驻法大使。他任命休谟为其私人秘书。1765 年 7 月，因被任命为"爱尔兰总督"而离职，不久便成为乔治三世的"宫务大臣"（Lord Chamberlain）和亲宠。

官方层面而言,这个职位已经由查尔斯·班伯里(Charles Bunbury)接任了。班伯里也即后来的查理斯爵士(Sir Charles),当时他还是一个年方 23 岁的小伙子,其妻子是美丽且狂放不羁的莎拉·伦诺克斯女士(Lady Sarah Lennox)。在一些人眼中,班伯里是一个"虚荣且无知"的纨绔子弟,而在另一些人看来,他是一个和蔼可亲的赛马爱好者(他的马曾赢得 1780 年赛马会的头奖)。正直的赫特福德伯爵觉得他顽劣无状,于是就提议让休谟做他的副秘书,并许诺,一旦班伯里离职,休谟就立即接任秘书一职。像休谟这样一个怀疑主义哲学家,何以能适应虔诚的赫特福德伯爵呢?这个问题总是被一些人引为谈资。在巴黎,另一个英国外交官注意到:赫特福德伯爵挑选秘书一事"已经在此地引发了不少笑话。人们问得最多的问题是:作为这个家庭的一分子,休谟是否要被迫一天做两次祷告。"

家族网络和社会纽带将现在正在对休谟的人生起着举足轻重作用的人们联系起来。比如,就英国这边而言,有赫特福德伯爵的弟弟,亨利·西摩·康威将军(General Henry Seymour Conway)①,还有他们的表兄弟霍拉斯·沃波尔(Horace Walpole)。当然,也不应该忽略了赫特福德夫人:她是查理二世的孙女,也是后来的首相格拉夫顿公爵(Duke of Grafton)②的堂

---

① 军人,辉格党政治家中的领军人物,罗伯特·沃波尔的侄子以及霍拉斯·沃波尔的表弟,1719—1795。霍拉斯·沃波尔一直对其关照备至。其第一份职业是军人,而其挚爱也是军队。曾亲自参加过德廷根战役(Dettingen)、丰特努瓦战役(Fontenoy)和库洛登(Culloden)战役。自 1741 年起出任威斯敏斯特地区的国会议员。与第三代里奇蒙公爵有姻亲关系。里奇蒙公爵的妹妹,美丽且刚愎自用的萨拉·伦诺克斯(Lady Sarah Lennox)小姐与查理斯·班伯里爵士(Sir Charles Bunbury)喜结良缘。1764 年当康威因投票反对"空白逮捕令"而被迫从朝廷和军队去职时,成为当时轰动一时的重大政治事件。1765 年 7 月当罗金厄姆接替格兰威尔出任首相一职时,康威便被委以重任,出任南方部国务大臣(领导下议院,并负责处理对法国、瑞士、意大利、西班牙、葡萄牙和奥斯曼帝国,以及爱尔兰和美洲殖民地的事务)。他启动了对法讼判,并在他主导之下,废除了 1765 年的美洲殖民地印花税法案。1766 年 5 月,他又接掌北方部(负责处理英国与神圣罗马帝国、荷兰、波兰以及俄罗斯的关系)。当罗金厄姆政府倒台,他便在皮特和格拉夫顿手下工作。1767 年 3 月,他邀请休谟做他的副国务大臣。在此期间,康威投票反对政府当局在东印度公司和美洲殖民地税务方面的管理法规。他虽然于 1768 年卸职,但应国王之邀,他一直呆在内阁,直到 1770 年。他曾深深地卷入美洲事务,他强烈反对针对美洲殖民地的战争。1784 年他在下议院做了最后一次演讲,此后不久便失去了其下院的议席。

② 辉格党政治家,为人中庸,八面玲珑。他于 1765 年在罗金厄姆执政时期任"北方部"国务大臣(由于意识到自己缺乏从政经验,他说自己就像一位待嫁的少女:既对未来充满了向往和憧憬,但随着时间的临近,又感到紧张和惧怕),并于 1766 年 5 月离职。在罗金厄姆的继任者"老皮特"(查塔姆伯爵)执政时期,他成为财政部第一大臣。当查塔姆于 1768 年离职时,他又出任首相一职,并于 1770 年 1 月离职。他一直在随后的几届政府中任职。尽管他工作兢兢业业,但缺乏领导才能,遇事优柔寡断,不敢直面困难。

妹。他们在休谟的职业生涯中所起到的各种作用也表明:现今,休谟的职业命运已经与伦敦政客和宫廷贵族的兴衰沉浮捆绑在一起。

特别是康威,在英国的政治舞台上,他一直是一个领袖群伦的人物,在一个充满阴谋和荫庇、任人唯亲、皇室影响无处不在的秽乱时期,他却一直身居要津、屹立不倒。作为三届软弱且摇摇欲坠的政府的一个要员,康威始终能维持其清誉于不坠,成为正直和荣誉的一座丰碑,正因为如此,他总是处于离职的边缘,而幕后的沃波尔总是不断地敦促他要坚守自己的立场。

从 1741 年到 1784 年,康威一直是上院议员。康威出身军旅,后来荣升中将。他相貌俊伟,声音富有磁性,举止优雅得体,思虑周全,博览群书。不仅如此,他还有胆有识,随时准备为信念慷慨赴死。1764 年 2 月,在"空白搜查令"①——也即在没有任何证据表明某人有犯罪行为的情况下,或在没有证人举证的情况下,可以对其施行逮捕或没收财产,比如,政府可以授权逮捕某个妨害治安的论著的作者——问题上,他投票反对乔治·格伦维尔政府(Granville's government),于是他就被革去了其侍从官的官职,而且还免去了其陆军团长的职务。人们都认为这是一种极其荒唐的行为②。

不久以后,格伦维尔于 1765 年 7 月下台,罗金厄姆侯爵(the Marquess of Rockingham)③接任首相一职(他在贵族同僚中以怠惰闻名;而在公众中以痴迷于赛马而驰名)。康威被任命为南方部国务大臣,这是除财政大臣之外的最重要的两个官职之一,尽管以其优柔寡断的性格而言,康威并不适合

---

① 格伦维尔政府针对 1763 年 4 月 23 日出版的《北不列颠报》中攻击政府的言论,发出逮捕令,使作者、印刷商和出版商 50 多人被捕。

② 沃波尔反对"空白搜查令"并且谋得表兄康威将军的支持,但这使二人受到了严重的人身攻击。在沃波尔给康威的信中,沃波尔抱怨说:"他们找不到正当理由,只好说你我相恋,而且相恋 20 年了!"

③ 富有且权势喧天的辉格党政治家,1765 年 7 月,年仅 35 岁的他便登上首相的宝座,尽管他此前没有任何从政经验,而之所以会出现这种情况,主要是因为国王急于想赶走格伦维尔。当时的时论认为,其内阁"充分地显示了年轻人的放肆和缺乏历练"。而其对于赛马的热衷也让人们将其嘲笑为"种马"。而让辉格党的这些达官贵人们(当然也包括他自己)感到吃惊的是,其内阁居然还维持了一年,并且还见证了"印花税法案"的废除(尽管同时声称国王有向殖民地征税的权利)。1766 年 7 月,他被辞去首相一职,皮特接任。而美洲殖民地战争的失败和诺斯伯爵的倒台又使他重返政坛。而历史学家们也认为:正是在他的治下,英国实现了从非正式的派系斗争到正式的党派政治的转变,并开始将辉格党界定为反对皇室权力。他当时将康威将军和格拉夫顿公爵都拉入他的内阁。他还开启了埃德蒙·伯克的职业生涯(他曾将伯克雇用为其私人秘书)。

出任此职,而且他也不擅长用各种卑鄙手段去管理下院。随着几届脆弱不堪的行政班子的倒台,康威又于1766年转任北方部国务大臣。国王对他信赖有加。沃波尔曾记述:乔治三世曾告诉康威,"他希望每一届政府都有康威的身影"。

康威将军的哥哥赫特福德伯爵也是乔治三世的亲信(或心腹)。他不仅虔信宗教,而且天性善良,在霍拉斯·沃波尔的心目中,他是一个"道德完人"。但另一些人却对他恶言相向,认为他自私、贪婪、野心勃勃。1767年,赫特福德伯爵被他的一个同时代人描述为一个"为了自己和家族的晋升而欲壑难填的家伙,对于当权者所施与的惠助,他总是以最快的速度加以利用,然后又在最短的时间内将其遗忘。"在"空白搜查令"一事上,赫特福德伯爵极力与他弟弟划清界限;不久之后,他恳请国王为他加官晋爵——将他从伯爵晋封为侯爵,但并未成功。

至于他们的表兄弟霍拉斯·沃波尔,他是罗伯特·沃波尔爵士(Sir Robert Walpole)的幼子,也是其最坚定的捍卫者,在这里,我们可以套用沃尔特·白芝浩用来评点查尔斯·狄更斯的一句话——"一位专为后世写作的不同凡响的通信人",这也适用于霍拉斯·沃波尔。他的书信和日记给我们提供了一个圈内人对那个时代的价值无量的评论——这些评论涉及面甚广,信息量大,而且客观公正。霍拉斯·沃波尔是一个多面手:他兴趣广泛,机智,但爱搬弄是非,与此同时,他还是一位政治掮客,国会议员,玩弄阴谋的老手。其父亲给他留下了一份报酬优渥的闲差,年俸多达3 400英镑,以及一个议员席位,据说他只去过一次选区,在议会也只发过一次言。

他兴趣广泛,成就非凡。他刊行于1764年的小说《奥特朗托城堡》(*The Castle of Otranto*)首开"哥特式小说"(Gothic novel)之先河①。除此之外,他还是一名日记作者、学者和印刷商。他对于艺术有一种敏锐的感受力和鉴赏力,尽管有些褊狭。同时,他还是一名收藏爱好者,他收集的东西无所不有,从上好的微型画,到赫库兰尼姆古城(Herculaneum,因维苏威火山大喷发而埋没的古城)被硫化的枣子,再到红衣主教沃尔西(Wolsey)的红帽子。

---

① 沃波尔的《奥特朗托城堡》被认为是影射当时的现实政治,整个小说描写了一个专制政权的颠覆,而格伦维尔的专权是人尽皆知的事情,有意思的是,此书出版(1764)的次年格伦维尔政府即倒台了。

当然,作为他的真爱——也即位于伦敦西南的特威克纳姆(Twickenham)的"草莓山庄",这座山庄是他于 1747 年购买的,经过长年累月的修缮,它逐渐变成一座具有浓郁的哥特式风格的"微型哥特式城堡"——作为其装潢师和园艺师,霍拉斯·沃波尔创造了一座不朽的丰碑。

沃波尔为人热情、活泼、慷慨、仁慈,常常醉心于各种世俗事务。他是个爱国主义者,尽管他认为"一个好的爱国主义者是一个糟糕的公民"。"巴黎重新点燃了我内心深处那份与生俱来的激情,也即对于祖国荣誉的爱。我必须要指出是,爱国之情是一种邪恶的激情,它会引发战争。"他也是一个有着自己的立场和操守之人。1757 年,他放言反对因"丢掉"米洛卡岛(Minorca)(或者如伏尔泰所嘲讽的那样①)而判处海军上将宾(Admiral Byng)死刑。此外,他还是"空白搜查令"一位批评者,他支持出版自由,他支持美洲殖民地的独立运动,反对奴隶制:"这种可怕的奴隶贸易……让人不寒而栗"。

尽管拥有这些优良品质,但是,在 1765 年至 1766 年间那个天寒地冻的冬天,人们对于巴黎社交聚会上的沃波尔的描画却并不尽如人意。他变成了一个拨弄是非、心怀恶意之人,他将聚会,特别是当有文人墨客在场的时候,变成其冷嘲热讽、肆意消遣的对象。尽管如此,48 岁的沃波尔却成为巴黎最令人敬畏的女主人、他的"又老又瞎的放纵女才子",当时已有 70 岁高龄的德芳夫人(Mme du Deffand)②的恩宠,他致德芳夫人的书信多达 800多封。她把其爱犬"通顿"(Tonton)遗赠给沃波尔(这条狗不是家养的)。她传神地将沃波尔昵称为"狂妄的弄臣"。而沃波尔也常常引征这种说法,并不以为忤。

---

①　伏尔泰就此事曾评论道:"在这个国家,人们认为偶尔杀掉一个海军上将来提气是值得的。"这后来成为伏氏名言之一。

②　路易十四未成年时的摄政王菲利普·德·奥尔良的情妇,尽管时间并不长,但却广为人知,1697—1780。其后半生,尽管视力每况愈下,但她却在位于圣多米尼克大街的圣约瑟夫女修道院操持了一个沙龙,在其中,她以才思敏捷、活泼风趣,以及与会的众多名流而名噪一时。每周一的晚上,启蒙时代巴黎的精英人物都会到她那用锌黄色丝绸装饰的沙龙去用晚餐。她曾将其侄女朱莉·德·埃斯皮纳斯带入沙龙,但当发现其侄女甚至比姑姑更受欢迎时,她毅然决然地将其扫地出门。这件事让达朗贝尔一直对德芳夫人耿耿于怀。卢梭一开始对德芳夫人的眼疾甚为同情,但后来却转而反对她,除了其他的原因,主要是因为其"一贯的先入为主"、"难以置信的偏见"以及"不可克服的顽固"。她与伏尔泰有广泛的书信来往,同时也被沃波尔所深深吸引,她致沃波尔的信多达一千七百多封,并在其遗嘱中将她生前最喜爱的黑色猎犬——通顿(Tonton)遗赠给他。

卢梭与休谟

考虑到英法精英圈子的那种世界主义本性,在法国,对于像沃波尔这样的使节或参访者,人们并没有多少敌意。尽管英国刚打完并赢得了"七年战争",尽管最近的一系列流血冲突使这两个全球竞争国的关系风雨飘摇。

通过 1763 年签订的"巴黎条约","七年战争"最终以英国的大获全胜而告终。这是大英帝国的辉煌时刻。在签订"和约"前,大英帝国的海军已经拿走了它想要的所有东西。加拿大、印度和西印度群岛,所有这些法属殖民地都统统落入英军之手。而作为西班牙西印度帝国之要冲的哈瓦那(Havana)也未能幸免。大英帝国似乎在航海、战争和贸易方面都远超其欧陆的竞争对手。

对于那些洋溢着爱国激情的英国商人来说,他们现在正可以坐收战争之利:殖民地不仅可以提供原材料,而且还向他们购买英国商品。尽管英国的商人喜不自胜,但整个英国还是要为此付出代价的。在摆脱了法国入侵的威胁之后,美洲殖民地居民开始起而伸张自己的自由和权利。战争的耗费要求英国政府在战后必须厉行节约(海军军费也是如此),这迫使政府去寻找新的税源,而这转而又引起了美洲殖民地居民的不满。而在国内,谷物价格的飞涨,以及对于饥荒的担心,又引发了混乱。

由布特亲自参与谈判、并最终于 1763 年 2 月 10 日签订的"巴黎条约",在政治上争议不断。英国人保留了他们大部分的战果,尽管布特将一些已经到手的地盘又拱手归还给了法国和西班牙,因为这种姿态将为未来的永久和平奠定基础。但对法国而言,这依然是一个沉重的打击,但乔治三世却称其为一个"高贵的条约"。而与此同时,布特的政敌却将"合约"贬斥为"将英国到手的胜利毁于一旦"。这种希望——也即希望"合约"将给两国关系带来一些缓和,根本就没有考虑到英法两国关系中那种根深蒂固的敌意(尽管一些苏格兰人感受到了"老同盟[①]"的纽带,并且在法国首都巴黎比在伦敦感到更适意),当休谟驻留巴黎的时候,弥漫于英吉利海峡两岸的那种混杂着恐惧、轻蔑和艳羡的复杂情感对今天的人们而言也并不陌生。

---

① 老同盟,auld Alliance(法语为 vieill e Alliance),中世纪时期苏格兰与法国之间长达 265 年的同盟关系,其攻击和防卫的对象正是英格兰。它被普遍认为是世界历史上存在时间最长的外交同盟关系,戴高乐将军在世时也对它念念不忘。

事实上，从那时起，富有远见的政治家和老谋深算的外交家德·舒瓦瑟尔公爵(Duc de Choiseul)①，开始执掌法国的舰队，并且在不久之后又当上了陆军大臣，正厉兵秣马、重整军威，希望有朝一日能重新夺回法国丧失了的殖民地。而沃波尔是最早提出警告的先知先觉者之一："在我从法国返回时，我就能感觉到：我们枕戈待旦，以防止法国王庭蓄谋的敌意是多么地理所当然，因为一旦财政状况许可，他们必定会重启战端，对于我们的处境，我一直忧心如焚。"

但这种警告并不能阻止英国贵族参访巴黎的步伐。1765 年 9 月，在给一位英格兰朋友的信中，对于蜂拥而至的英国同胞，沃波尔评点道：

> 夫人，如果在英格兰没有关于政治和议会的高谈阔论，我可以给您寄过去，您要多少我就寄多少。抑或，您只想要英国人，我可以给您寄去五十头；并且我可以向您保证：我们的货源绝对充足。在每周二的晚上，在伯克莱夫人家，都三桌牌齐开，桌边坐满了爵爷贵妇、绅士淑女。

虽然在伦敦的上流社会中，沃尔波从来不乏娱人娱己的对象。但是，他却发现巴黎的社交圈相当无趣，尽管他很欣赏法国人的待客之道："比起我们的冷漠和粗鲁不文，他们(法国人)并不见得更为真诚，但是，他们的着装很讲究，并且看起来比较自然，毫无忸怩做作之态，这就足矣！"1765 年 10 月 19 日，在给其挚友托马斯·布兰德爵士(Sir Thomas Brand)的信中，沃波尔曾抱怨过他自己的百无聊赖。由于双腿的痛风病发作，他只能整天躺在

---

① 作为一名军人和外交家，他曾拥有辉煌的职业生涯，1719—1785。他于 1758 年至 1761 年任"外交事务大臣"一职，1761 年至 1766 年任海军大臣，1766 年至 1770 年任战争大臣。自 1766 年起还同时负责外交事务，是当时法国政坛最举足轻重的人物，实际上相当于当时的首相。他参与了宣告英法"七年战争"结束的《巴黎条约》，并在极其不利的处境下为法国保全了一点颜面。此后，他便集全力重建法国海军和重组军队。他主张有限君主制，是"哲人们"的保护者和"百科全书"的支持者，支持伏尔泰，允许《百科全书》出版发行。卢梭将其视为一位伟大的政治家，并于 1761 年在卢森堡公爵的家中与其共进晚餐。在德·舒瓦瑟尔的帮助下，卢梭于 1765 年 12 月底顺利地重返巴黎，因担心卢梭因藐视巴黎高等法院的权威而遭到逮捕而敦促卢梭于 1766 年离开巴黎前往伦敦。当卢梭于 1767 年再次返回法国时，德·舒瓦瑟尔再次对其伸出援手，从而确保了其在法国的人身安全。当德·舒瓦瑟尔于 1770 年请求对英国宣战时，各ང宫廷阴谋迫使他流亡国外，此后再也没有掌权。也是他促成了当时的王太子、后来的路易十六与奥地利公主玛丽的婚姻，后者在被推上断头台时，踩到了刽子手的脚，这时玛丽说了句："对不起，您知道，我不是故意的。"

床上，并声称，自从赫特福德夫人离开之后，他就再也没有开颜过："这些家伙，他们根本就没有功夫去笑。先是上帝和国王被掀翻在地；这些男男女女们，无一例外地全都心无旁骛地忙于破坏。像我这样居然还留有信仰，在他们看来，这无异于亵渎神灵。"他还补充道："笑就像纸板傀儡和不倒翁一样，已经过时了"，然后建议"他们只需要两个特别沉闷的英国政治家，乔治·格伦维尔和利特尔顿勋爵（Lord Lyttelton），从而使他们的谈话如地球上的其他地方一样无聊之极"。

但英法之间的人员往来从来都不是单方面的。在英国人大量涌入巴黎的同时，法国人也成群结队地赶赴英国。而且，尽管英法两国的民众都十分珍视他们各自的差异性，但他们仍对（英吉利）海峡两岸的最新时尚了然于胸。巴黎的新时尚很快就会变成伦敦的新潮流。反之亦然。

对于英法两国相互渴慕的东西，格里姆曾这样写道：

> 在法国，我们现在对英国的驭马师评价甚高，正如同当初英国人曾力赞我们贫苦的胡格诺派侍女；对于英国人的骏马良驹、他们的潘趣酒，以及他们的哲学家，我们都青睐有加，一如他们对于我们的葡萄酒、利口酒和芭蕾舞演员的推崇备至……我们垂涎于他们的钢铁，他们则渴慕我们的白银；我们对于英国的马车、花园和宝剑赞叹不已，而他们也对我们的工匠，特别是我们的木工和厨子尊崇有加。我们给英国人送去了我们的时尚，作为回报，我们也将英国人的时尚带了回来……简而言之，我们似乎被赋予了相互效仿对方的使命，从而将先人之间的古老仇怨一笔勾销。

至少，在这方面，格里姆是一个乐观主义者。

除此之外，格里姆还记述了法国人特别喜欢翻译英文著述，其面世之快，也表现出了两国间文化交流的广度和深度。这其中就包括休谟的哲学著作。《克拉丽莎》（*Clarissa*，1747）一经出版，其作者塞缪尔·理查森（Samuel Richardson）就成为法国人顶礼膜拜的人物。法国的朝圣者们甚至依照《克拉丽莎》中的描述，对英国的许多名胜古迹展开了寻踪之旅。卢梭对这部小说的评价是："在其他语言中，还没有哪一部小说可与《克拉丽莎》相比肩，甚至都没有哪一部小说可以望其项背。"

赫特福德侯爵把不朽的"拉塞公馆"(Hôtel de Lassay)用作自己的私人官邸。一个参访者说她从未见过如此漂亮的一栋房子,但房间却既不宜居,而且也很脏。据一位英国参访者称:"在赫德福德伯爵家的饭桌上",休谟绝对是"一个憨态可掬的老实人,生性纯良,使您不由自主地想起壁炉边的那只獒犬。"

抛开赫特福德家多少有些冷清的饭桌以及席间的繁文缛节和正襟危坐不说,休谟在大使馆的职位,以及他和赫德福德伯爵的关系,还是为他赢得了出入宫廷和上流社会的通行证。但是,休谟的许多日常工作看起来还是相当琐碎的。作为一名新上任的助理秘书,休谟的官方职责之一便是向伦敦的媒体发布大使馆的信息。1765年6月5日,他给《伦敦纪事报》(London Chronicle)发去了一份关于英王生日庆典的报道,内容如下:

> 巴黎。6月4日星期二,时值(英王)陛下生日庆典,英国驻法国大使赫特福德伯爵,邀请当地各阶层的英国同胞约70多人与他共进晚宴,以庆祝这一神圣的盛典。整个庆典极为辉煌壮丽,各位来宾均盛装出席;席间丝竹盈耳,笑语喧天,那些素常善饮之辈都尽心竭力,可谓宾主尽欢。

然而,从1765年7月21日赫特福德伯爵离职离开巴黎,到同年11月17日里奇蒙公爵(Duke of Richmond)接任,在这段时间内,休谟任事务代办,全权负责处理使馆事宜,因此其肩上的责任也越来越大。在这四个月的时间里,他交涉并处理了《巴黎条约》所遗留下来的各种细枝末节问题,诸如敦刻尔克防筑工事的拆除。

休谟只是一个外交新手,他所面对的都是些老奸巨猾、经验丰富的外交老手,如舒瓦瑟尔公爵,不仅如此,由于休谟职位低下,社会地位卑微——在一个身份权势为敲门砖的贵族世界里,这一点尤为明显,他在处理外交事务时难免处处受到掣肘。但是,尽管休谟没能很好地解决这些问题,但康威对于他的交涉能力还是给予了较高的评价。

休谟理应比此前的任何时候都要开心。他的工作不仅收入不菲,而且颇具有挑战性。可是,在这快乐的表象背后,隐藏着休谟的一肚子委屈和愤怒。原因之一便是,他的大使秘书一职迟迟得不到官方的正式任命。自从到法国赴任以来,休谟的前途(命运)就握在英国首相乔治·格伦维尔

(Geroge Grenville)的手中。而且在整个 1764 年以及 1765 年上半年,对于班伯里的玩忽职守(他离开巴黎,让休谟接手他的工作),格伦维尔并无不满。他显然并没有将这位苏格兰历史学家扶正(也即接任大使秘书一职)的打算,如果班伯里另谋高就的话。

休谟也不是一位投机钻营之辈,但是,1764 年 3 月,赫特福德劝休谟去联络一些兴许能在他任职这件事上发挥影响的朋友。当努力无功而返后,休谟将自己描述为满不在乎的样子:"在我任职这件事上,国王曾做过承诺;所有的大臣们也都做过承诺;赫特福德伯爵更是拼尽全力为我争取。但是,在这六个月的时间里,我仍然没名没分,不过,我从不为这件事徒增烦恼。"

据沃波尔称,赫特福德并不受布特伯爵或格伦维尔政府的待见。赫特福德申请报销去巴黎的旅费,竟遭到了政府的拒绝,尽管按照常理,这笔费用理应由政府支付,而这也表明,赫特福德与行政当局的关系比较紧张。赫特福德怀疑:行政当局之所以拒付这笔费用,可能与其弟弟在议会上的反对活动有关。如果真是这样的话,那么,休谟的职位迟迟得不到批准也应当与此有关。但是,格伦维尔的往来信件也表明:首相及其亲密盟友对于赫特福德在法国的外交交涉甚为不满,并希望他卸任回国。故而,当他们正在商议如何替换作为驻法大使的赫特福德时,他们是不可能去扶正作为其秘书的休谟的。

到 1764 年夏,当有法国人暗讽其在伦敦无能时,赫特福德甚为恼火,于是遂向格伦维尔发去了一封满纸牢骚的信。在信中,赫特福德指出:首先,由于缺少一位值得信赖的秘书,他既无法离岗,也不敢生病;其次,如果休谟正式谋得使馆秘书一职,他是非常适合于作其副手的:"无论是出于个人友谊的角度,还是出于为陛下效劳的角度,我都非常希望由这么一个能干的人来担此大任。"格伦维尔并没把这封信当回事。1765 年 2 月,格伦维尔的日记记述了他敦促国王立即任命英国驻西班牙大使馆秘书一职,因为"他担心赫特福德可能会替身在巴黎的休谟争取这个职位"。

政治的命运之轮终于眷顾到这位苏格兰历史学家身上,休谟时来运转,尽管那只是昙花一现。

虽然被格伦维尔激怒,虽然国王也试图物色其他人选来接替格伦维尔,但最终都没有成功,从而使格伦维尔的势力更加飞扬跋扈。正如沃波尔所言:"国王最后落得个搬起石头砸自己脚的下场,这是他不分青红皂白,一律重用以前的老臣所引起的恶果……格伦维尔总是用最傲慢无礼的方式来对待他的主上,事实上,国王不过是他们操弄于股掌间的傀儡……"

被臣子牵着鼻子走的一国之主乔治三世,现在也不得不做出一系列让步,这其中就包括将布特彻底驱逐出局。在后来的一系列职位变迁中,班伯里被任命为爱尔兰新总督的秘书。赫特福德预计,班伯里到都柏林赴任会最终促成休谟的正式任命。但休谟却认为这件事不会发生:"我,一个哲学家,一个文人,并不是一个机巧的廷臣,而且一贯个性独立,曾冒犯过所有的派别和政党,像我这样的一个人,怎么可能获得一个如此尊贵、如此优渥(年俸为 1 000 镑)的职位呢?"

但是,休谟最终还是获得了这个职位。从政治上讲,格伦维尔或许赢得了暂时的胜利,但是,他与乔治三世的关系——这对于恩庇问题至关重要——却彻底闹僵了,而国王也正是谋划让他倒台。可能是出于政治上的权宜,格伦维尔最终在休谟任职问题上做出了让步。而赫特福德也终于挽回了颜面。

6 月 3 日,在获悉自己的任命后,在给吉尔伯特·埃利奥特的信中,休谟高兴地写道:"尽管我是一位无神论者和自然神论者,尽管我从不依附于辉格党和托利党中的任何一方,尽管我带苏格兰腔,尽管我是一位哲学家,但我现在却拥有一份年俸 1 200 镑、并且十分体面的职位。"与此同时,他还获得 300镑的补助,以置备车马随从,以及一张与其新官阶相配的办公桌。7 月 13 日,盖有国玺的"任命状"——任命休谟为驻法使馆秘书——送交到休谟手中。

但伦敦政界的变动使休谟的喜悦只持续了很短一段时间。1765 年 7月 13 日,格伦维尔被罢官,随后,查理·沃森-温特沃斯(Charles Watson-Wemtworth),也即罗金厄姆侯爵(Marquess of Rockingham)组建了临时性的政府班子。康威成为两位国务大臣之一,而通过他,其兄长,也即赫特福德伯爵,也被任命为爱尔兰的总督。

而赫特福德并不情愿的继任者是里奇蒙公爵,也就是查理·班伯里爵士的内兄。对外交一窍不通的里奇蒙公爵在巴黎所呆的四个月——从1765 年 11 月到 1766 年 2 月——让他遭到了普遍的恶评。

对于休谟而言,里奇蒙公爵的任职,标志着其在巴黎官宦生涯的结束,同时也向休谟提出了这样一个问题:他是否能够,或者说,他是否愿意作为赫特福德伯爵的秘书与他一道到爱尔兰赴任？这份工作的年俸是 3 000 英镑。尽管休谟一直声称他所想要的只是书本和一个温暖的壁炉，但是他的信还是泄露了他的抱负，对于国王对于他的好评，他一直津津乐道。7 月末，在给布莱尔的信中，休谟写道："你看，在前面迎接我的是多么美好的前程啊！但是，您想象不到的是，对于离开这个国家（法国）我是多么地遗憾！从巴黎到都柏林，我简直就像是从光明走向黑暗。"他还告诉亚当·斯密：他在都柏林的职位是"最为尊贵"官职之一，也即作为"爱尔兰总督的秘书，在某种意义上就类似爱尔兰王国的首相"。

但休谟的雄心壮志看起来有些幼稚。毕竟，他根本就胜任不了都柏林的工作，因为他既没有官场应酬所需要的那种喝烈性酒的酒量，也不会玩弄各种卑劣的政治手腕。而政界名流也不看好他。罗金厄姆内阁更是决心要摆出一副反布特——换句话说反苏格兰人——姿态，借以迎合英格兰人的偏见。尽管赫特福德伯爵竭尽所能，想保护他的亲随，但正如休谟自己所评点的那样："反对苏格兰人的呼声是如此之高，以至于现在的内阁不愿去支持任何一位苏格兰人，以免人们指责他们与布特勋爵有瓜葛。"

后来，赫特福德的儿子接替休谟到都柏林赴任，这也符合赫特福德的官望——他总是很照顾自己的家族。但是，赫特福德还是为休谟争取到一笔400 镑的年金，而且作为补偿，还为他在"都柏林城堡"（Dublin Castle）预留了一套房子。但是，事实证明，休谟连去都柏林参访都是不可能的。由于爱尔兰民众对休谟（作为一名宗派人士和自由思想家）所普遍持有的偏见，赫特福德夫人也主张休谟远离都柏林——而赫特福德一家也只是在爱尔兰住了不到一年，此后，赫特福德伯爵重返伦敦，并一路高升，直至荣任堪称宫廷枢纽的"宫务大臣"（Lord Chamberlain）一职。

这位肥硕的哲学家的大好前程，再度因为其族裔、信仰，以及社会地位而白白断送。甚至他最终获任驻法使馆秘书的喜悦，也羼杂着几分苦涩。到 1765 年底，据沃波尔记载：休谟甚至怀疑沃波尔是被伦敦当局派至巴黎的，为的是在休谟背后给新大使出谋划策。

事实上，休谟在巴黎一直都过着一种双重生活。如果说，作为驻法使馆秘书，休谟在巴黎的这段时间是他一生中最为糟糕的时光的话，那么，作为哲学家和历史学家，这段时光无疑又是他一生中最美好的时光。

他将永远是巴黎的宠儿

在我的一生中，我还从未遇到有谁比休谟更温和、更文雅了，正是他这种平易近人的脾性，而不是他那雄辩的论证，赋予其怀疑主义以更深远的影响和更沉雄的力量。

——劳伦斯·斯特恩（Laurence Sterne），
写于在英国驻法使馆的晚宴上与大卫·休谟唇枪舌战之后

在巴黎的这 26 个月，休谟一直在两个对比鲜明的社会之间游移：在政治上，英国是他的衣食父母，而在文化上，法国是其故国之外的另一个精神家园。尽管休谟从乔治三世政府那里所领得的薪俸极其寒薄，但他却可以尽情享受"文人共和国"所给予他的慷慨赞词。

1763 年 10 月 18 日这一天是休谟的"主显节"（意指休谟在这一天莅临）。在巴黎，法国各界人士以极其欣悦的心情来迎接这位"准秘书"的莅临。而无论是在英格兰，还是在苏格兰，休谟都从未得到，也不可能得到这种"厚遇"，也即来自于公众的这种由衷的喝彩和礼赞。

对于其在法国无与伦比的地位，休谟正在法国游历的朋友已经告知过他："他们甚至愿意到西印度群岛为您效劳，"酒商约翰·斯图尔特（John Stewart）于 1759 年动情地写道，"在这个世界上，您是他们最为敬仰之人。"一年后，休谟的一位爱丁堡密友也对此深有同感："没有哪一位作者在其有生之年所赢得的声望，能够与您现今在巴黎所拥有的声望相媲美。"在法国，休谟甚至还取代塞缪尔·理查逊（Samuel Richardson）和劳伦斯·斯特恩，成为英国文坛的圣贤之士，而人们一般也将此视为衡量休谟在巴黎之崇高地位的一把标尺。声称与休谟相识，就等于打开了通往巴黎上流社会的大门。法国的各界名流一直都希望休谟能在他们中间出现。

　　在抵达巴黎的那一晚,一路车马劳顿的休谟还未来得及洗去征尘,就被拖着奔走于权门。而等到应酬结束时,他又收到了来自法国皇太子(Dauphin)的问候。

　　而这只是休谟长达两年的意气勃发、春风得意的社交生涯的开始。10月26日,在给亚当·斯密的信中,休谟写道:"凡所到之处,我都会受到最高的礼遇,这实在让我有点受宠若惊。"人们还将休谟引荐给路易十五的情妇蓬巴杜夫人(Mme de Pompadour),她跟休谟说了很多话,与此同时,休谟还被引荐给皇太子的三个小王子,也就是后来的路易十六、路易十八和查理十世。他们向休谟信誓旦旦地保证:在法国,休谟有很多的朋友和崇拜者。在1765年12月24日的日记中,沃波尔曾提到王储皇太子已病入膏肓:"医生为皇太子所开的药有四百六十种之多,可是皇太子却告诉尼沃诺斯公爵(Duc de Nivernois),他'愿意在卧榻之侧放一本休谟先生的《随笔集》'。"

　　自从来到法国,休谟就不断收到法国王公贵戚们的晚宴邀请。路易斯·德·罗翰亲王(Prince Louis de Rohan)的秘书乔格尔神父(Abbé Georgel)用最考究的英语给休谟写道:"尊贵的休谟阁下,乔格尔神父在此送上最诚挚的问候。他曾拜读过休谟先生的种种著述,他不仅仰慕休谟先生的智慧,而且欣赏其为人。"

　　在其于1776年8月逝世前四个月亲笔撰写的那份简之又简的"自传"中,休谟曾谦虚地回忆道:"我越是回避他们那过度的礼让,他们愈是对我表示礼让。"而在1763年12月1日,休谟则以更为诗意的语言向其同胞苏格兰历史学家威廉·罗伯逊(William Robertson)描述了其在巴黎的情况:"我只能说,我吃的是佳肴美馔,饮的是琼浆玉露,呼吸的是扑鼻的香气,而脚踏的是团簇的鲜花。每天都有许多人拜会我,而且人数还在源源不断地增加。我所遇到的每位男士,尤其是我所遇到的每位女士,如果不能给我奉上一段优雅而冗长的赞词,他们就觉得过意不去。"对于法国人毫不吝惜地向他大送赞词,休谟也有着自己的解释:"让我最为高兴的是,我发现,人们加之于我的颂词大多与我的个人品性相关——我率真单纯的礼数,我正直温顺的性情。"

　　至于思想成就,巴黎的"文学界"对休谟的评价,肯定要比伦敦高得多。

首先,在巴黎,人们不会戴着有色眼镜——也即带着反苏格兰人的偏见——来看待休谟;其次,人们也不会因为休谟的怀疑主义或休谟的政见而歧视他;最后,更为重要的是,在法国,文人甚受敬重。1765 年 4 月,在给休·布莱尔的信中,休谟写道:

> 如果一个人生在伦敦,而又不幸成为一个文人,那么,即便他成功了,我也不知道他可以与谁一道生活,或者他何以能在一个合适的社交圈中打发他的时光。在伦敦,值得交往的、为数极少的交际圈有一种拒人于千里之外的冷漠,缺乏社交性,或者只是由于党争和阴谋才变得活力四射。所以。一个人,如果不参与公共事务或担任公职,将会变得无足轻重;如果他不富裕,那么,他甚至会受到人们的轻慢。因此,英格兰正在迅速地沦入最深深的愚昧和无知之中。但是在巴黎,如果一个人文学才华出众,他将迅速地受到人们的敬重和瞩目。

而且,与英格兰或苏格兰颇为不同的是,在巴黎,给予这位肥硕的、下颚宽厚的哲学家以最热烈的崇敬和垂注的,是女士。这可是休谟此前从未享受过的待遇。查尔蒙特(Charlemont)注意到,"凡休谟所到之处,女士们的妆容便会因之而增色。而在舞会上或歌剧院里,我们总是能在两个千娇百媚的脸蛋中间看到他那张面无表情的、硕大无朋的圆脸。"在 1759 年出版的《当前的文雅学识》(*The Present State of Polite Learning*)中,奥利弗·哥德史密斯(Oliver Goldsmith)(他曾在伦敦与休谟和卢梭共进晚餐)对法国女人的才识有着极为深刻的印象:"巴黎的一位时尚人物——尽管在这里,我们或许认为他卑不足道,不仅要熟悉流行的哲学样式,而且还要熟悉时髦的着装风格,只有这样,他才能讨得其情妇们的欢心。"

事实上,休谟不是一位时尚之人,他就是时尚。曾有一位观察者这样写道:休谟在巴黎的出现"被认为是和平(指因缔结"巴黎条约"而带来的和平)所孕育出来的最美丽的果实之一……那些美丽的贵妇名媛们总是倾其所能地在休谟面前卖弄自己的风姿。"而 1802 年刊行于世的休谟的《私人书信》(*Private Correspondence*)的"引言"则注意到:

卢梭与休谟

　　全法国的漂亮女人都喜欢休谟,而这位肥硕的苏格兰哲学家在与她们的交往中也表现得格外高兴和亢奋……实际上,像休谟这样一个性情温和且内心安详之人,宁愿在优雅的沙龙中与这些卓有成就的巴黎贵妇进行妙趣横生的对话,也不愿与英国绅士在酒馆和咖啡屋中对着酒瓶热火朝天地讨论政治,这一点也不足为奇。

　　换句话说,休谟在法国的名望,使他得以自由地出入"文人共和国",这一专门由杰出女性所把持的独一无二的领地。

　　法国宫廷的百无聊赖和等级森严,是"文人共和国"得以应运而生的主要原因。在"文人共和国"的沙龙中,与轻松谐趣的个人娱乐并存的是才智的相互砥砺。一旦受邀参加一个沙龙,那么,在这样的一个公共场合,不管其社会等级和社会地位,所有人都一律平等。

　　沙龙不仅提供丰盛的美食和美酒,曼妙的音乐和歌曲——这是舞会和各种客厅游戏所必不可少的,而且还可以在其中发现机趣的俏皮话,热烈的论辩,丰富的信息和渊博的学识。最为关键的是,沙龙为大家提供了一个非正式的交流平台,在这里,大家可以进行轻松愉悦的表达和从事批判性的探究,而这在宫廷是不可能的。除了可以进行这种经常性的交流,沙龙还成为法国启蒙运动的"播种机",是沙龙创造、培植和传播了激进思想。但是,仅仅将沙龙看作是一种进步性的交流平台,无疑是错误的。这只是其所产生的社会影响的一部分。苏珊娜·内克尔夫人(Mme Suzanne Necker)就曾指出:沙龙"形成了一股看不见的力量,无须借助于金钱和武装力量,这股看不见的力量将它的法律加之于城镇、宫廷,甚至国王自身"。

　　这些沙龙,这些"光彩夺目的理性学校",也表达了整个时代的礼俗和风尚。休谟发现,与泰晤士河畔那帮蛮民相比,巴黎人的彬彬有礼更让人觉得心情愉悦。在巴黎,正如"文雅"一样,独具匠心的格言隽语和轻松洒脱的谈话氛围也是必不可少的。对于男人而言,最不可或缺的便是对于"奉承"的娴熟运用;而对于女人而言,就是要通过施展自己的魅力和智慧,而不是通过好意去俘获其"情人"的心。

　　沙龙的女主人是不可或缺的。她们在"文人共和国"中扮演着管理者的角色,圆熟老练但又不失分寸,立场坚定但又令人愉悦。主人们的职责就在于：在让到场的客人们都才华尽施、大放异彩的同时，还要为整个讨论设定基调，并保持语言的简洁凝练。她们的艺术就是创造并维持"文明谈话"。在 18 世纪 60 年代，"哲人们"一周可能会参见两到三次沙龙聚会。

所以不难想象，当踏进这片风光无限的领地时，休谟那种"春风得意马蹄疾"的感觉。休谟最早参见的是"女皇"若弗兰夫人（Mme Greoffrin）所主持的沙龙。若弗兰夫人对休谟一见如故，立马就喜欢上这位"胖胖的跟屁虫"、她的"胖调皮鬼"。外国驻法大使和出访法国的君王们都是若弗兰夫人的座上宾。她还邀请一些艺术家和艺术爱好者参加其周一的晚宴。莫扎特就是在若弗兰夫人的客厅里首次名震巴黎的。她每周三所举行的文学晚宴，推动了"百科全书"运动，而在"百科全书"运动最风雨如晦的日子里，若弗兰夫人曾挺身而出，以个人名义赞助了十万埃居。

若弗兰夫人的死对头是瞎眼的杜·德芳夫人（Mme du Defand），她的沙龙是在圣多米尼克大街（the rue Saint-Dominique）上的一个女修道院里举办的。在她的常客中，谁要是参加了若弗兰夫人的沙龙，就被视为是对她的背叛（但沃波尔是个例外。他可以同时参见她们两人的沙龙，而且好像也毫发无损）。

与若弗兰夫人不同，杜·德芳侯爵夫人属于所谓的"佩剑贵族"（*noblesse de l'épée*），也即高级贵族，他们的祖先曾与国王一道征战沙场、马革裹尸。1722 年，她离开侯爵，并一度成为摄政王奥尔良公爵菲利普（Phillip, Duc d'Orléans）的情妇，尽管这段臭名昭著的情人关系只维系了短短的两个星期。这次私通，再加上她一直以来与菲利普公爵私交甚笃，于是，她获得了一份皇家年金。由于其具有沃波尔所称的那种"无与伦比的急智"，德芳夫人的沙龙声名遐迩。她关于殉难者"圣丹尼斯"（the martyred St. Dennis）——圣丹尼斯在被处决之后，还手持头颅步行了数里之遥——的"妙语"奠定了她如今的声望："重要的是第一步。"她所吸引的都是些科学家、作家、文人和社会名流。她是一个自由思想家，对宗教冷嘲热讽："什么是信仰？它是对人们所不理解之物的坚定信念。"她与伏尔泰的通信长达 43 年之久，他们是礼敬如宾的对手。

尽管休谟一到巴黎就曾出席德芳夫人的沙龙，但好景不长。休谟与杜·德芳夫人的关系之所以闹僵,部分原因在于他经常出入朱莉·德·莱斯皮那斯(Julie de L'Espinasse)①的沙龙。所以当休谟后来寻求其支持时,德芳夫人仍对此仍耿耿于怀。1754 年,年仅 22 岁的朱莉·德·莱斯皮那斯——她是德芳侯爵夫人长兄的私生女——受德芳夫人之邀,协理她操办沙龙。这位杰出的沙龙女主人可谓是慧眼识珠,她认识到这位女孩所具有的热情、颖慧和才识。因为有了侄女的助阵,德芳夫人的沙龙在这十年间办得红红火火,名噪一时。

但是,日益显见的是,一些人,特别是"哲人们",更愿意与这个年轻女子厮混在一起。随着一些沙龙常客经常于下午去拜访她(那时,她的姑姑正在休息),德·莱斯皮纳斯逐渐地发展出她自己的非正式沙龙。达朗贝尔爱上了这个集激情和浪漫于一身的女子。1764 年,德芳夫人将德·莱斯皮纳斯扫地出门。可这注定是个错误的决定。达朗贝尔接纳了她,给她提供了一栋房子和一份年金。当达朗贝尔后来病重的时候,他也搬进了这栋房子,德·莱斯皮纳斯对他倾心照料,直至其恢复健康,尽管达朗贝尔对她的爱只是一厢情愿。

德芳夫人的许多老主顾与其侄女一道离开了她的沙龙,因为德·莱斯皮纳斯随后在同一条街上办起了她自己的正式沙龙,而出入其中的都是法国启蒙运动的杰出人物。这中间除了狄德罗,还包括一位领时代之风骚的数学家,一位科学和逻辑的传道者,一位才华横溢的报人——他后来成为《法兰西纪事报》的编辑。换言之,他们是达朗贝尔(Jean-Báptiste Le Rond d'Alembert)、杜尔阁(Anne-Robert-Jacques Turgot)②和苏阿尔(Jean-Báptiste

---

① 德·埃尔伯女伯爵夫人(the Comtesse d'Albon)和杜·德芳夫人的长兄加斯帕德(Gaspard)的私生女,1732—1776。因为才思敏捷,杜·德芳夫人于 1754 年让她协理其操办沙龙,但却于 1764 年将其赶走,因为她深受宾朋喜爱。达朗贝尔对她一往情深——尽管这只是一种单相思,并帮助她在圣多米尼克街创办了其自己的沙龙;她的沙龙吸引了年轻一代的俊杰才彦。她因痴爱吉伯特伯爵(Comte Guibert)而心神交瘁而死,但她却在狄德罗的《达朗贝尔之梦》(Le Rêve d'Alembert)中得以永生。

② 经济学家,改革家和政治家,1727—1781。《百科全书》的撰稿人之一,倡导国内的自由贸易和自由放任政策,以作为削弱封建利益和封建特权的手段。1761 年出任里摩日的行政首长,1774 年任海军大臣,1774 年至 1776 年任财政总监,而其对国家现代化的热忱最终导致了其仕途受阻。在当时,他以其睿智、洞察力以及渊博的学识而蜚声欧洲。伏尔泰曾这样评价他:"我很少见到像他这样集可爱与学识与一身之人。"翻译过休谟的论文"论贸易平衡"。

Suard)①。

据休谟的传记家欧内斯特·坎贝尔·莫斯纳（Ernest Campbell Mossner）称，只是在德·莱斯皮纳斯的沙龙上，休谟才开心地发现了一种"理性的盛宴"，才发现了"对于其才赋的平静的欣赏"。而达朗贝尔的出现则保证了其真正的思想分量。休谟和达朗贝尔一见如故，并立刻成为无话不谈的密友。

正是在这个沙龙上，休谟同样结识了多才多艺的狄德罗，就谈话的复杂渊深而言，他与休谟可谓棋逢对手。尽管狄德罗自己也是一个大胖子，但他还是震惊于休谟那肥硕的身材："他就像是一位肥硕的，过着一种食不厌精、脍不厌细的饕餮生活的伯纳丁僧人（Bernadine monk）。"直到两个世纪以后，伯纳丁僧人还因为生活奢侈而臭名昭著。

休谟沐浴在巴黎的无条件的奉承之中。一个人，如果不认识休谟，甚至更糟的是，如果不认得休谟本人，他就无法在社会上立足。在其《日志》（Journal）中，沃波尔曾记载了前法国驻英大使所讲的一件轶事："一位法国夫人曾问他谁是休谟？当被告知后，这位夫人恳请他不要向别人提及此事，就好像不认识休谟会使她看起来非常没有教养。法国人对于休谟的崇敬之情真是让人难以置信。"

但是，法国人所推崇的是休谟的品性和才智，而不是他的仪表和言谈举止。从休谟在沙龙中的昵称，"多瑙河的农夫"（Le Paysan du Danube）中，我们不难管窥其风仪。"多瑙河的农夫"语出拉·封丹（La Fontaine）的《寓言》，在其中，外表粗鄙的多瑙河的农夫，"在杂乱稀松的眉毛下面，是一双洞穿一切的锐眼"，他在公民美德方面给罗马元老院上了生动的一课："这位其貌不扬的农夫刚把话说完/所有人都惊讶不堪/从他的笨嘴里竟能吐露出如此雄辩的金玉良言/一位野蛮人竟有这等高邈的识见/他们遂封他为贵族。"达朗贝尔也曾注意到休谟的一双锐眼。

而休谟给其同胞所留下的印象却极为稀松平常（可能是出于嫉妒）。乔治·塞尔温（George Selwyn），一个智者和政客，在给霍兰德勋爵（Lord Hol-

---

① 记者，《法兰西公报》（Gazette de France）和《法兰西文学公报》（Gazette littéraire de France）的编辑，1734—1817。翻译了休谟详细解说与卢梭发生龃龉过程的《说明》。

land)的信中写道：

> 在日常的接人待物中，他看起来是我所见到的人中最为笨拙的，说实话，法国人之所以对休谟推崇备至，是因为他们认为他完美无瑕，但在这一点上，我自信法国人并没有多少判断力，休谟的言谈举止和法国人自己的言谈举止是那么地不同，但在我看来，这似乎并没有影响到他们对于休谟的推崇。

沃波尔曾说过：法国人对于休谟是"礼敬如神"。但他又尖刻地补充道："在这个世界上，休谟是法国人唯一的信奉之物；他们必须这么做，因为我绝不敢相信法国人能听懂他所说的任何语言。"但是，沃波尔到底是在嘲讽休谟蹩脚的法语，还是他那土里土气的苏格兰口音，抑或两者兼而有之，我们就不得而知了。

事实上，在家里举行的各种娱乐活动中，这个苏格兰人（休谟）并不总是妙语如珠。德·埃皮奈夫人（Mme d'Épinay）曾记载了休谟的这样一件轶事，说他在一间"咖啡屋"里，打扮得像个"苏丹"（Sultan），端坐在两个漂亮的"奴仆"——他正打算引诱她们——中间。拍打着自己的膝盖和肚子，休谟最终所说出的只是："哦！我年轻的美人。哦！你们现在在这里。啊，哦！……很好！我的美人。很好！你们在这里吗？"他的表现着实不怎么样。难怪他漂亮的"奴仆"说他只擅长吃小牛肉。休谟还是为数不多的由清一色的男士组成的沙龙之一，也即由富甲天下的霍尔巴赫男爵所举办的沙龙的常客。霍尔巴赫是法国启蒙运动的中流砥柱。霍尔巴赫出生于德国，是《百科全书》的主要的经济赞助人和撰稿人之一，他所撰写和翻译的论著题材广泛，涵盖了矿物学、化学、政治学和经济学。在休谟来巴黎之前，他就曾写信给这位苏格兰哲学家，表达了他想与这位"在任何时代都不愧为一位伟大的哲学家"会面的强烈愿望。

他曾领导着忿激的卢梭所称的"霍尔巴赫小圈子"（la coterie hol-bachique），其中包括狄德罗、格里姆和达朗贝尔。尽管如此，人们还是认为，以霍尔巴赫为原型，卢梭塑造出了《新爱洛漪丝》中的沃尔玛（Wolmar），那个正直的、秉有各种基督教美德的无神论者。

霍尔巴赫男爵富丽堂皇的宅邸所提供的是一个截然不同的沙龙：那就是受哲人统治，为哲人而统治。这里是启蒙运动的战场。百科全书派每周在这里聚会两次。在这里，没有女主人为他们的谈话制定条条框框，也没有人对他们的论题是否合适妄加评论。继达朗贝尔之后，休谟也认为霍尔巴赫是最值得信赖之人。霍尔巴赫是否最终让休谟深感失望？对于这一点，人们一直存有争议。考虑到后来的发展，同样有争议的是，休谟是否能真正理解霍尔巴赫或其他任何沙龙的仪轨和丝质般的文化精妙幽微之处？

在霍尔巴赫的沙龙上，休谟遇到了弗里德里希·格里姆（Friedrich Grimm）。1754 年，与法语版《政治论衡》（*Political Discourse*）一道，休谟的名字首次出现在格里姆的《文学通讯》（*Correspondance littéraire*），其后格里姆仅对休谟发出了一种有节制的赞许："尽管休谟在他的国家已声名鹊起，但在法国，他也只是刚刚崭露头角而已，他看上去并不像是一个首屈一指的人物。"但是，到了 1759 年，他就开始称赞休谟为"英格兰最杰出的知识分子之一；并且，作为一名哲学家，与其说休谟属于其母国，不如说他属于其所启迪和开化的整个世界。休谟属于那些通过其才智和著述而泽被人类的极少数人之列。"而至于休谟的人品，在巴黎与休谟有所接触之后，精明的、眼光独到格里姆得出一个含混的结论：

> 休谟理应喜欢法国；因为在那里，他受到了最不同凡响的、众星捧月般的欢迎……更让他高兴的是，所有的漂亮女人都对他趋之若鹜，而在她们的左拥右簇下，这个肥硕的苏格兰哲学家很是高兴。这个大卫·休谟是一个非常出色的人；他天性沉静，乐于倾听，尽管话不多，却富有机智；但他为人沉闷，既不够有热情，也缺少风度，在那些迷人的小妇人们的莺鸣燕啼中，他根本就插不上嘴。

不管对休谟有多少保留意见，这些哲人们都希望结识休谟。当时除了达朗贝尔，杜尔阁也是休谟的密友，他那时是法国中部里摩日区（Limoges district）的一名开明的皇家行政官员。休谟的朋友还包括有苏阿尔（Suard，他后来为休谟翻译了一份至关重要的文献）和拉莫瓦尼翁·德·马尔泽布尔(Lamoignon de Malesherbes),他是法国的书业总监。在休谟刚到巴黎不久,他就告诉休·布莱尔:巴黎的文人实在让人爽心悦意,他们都是世俗之人,彼此之间的相处甚是融洽,在道德上也无可指摘。

颇具讽刺意味的是,在休谟与法国文人之间,宗教是唯一难以逾越的文化鸿沟。他的问题不是哲人们太过虔敬,而是恰恰相反。法国文人们对于虔信者所抱有的那种鄙夷,让休谟深感不安。有一次,在与霍尔巴赫共进晚餐时,休谟声称,他从未看到过一个无神论者,所以他很怀疑无神论者是否真正存在。但霍尔巴赫却回答道:这张桌子上就有 17 个无神论者。(狄德罗后来讲述过这个掌故或这则轶事,并担心这会吓倒那个英国人,因为他对上帝还有一点信仰,而以他的判断,法国人根本就不信奉上帝。)看起来休谟注定要受到谴责:在英吉利海峡的这一边,休谟是因为对宗教不够虔信而备受指责,而在海峡的那一边,休谟又因对宗教太过虔信而备受奚落。

按照莫斯纳的猜测,正是由于这一事实——也即休谟形而上学上的怀疑主义从未被巴黎完全接纳——促成了休谟的一种思想孤独感,兴许这正是"好人大卫"(le bon David)再也不愿重返法国的原因之一。我们或许还可以推测,休谟不愿重返法国的另一个原因,就是他想回避德·巴芙勒夫人。

即使是在 250 年之后,人们仍然无法抗拒德·巴芙勒夫人(Marie-Char-lotte-Hyppolyte de Campet de Saujon, Comtesse de Boufflers-Rouverel)的魅力。休谟与其奇怪的关系也表明休谟的情感能力有限。同时,作为一个重要的中间人,巴芙勒夫人还曾在休谟和卢梭之间牵线搭桥。

巴芙勒夫人正应了这样一句格言:在英格兰,婚姻结束了一个年轻女人的放浪生活,而在法国,婚姻却是一个年轻女子放浪生活的开始。1746 年,她嫁给了德·巴芙勒-卢弗雷尔公爵爱德华(Edouard, Comte de Boufflers-Rouverel),但是,在逾 20 年的时间里,她同时还是路易斯-弗朗索瓦·德·波旁王族的一名王子——也即孔蒂亲王——的一名情妇。在巴黎,德·孔蒂亲王住在一个气势恢弘的神殿(Temple)里,它最初本是一个专供圣殿骑士团居住的、防卫森严的修道院。因此杜·德芳侯爵夫人曾不屑地将巴芙勒夫人称为"神殿的偶像"(l'Idole du Temple)。

他将永远是巴黎的宠儿

在巴黎时,巴芙勒夫人就居住在神殿附近的拿撒勒圣母院大街(rue Notre Dame de Nazareth)。她声名遐迩的沙龙就是在那里举办的。在四面都镶有镜子的熠熠生辉的房间内,她招待大家喝英国茶。我们可以在凡尔赛宫米歇尔-巴斯莱米·奥利维耶(Michel-Barthelémy Ollivier)的一幅画作中看到这个场景,1766年,受德·孔蒂亲王之托,奥利维耶创作了这幅画作。"在位于神殿的一间四面皆是镜子的房间内,由孔蒂亲王及其全体廷臣参加的一个英式茶会。"在其父亲陪同下所做的第二次欧洲之行中,年轻的莫扎特曾在这里举办了一个独奏会。巴芙勒夫人的沙龙恢宏大气,群贤毕集——如高等贵族、作家和思想家等——济济一堂,这其中就包括休谟、瑞典的古斯塔夫三世、格里姆和达朗贝尔。每逢周五,她就会在家里招待少数经过精挑细选的社会贤达,这其中自然少不了休谟。

美丽且聪慧,巴芙勒夫人成为许多人竞相追逐的宠儿和一些人争风吃醋的目标。而她的文学品味(或鉴赏力)为她赢得了另一个雅号——"富有学养的密涅瓦"(the learned Minerva)。但沃波尔对她颇有保留:

> 她就好像是一身而二任,扮演着两个女人的角色,一个是上流社会的贵妇,一个是下层乡间的村姑。我不必说作为乡间村姑的她殷勤、甚至有点忸怩作态。而作为宫廷贵妇的她则十分识大体,有一种恰到好处的、公正而令人愉悦的雄辩——但急于获得赞许将这一切都毁了。你甚至会认为,她总是端坐在那里,就好像她的传记作家此时正在刻画她。

杜·德芳侯爵夫人称她"滑稽",并在略有褒扬之后又诋毁她道:

> 她的好品性——她还是有一些好品性的——都缘于其空洞的个性,以及对于周遭事物的懵懂无知……她只关心自己,从不关心别人。她像是一支魔笛,以一种极其美妙的声音和极其甜蜜的方式向众人宣布法律、传递神谕。

巴芙勒夫人还制定出道德箴言。在其卧室的墙上,悬挂着一幅名为"生活守则"条幅。它是18世纪礼貌仪轨的一个祷文,其结尾处写道:

在行为上，要做到简单而不失理性，在仪容上，要做到得体而端庄；在礼节上，要做到庄重而不流于浮浪；在行动上，要做到公正而宽宏；在经济上，要做到节约而不失慷慨；在言谈上，要做到明晰、真实、精确；在身处逆境时要做到勇敢而自信；在春风得意时要做到谦恭而节制；在社会交往中，要做到亲切、闲适、彬彬有礼；在家庭生活中，要做到诚实、善良而不流于随便；为求得内心的宁静而宁愿舍弃一切；宁愿成为别人打趣的无辜对象，也不愿伤害别人……

她并不认为她的朋友们会违背这些人生信条。

巴芙勒夫人是在 1758 年才开始与卢梭接触的。那时，她和卢森堡公爵夫人正呆在蒙莫朗西，于是便问卢梭她可否登门造访。在《忏悔录》中，卢梭记载道："我只是给予了礼节性的回复，我并没有因此而激动不已。"但后来，对于自己对巴芙勒夫人所渐生的爱慕之情，卢梭写道：

> 如果说我还不至于愚蠢到与孔蒂亲王争风吃醋的话，那么，我也只是在逃避，以免深陷其中难以自拔……她是那么的美丽，而且青春犹在……我几乎被她迷住了。我认为她看出了这一点……但这一次，我还算理智……虽然巴芙勒夫人已经觉察到她在我内心所激起的情感，但她也同样看到：我已经战胜了这种情感。

她和休谟的交情可追溯到 1761 年 3 月，那时，她先是主动地给休谟去了一封信，信中写道："我只敢在此补充说，通过您笔下的所有作品，您所展现给世人的是一个完美的哲学家、一个政治家、一个天才的历史学家、一名富有洞见的政治科学家和一位真正的爱国者的形象。"此后，他们之间的书信往还就没有间断过，直至休谟辞世。在他们开始通信一年半之后，在给休谟的信中，巴芙勒夫人首次对年近 40 的自己做了一番描摹：

> 我泰半青春已逝。身形的窈窕、音容的得体和庄重，是我唯一可以矜夸的外在优点。至于内在的东西，我所拥有的无过于常识，而且这种常识也是通过早年的广泛阅读而得来的，至今几乎毫无增益。同样，如

您所知，我的英语水平也非常有限。我学习英语既无师承也无章法——这一点我尚有自知之明，假如我的英语还算过得去的话，那也全赖手不释卷地捧读您的大作。

他们之间的通信都充满激情，尽管休谟可能误读了这些信对于巴芙勒夫人所具有的重要性。正如沃波尔书信的一个编者所指出的：在"法国大革命"之前的巴黎，一个时尚女子将经历如下几个蜕变过程：

> 年轻时她放荡不羁；但等年岁渐长，从而变得更为成熟时，她就蜕变成一个女才子。这就如同我们的着装一定要严守时序的变化：什么样的季节就穿什么样的衣服，切不可颠倒了时序。当不再是一位放浪女子后，如果某位妇人仍绞尽脑汁、使用百般手段招蜂引蝶，其荒谬可笑之处丝毫不亚于当全世界都在着春秋装时，唯独她一人在穿天鹅绒。

所以，在女才子时代，根本不用担心以如此生动、多情的语言来表达爱慕之心，会遭到社会或者其"爱人"的误解的。那么，就巴芙勒夫人而言，休谟是否参透了（认识到了）这一点呢？休谟是否会想当然地认为，巴芙勒夫人对他的感情已经远远超出了一个热心读者的尊崇之情。但沃波尔显然已经意识到了这种惯例：在1766年7月11日的一封信中，沃波尔有将巴芙勒夫人描述为"一个学者，一位哲人，一位作者，一个女才子"。而至于休谟自己的反应，这中间有一段插曲，也即在他们渐生情愫的过程中，他们本可以在伦敦相会的，但却终究未能实现，这究竟是何缘故呢？

1763年春，当巴芙勒夫人以一位社会名流的身份来英格兰旅行时，休谟本是有机会与他的这位笔友初次会面的。4月17日，巴芙勒夫人抵达伦敦，并向她的堂兄兼随同艾利班克勋爵（Lord Elibank）吐露实情：她这次英国之行的真正目的是会见休谟。

在伦敦，这位"残花夫人"（伦敦的群氓或暴民们都这么叫她）的到来，还是引起了一时的轰动，那些达官贵人、社会名流们竞相讨好她。她去"草莓山庄"拜访了沃波尔。有几位公爵一直簇拥在她的身边，甚至剧院还特意为她排演了一出戏。当她去拜访约翰逊博士时，这位圣哲急忙派马车去接她，这在当时可是极高的礼遇。

为了劝说休谟来伦敦，艾利班克勋爵使出了浑身解数："如果您无视这么一个能满足上帝最可人的造物的好奇心或者激情的千载难逢的机会，这委实有失体面。"可是，休谟最终还是放弃了这个机会。巴芙勒夫人本打算在英国只逗留两个月，但是，由于满怀着休谟最终会露面的希望，她又推延了一段时间，迟迟没有动身回国。而这时的休谟正在赶往约克郡，直到 7 月 3 日，他才回了一封信，并为自己不见巴芙勒夫人找了一个相当勉强的托词：

> 我只是担心：对于一个习惯了法国的社交性的、交谈性的交游的人来说，伦敦的夸饰性的、眩人耳目的大众集会将只能提供一种无动于衷的娱乐。当他们将五百人集合在一起时，英国人对于孤独和静修喜好——英国人正是因为这一点而备受指摘——就展露无遗或一览无余。

在深感失望之余，巴芙勒夫人最终于 7 月 23 日返回巴黎。

当七个月后休谟赴任巴黎时，他们仍未能碰面。当时，她远在巴黎之外的乡下，先是身受麻疹病的折磨，然后又饱受精神抑郁之苦，只是偶尔从卢梭那里得到一点安抚和同情："啊！可怜的人儿呀！这悲愁和忧郁怎么胆敢折磨她这样的一位佳人呢？怎么忍心看着她衣带渐宽、面比黄花瘦呢？"

然而，他们最终还是见面了，从休谟的一些信中，我们不难看出：休谟觉得，既然他们之间的关系如此亲密，他就有必要向巴芙勒夫人保证他的诚实或真诚。或许，休谟再一次误解了他的女才子。在巴芙勒的眼里，休谟只是一位多情的逢迎者，她与休谟的关系总是屈居于她与孔蒂亲王的关系之下。对于这种具有侠义精神的贴身随从，当时的人们铸造了"男宠"这个词加以表示，它同时也意指一位逢迎者。尽管表面上看休谟对巴芙勒夫人赋予他的这个角色欣然接受，但却缺少其所需的时间投入，以及其所需的情感投入的意愿（抑或能力？）。

巴芙勒夫人的丈夫于 1764 年 10 月离世，这对她的世界造成了致命打击。由于缺少了婚姻所提供的遮掩，她如果与孔蒂亲王继续保持情人关系，就会为世人所不齿,所以她一心想嫁给他。但是,孔蒂亲王并不打算迎娶她。

而休谟的角色也随之发生了转换,从先前善解人意的逢迎者,转变为现在的富有同情心的劝慰者。看似一身轻松,休谟退了出来,变得客观、乐于助人而精明。在一系列的书信中,休谟建议:没有了丈夫作为靠山,巴芙勒夫人再与孔蒂亲王呆在一起就不再合适了,她应该学会自立,并建立一种全新的社会生活。

但巴芙勒夫人并没有接受休谟的忠告。她仍不改初衷,一心想嫁给孔蒂亲王,但在遭到无情的拒绝之后,她转而想在英国寻求慰藉。在给德·巴邦塔尼公爵夫人的信中,对于巴芙勒夫人目前所陷入的悲惨境地,休谟评点道:

> 除了一件事——而这件事又是不可能发生的,我不敢奢望舍此而外其他任何事情的发生能恢复她内心的平静。而她自己也意识到了这一点。我已经如亲王所愿给她写了信,尽管我怀疑,在这个问题上,无论别人写什么,说什么,都不会有太大的效果。如果亲王不采取确当的诊疗之道,他就不应指望能获得任何的治疗效果。

换句话说,当他满怀同情地给他那不幸的朋友出谋划策时,他看上去似乎是孔蒂亲王的一位代理人。

毫无疑问,这只是"好人大卫"的一种善意的欺骗,其目的在于帮助巴芙勒夫人面对其不愿面对的事实。幸运的是,巴芙勒夫人对此一无所知。但后来,她还是发现了另一个欺骗。他曾许诺重返巴黎,而巴芙勒夫人也已为他安排并装修好房子。但休谟未告诉她的是:在离开巴黎之前,他已经在其他朋友的帮助下租下了另一所房子。

11月9日,随着新任驻法大使里奇蒙公爵的走马上任,让休谟念念不舍的任职生涯也已经走到了尽头。尽管伦敦一直盛传休谟将被任命为英国驻葡萄牙大使馆的秘书,但休谟对此却一无所知。此时,休谟正在为自己到底该何去何从而踌躇不定:是重返爱丁堡故里?还是继续租住在巴黎?抑或是和达朗贝尔一道去意大利旅行?但有一件事是确定的,那就是他绝对不会定居于伦敦。

但是,直到1766年1月4日,休谟才动身离开巴黎。他告别了"这个世界上最惬意之地",告别了它的沙龙,告别了它的清谈,告别了它的尊崇。在前往伦敦的途中,他的身边坐着的正是卢梭,而跑在马车前面的正是卢梭的爱犬"苏丹"。

在暴风雨中前行

我为友谊而生。

——让-雅克·卢梭

他的灵魂是为您而造的。

——德·沃德琳夫人（Mme de Verdelin）致卢梭

对于卢梭的困境,休谟一直了然于胸。1765 年 3 月,优秀的年轻数学家亚历克斯-克劳德·克莱罗(Alexis-Claude Clairaut)(他曾运用牛顿原理准确地预测出哈雷彗星将于 1759 年回归)向休谟出示了一封来自卢梭的"言词悲切的信",在信中,卢梭描述了他四面受敌、贫困潦倒的流亡生活。休谟看后甚为悲悯,于是便想出了一个救济卢梭的计划,并将其告知了克莱罗的朋友和卢梭的巴黎友人。由于知道卢梭不愿意接受任何施舍,他们便打算暗度陈仓。他们的计划是:安排卢梭的《音乐词典》(*Dictionary of Music*)在伦敦出版,并假借出版商之名将他们额外筹来的一笔钱作为"版税"付给卢梭。

其实,敦请休谟帮助卢梭的还有另一个人,也即出身贵族的德·沃德琳侯爵夫人(Marquise de Verdelin)①——她是卢梭的暗恋对象苏菲·德·乌德托(Sophie d'Houdetot)的闺中密友。卢梭于 1757 年初识沃德琳侯爵夫人,那时卢梭正住在"隐庐"。沃德琳夫人时年 29 岁,脸色苍白,脖子纤长。当她和乌德托夫人以一副趾高气扬的神态出现在卢梭的面前时,想必卢梭

---

① 一位没落贵族的女儿,其父亲是苏菲·德·乌德托(Sophie d'Houdetot)——卢梭迷恋的对象——的挚友。经过 1759 年并不愉快的初识之后,她开始成为卢梭的朋友,并对卢梭的困厄充满了同情,并在卢梭流亡伦敦的过程中发挥着重要作用。后来,他们关系破裂。卢梭指责她爱蜚短流长。

当时对她的印象极其糟糕。后来沃德琳夫人又到蒙特-路易斯(Mont-Louis)去拜访过卢梭,但卢梭当时不在家。虽然卢梭事后并没有回访,但沃德琳夫人仍然给卢梭送来了许多"盆花",用以装饰卢梭的阳台,这使得卢梭不得不登门致谢。

在卢梭看来,沃德琳夫人实在是乏善可陈。"她嘴里不时会蹦出一些恶毒的评论和俏皮话,以至于人们不得不随时提防着,唯恐稍不留心就成了她的讥诮对象,对我来说,看一个人被嘲弄实在是无聊之极。"在《忏悔录》中,对于沃德琳,卢梭继续指控道:"我难得听到她在说其不在场的朋友的好话时不语带讥讽。在她口中,原本并无恶意的话,到最后也会变成一种嘲讽。"读她那冗长的便笺和口信实在是一件令人"无法忍受的"麻烦事。

沃德琳夫人的父亲是一个贫困潦倒的贵族。所以在她 22 岁的时候将她嫁给了一个富有的侯爵(他比她大足足有 40 岁)。她的坚持不懈,她写给卢梭的一封封善意的信,最终打动了卢梭。她甚至成为卢梭的红颜知己。在遇到困难时,他们总是互相安慰。卢梭也承认,对彼此陪护的这种需要,让他忽略了沃德琳夫人的缺点:"没有什么比两个人在一起抱头痛哭的快乐,更能将两颗心紧紧地联系在一起了!"卢梭记录了当沃德琳夫人与她的女儿一道来莫蒂埃看望他所带给他的满足,正是在那里,他们见证了卢梭所受到的非人的迫害。于是,她恳请卢梭逃往英格兰。

而克莱罗于该年 5 月 17 日的英年早逝,也使营救卢梭的原有计划化为泡影。是年 10 月,在沃德琳夫人从莫蒂埃(Môtiers)返回巴黎之后,正是应她的强烈要求,休谟才开始与众人一起谋划卢梭逃往英格兰的方案(让人好奇的是,沃德琳夫人是为数不多的没有被休谟的魅力所吸引的法国贵妇之一。她曾说:"休谟先生是此间所有漂亮女人的亲宠;而这或许就是我不待见他的原因")。受休谟的委托,约翰·斯图尔特(John Stewart)从巴黎返回伦敦,代理休谟全权安排相关事宜。而吉尔伯特·埃利奥特(Gilbert Elliot)也会从中襄助。新的计划是:在英格兰的乡下为卢梭以及他的女管家安排食宿,费用为每年 50 至 60 镑,而卢梭只需支付 20 至 30 镑,不足的部分由休谟私人掏腰包补足。

而与此同时,卢梭一次又一次地被驱赶。他先后被逐出伊韦尔东、莫蒂埃和圣·皮埃尔岛。现在,他又于 1765 年 10 月 27 日逃到了湖畔小城伯尔

尼。在这里,他受到了热烈欢迎。就在同一天,他告诉杜·佩鲁(Du Pey-
rou):他希望在这里过冬,待来年春天再去英格兰——"我本该一开始就去
那里"。沃德琳夫人也收到了同样的留言。她早已承诺帮卢梭办理通行证,
好让他顺利通过法国国境。卢梭看起来已经来了个180度的大转弯,他告
诉沃德琳夫人:英格兰是"唯一一个还保留些许自由的国家"。但事实上,卢
梭还没有最终下定决心。因为此时,卢梭也收到了来自维也纳和科西嘉岛
的邀请;而普鲁士和西里西亚也在备选之列。不过,柏林依然是主要的竞争
者,因为伯爵元帅已经答应在柏林给他提供庇护,尽管他担心那里的气候太
过寒冷。然而,卢梭看来是错会了伯尔尼人的殷勤。10月28日,卢梭写信
告诉杜·佩鲁:在还没有被别人扫地出门之前,他已于凌晨离开此地。48
小时后,卢梭抵达巴塞尔,并致信勒·瓦瑟道:他正准备前往斯特拉斯堡;但
此后(抵达斯特拉斯堡之后),他也不知道该怎么做。卢梭还补充道:一路
上,"苏丹"已经狂奔了10里格(1里格约3英里)。

卢梭离开了瑞士,离开了"这片伤心之地",这片他再也不会驻足的土
地,并一路向北朝法国进发。

11月2日,卢梭进入到斯特拉斯堡境内(从1697年起,它就成为法国的
领土),并投宿于芙蓉客栈(La Fleur inn)。在那里,卢梭收到了休谟写给他
的具有决定性意义的一封信。这封信于10月22日从枫丹白露(法国北部
城镇)发送,地址是由沃德琳夫人填写的:"瑞士的伯尔尼区或圣·皮埃尔岛
的卢梭先生收。"

根本就没想到自己会肩负起照看卢梭安危之责,甚至也未想到自己会
随避难的卢梭一道返回英格兰,在处理卢梭到英国避难一事上,休谟一直小
心翼翼。在给卢梭的信中,休谟写道:"我害怕自己也会成为一个讨嫌之人,
这些人表面上假装是您的崇拜者,实际上只是在不断地用他们的书信来叨
扰您。"但他继续写道,如果卢梭仍然想去伦敦,他会安排吉尔伯特·埃利奥
特去照顾他:

> 如果您能事先告知您抵达的消息,他会立马到港口接您,并将您带
> 至您的住处……因为英国书商向作者所开出的价码要远高于法国,所
> 以,凭借您自己的勤勉所得,您可以毫无困难地在这个国家过一种简朴

的生活。我之所以要提及这个情况，是因为我深知您的决心——您惟愿自食其力，从不想亏欠任何人。

在英格兰，卢梭还可以免遭迫害，"这不仅是因为我们的法律所具有的宽容精神，而且因为这里的每个人对于您的品性所抱有的尊重"。

12月4日，卢梭于斯特拉斯堡给休谟——"我同时代的最杰出人物，其心地之善良远超其社会名望"——回信，并毫不犹豫地将自己置于休谟的庇护之下：

> 您的善意不仅让我深受感动，而且让我倍感荣幸。对于您的惠助，除了接受，我无以为报。我将于五六天内启程，将自己置于您的庇护之下。这是我的保护人、朋友兼父亲伯爵元帅的建议。这也是沃德琳夫人的意见，她的良识和仁慈不仅替我指明了人生方向，而且还抚慰了我受伤的心灵。总之，我想说，这也是我自己内心的决定，能受惠于我同时代的最杰出人物（其善良远超其社会声望），我的内心不胜欢喜。我渴望有一处孤寂、自由的隐修之所，在这里，我将平静地了此残生。

卢梭已经在预先考虑他如何能制定出最佳的赴英线路或方案。在一封给沃德琳夫人的信中，卢梭写道："尊敬的夫人，我忘了告诉您，我已经在巴黎物色好了一个旅伴，他也去伦敦。他是一个商人，这些人能搞到一些非常有用的旅行设备。"让-雅克·德·路泽（Jean-Jacuqes de Luze）可是纳莎泰尔的一位名流，是谷物交易所的主席（President of the Corn Exchange）。他的妻子戴莱丝还留在圣·皮埃尔岛——卢梭打算过段时间再来接她。"我实在不愿拖着她与我一道受苦……除非我已找好栖身之所。"

然而，由于旅途劳顿，再加之心力交瘁，卢梭并不急于赶路。刚开始，卢梭只是独自一人在客栈用餐，唯有"苏丹"在旁做伴。但当卢梭来斯特拉斯堡的消息传开后，当地的民众纷纷登门致敬，这让卢梭疲于应付。当地剧院的导演甚至专门编排并上演了他的《乡村卜者》（Le Devin du village）。但在12月9日早上7时许，卢梭动身赶往巴黎。一周后，他的驿车穿过了圣·安托万宫（Porte Saint-Antoine）。

最后,这位瑞士流亡者终于和他的苏格兰保护人见了面。

一个是被拯救者,一个是拯救者,当两人初次见面时,该会是什么样的一种场景呢? 但颇为怪异的是,在卢梭的书信中,这一时期完全是一片空白:他那段时间与休谟交往的细节了无踪影。所以,我们几乎无从知道他们到底是如何会面的。但是,在12月18日致沃德琳夫人的信中,卢梭明确地表达了他对于休谟的感激之情。卢梭写道:"对于这位高尚的天才如此大费周章地屈尊接纳我,除了荣幸,我更多地是感动。"

12月底,休谟给布莱尔去了一封信,对卢梭不吝溢美之词,并将卢梭与苏格拉底相提并论——甚至犹过之而无不及,正所谓"情人眼里出西施":

> 我发现卢梭和蔼、温顺、谦恭而又不失幽默……卢梭先生身量矮小,要不是他有着世界上最出色的面相,我是指最富表情的面容,卢梭称得上丑陋。其谦恭看上去似乎并不是出于礼节,而是对于自己卓异的浑然不觉:其所写、所言、所行全都出自天赋的迸发,而不是出于日常官能的运用。很有可能:当其天赋处于休眠状态时,他也忘记了它的力量。

休谟还透露说,卢梭一直确信:"有几次,他相信其灵感来自与上帝的直接交流。他有时会陷于迷狂,并在数个小时的时间内保持同一种身姿,一动不动。"

偏偏天公不作美,卢梭一抵达巴黎,巴黎就一直雨雪霏霏、云翳未开。沃波尔满腹牢骚地抱怨道:自从10月份以来,就没有两天好天气,这使他不免产生这样的错觉:他是生活在阴湿寒冷的西伯利亚。不过让卢梭感到开心的是,他现在终于有了一个安全的庇护所。

一开始,卢梭是和刚刚过世的巴黎出版商尼古拉斯-博纳文图拉·迪歇纳(Nicholas-Bonaventure Duchesne)的遗孀住在一起,但三天后,孔蒂亲王又将他搬至"神殿"内的"圣西蒙公馆"(Hôtel Saint-Simon),过起了锦衣玉食、无忧无虑的生活,尽管休谟曾对布莱尔称:公寓的富丽堂皇反而让这位瑞士人感到颇不自在。

对于一个被通缉的人而言,避居在"神殿"内,从而远离公众视线,这是自然而然的道理。可卢梭偏偏不这样。尽管他曾告诉其友人自己决心深居简出,但现在,卢梭却穿着他那身惹眼的亚美尼亚服,带着"苏丹"到处闲逛。或许是因为他已经接到通知:只要他仅仅只是过境,"巴黎高等法院"是不会强行逮捕他的。

在《文学通讯》中,格里姆记述道,自进入巴黎的那天起,卢梭就开始在公馆里接待众多慕名前来的拜访者:

> 身着亚美尼亚服的卢梭经常在卢森堡公园散步;但由于没人事先知道,所以也就没有人驻足围观。但不仅如此,在每天的某个固定时间,卢梭都会在其住处附近的林荫大道散步。他的再次出现引起了极大的骚动:卢梭所到之处,民众都如潮水般地涌来。

有一位观察者曾这样写道:"如果您问其中的大部分人,问他们都在干什么? 他们回答道,想一睹让-雅克的尊容;您如果再问,让-雅克是何许人也? 他们的回答是,他们对于卢梭一无所知,但他们正在等着看他从这里经过。"在1767年1月21日那一期的《圣詹姆士纪事报》中,有一篇关于卢梭在巴黎之盛况的报道,称"名噪天下的卢梭"被"争相一睹其尊容的川流不息的人群团团围住"。其中就包括流亡法国的激进分子约翰·威尔克斯(John Wilkes),他有理由去同情同为天涯沦落人的卢梭。

在写给爱丁堡亲友的信中,休谟简要地叙述了他和卢梭在"神殿"的首次谈话。卢梭谈到他在纳莎泰尔所遭受到的非人待遇:暴民们将石凳悬置于其门梁上方,一个反对其神学主张的妇人扬言要打爆他的脑袋,甚至伯尔尼行政当局也要将他驱逐出境。在休谟看来,卢梭的种种遭遇,更多地出于其所秉持的民主原则,而不是出于其宗教原则。(对于这一观点,唐奇恩医生肯定深表赞同。他曾抱怨说,受《社会契约论》的煽动,日内瓦的公民积极投身于政治改革运动。)

在"神殿",休谟成为卢梭的"守门人",专门负责打发那些他认为不受卢梭待见或不受卢梭欢迎的一些访客。卢梭的支持者巴芙勒夫人,现在成了卢梭在"神殿"的住友。当卢梭评价道,这真是一个他百思不得其解的奇怪现象,即尽管他一直都对法国女人的道德品行大加贬斥,却受到了她们的宠爱;而尽管他一直极力称颂瑞士女人,但却最受她们的嫉恨。巴芙勒夫人以一种轻巧优雅的方式解决了这个悖论：

> 我们宠爱您，那是因为我们知道，尽管您对我们多有责骂，但那是因为您恨铁不成钢，从根子上说，您是爱我们的；而瑞士的女人们之所以嫉恨您，那是因为她们意识到：她们并不值得您垂青。

的确，据休谟称，恳请他引荐卢梭的法国女士数不胜数："我相信，如果要收'预约金'的话，不出两周，我就能将 50 000 镑收到囊中……无论是伏尔泰，还是其他什么声名显赫的文人，与卢梭相比都黯然失色、相形见绌。""甚至他的女仆，勒·瓦瑟(La Vasseur)——一个貌不惊人而又笨手笨脚之人，也因为其对卢梭的忠贞和不离不弃而成为人们争相议论的焦点，其风头之健甚至盖过摩纳哥王妃(the Princess of Monaco)或艾格蒙特公爵夫人(the Countess of Egmont)。"由于勒·瓦瑟小姐此时还在瑞士，所以不清楚休谟是如何知道其长相的。休谟显然从他那帮哲人朋友那里听到了不少闲言碎语。休谟继续写道："而他所养的那条狗，也并不比鼠鸟更好看，但现在却天下闻名。"德·路泽认为，卢梭之所以被迫离开纳莎泰尔，其"女管家"是罪魁祸首："人们认为她道德败坏，爱与人争吵，而且惯于拨弄是非。"

罗伯特·里斯顿(Robert Liston)(休谟一个朋友的孩子的家庭教师)，卢梭的一个狂热的崇拜者，也终于抓住机会得以亲见卢梭。在卢梭动身赶往伦敦的那天早上，在圣西蒙公馆，里斯顿被引荐给卢梭。在这次会面中，里斯顿还有幸结识了巴芙勒夫人，里斯顿直率地将其描述为"一位非常著名的女人，同时又是文人墨客们的一位伟大的女庇护人"，所以，"我少不了要对她恭维一番"。卢梭热情地接待了他。

> 我在那呆了近一个小时，看着他用餐，并有幸扶他坐上马车。他说，如果我那一天返回英格兰，他将很乐意与我交谈。他身形瘦小，看起来弱不禁风，他的脸，特别是他那双犀利的黑眼睛，已经将其所拥有的才具暴露无遗。他为人淳朴，友善。

卢梭一开始似乎并不急于离开巴黎，但是，那些络绎不绝的围观群众让他颇感不自在,他开始变得焦躁不安,想重回往日的宁静。他写信告诉德·路泽:"对于这样的喧闹场面,我不知道还能忍受多久。看在上帝的分上,您能可怜可怜我,安排我们尽早启程吗?"

而由于找不到合适的人选、最后只好决定亲自护送卢梭去伦敦的休谟,此时也一再催促他们早日启程。因为当时正执掌海军部的德·舒瓦瑟尔公爵(Duc de Choiseul)——他那时即将转任"兵部大臣"一职——已经向孔蒂亲王和英国驻法使馆发出了警告:对于卢梭公开藐视高等法院的逮捕令和权威的行为,法国当局已经忍无可忍。

而格里姆更是公开发文向其读者称,"法国警方已经向卢梭发出了警告:如果不想被捕下狱,他必须立刻离开巴黎,不得延误。结果,1月4日,在休谟先生的陪同下,卢梭离开了巴黎。休谟先生现在虽然正在归国途中,但他准备再回巴黎长住。"为了免受那些围观者和支持者的干扰,休谟公开宣称他们将于1月2日启程,尽管实际上他们直到4日才离开巴黎。

但休谟的一些朋友们都甚为担心:因为休谟根本就不知道他正在做什么。毕竟,就与卢梭相处而言,狄德罗、达朗贝尔和格里姆都有前车之鉴。他们适时地给这位苏格兰哲学家敲响警钟:警告他卢梭不仅生性多疑,而且患有"受迫害妄想症"。

于是休谟就找德·沃德琳夫人求证。在给卢梭的信中,沃德琳夫人写道:休谟曾说过,"我不想仅仅因为一个人声名卓著就替他效劳。如果他品德高尚且身受迫害,我会竭尽全力地去帮他。这些故事都是真的吗?"沃德琳夫人一方面竭力打消休谟的顾虑,一方面对卢梭称:"我推荐休谟来关照您,他是值得您信赖的……他的灵魂是为您而造的。"

然而,就在即将启程的当口,也即当天晚上9点,在拜访过巴芙勒夫人和卢梭之后,休谟又径直去看望了霍尔巴赫,可能是想跟他道个别。但不知怎的,他们谈着谈着就说到了卢梭。男爵为打破了休谟的幻想而深感抱歉,他用冷冰冰的语气告诫休谟道:用不了多久您就会幡然悔悟的,"您并不了解您要帮的这个人。我可以毫不隐讳地告诉您,您这是在揽蛇入怀,您就是那个农夫,他就是那只蛇"。虽然辞别了霍尔巴赫,但他的话却一直萦绕于休谟的耳际:"您并不了解您要帮助的这个人,大卫,您并不了解他。"

事实上,站在休谟立场上为他深感担忧的又何止霍尔巴赫一人呢?1

月 2 日,在给哈维夫人(Lady Harvey)的信,沃波尔写道:

> 休谟带着这封信和卢梭去了英格兰。我希望休谟不要因为帮了卢梭而遗恨终生,因为,为了赢得人们的崇敬,卢梭不惜与整个人类为敌。我认为,与其天赋相比,卢梭的手段和目的要低劣得多。如果我有卢梭那样的天赋,我会对与自己的天赋不相称的任何手段都嗤之以鼻,并对将自己的名声建立在怪异和做作上感到脸红。

1 月 4 日,在给玛丽·科克夫人(Lady Mary Coke)的信中,沃波尔再次旧话重提,只不过语带戏谑:"卢梭今早动身去英格兰。由于他喜欢与整个民族唱反调,我想他肯定会对他当前所遇到的各种困境大书特书的。如果他成为风云人物,恳请一定要告诉我。"

由休谟、德·路泽、卢梭和"苏丹"所组成的一干人马,坐着两辆驿车离开了巴黎。正如莫斯纳所告知的那样:卢梭曾交待德·路泽,"您乘坐您那辆驿车,休谟先生乘坐他那辆驿车,我们应该不时地互换驿车,以掩人耳目"。一路上,"苏丹"一会儿跑在马车的前面,一会儿端坐在卢梭身旁。

他们在路上共度过了四个夜晚,并先后投宿于桑利(Senlis)、罗伊(Roye)、阿拉斯(Arras)和艾内(Aine),最后终于于 1 月 8 日抵达加莱。要么是在桑利,要么是在罗伊(说法不一),这三个大男人不得不挤在一个房间休息。那一夜,卢梭拥有了一次让他胆战心惊、并且终生难忘的经历。他听见休谟在睡梦中不停地嘀咕道:"我留住了让-雅克·卢梭(*Je tiens Jean-Jacques Rousseau*)"。听到休谟的这句梦话,卢梭吓得一身冷汗,那一晚,他彻夜未眠。

在加莱,在他们静候顺风的时候,休谟提到,乔治三世有可能会赐予卢梭一笔年金。让卢梭大惑不解的是,既然他此前曾拒绝过腓特烈二世①的年金,那么,他现在又怎能接受乔治三世的年金呢? 而休谟则坚持说:这两

---

① 出身于柏林,普鲁士威廉·腓特烈一世和汉诺威的苏菲·多萝西娅(Sophia Dorothea)的儿子,1712—1786。1740 年登基,被称为腓特烈二世。在其统治时期,于内,他实行开明官僚专制主义;于外,推行好战政策,对邻邦穷兵黩武。以"哲人王"的形象见称于世,从其早年起便深受法国文化的熏陶,擅长吹笛,是爱尔维修、伏尔泰和达朗贝尔的赞助人。曾给卢梭避难地。

件事截然不同,尽管他也说不清其间的差异到底何在。

在暴风雨中飘摇和颠簸了 12 个小时之后,他们终于于 1 月 11 日抵达了多佛。现在,休谟终于摆脱了晕船之苦。卢梭虽然一直抱怨身体病弱,但在横渡英吉利海峡时却一直站在露天甲板上,卢梭的这种显见的表里不一着实让休谟吃惊不小。在给巴芙勒夫人的信中,休谟评点道:尽管卢梭声称自己身体病弱,可事实上他却是"我所认识的人中最强健的人之一",当所有的船员都快要冻僵的时候,他却在甲板上站了一夜,而且身体也并无大碍。

接着,他们便动身去伦敦,中途在坎特伯雷(Canterbury)和达特福德(Dartford)做短暂逗留之后,最终于 1 月 13 日抵达首都伦敦。

卢梭现身伦敦可是一个大新闻,伦敦的各大报纸立即向读者发布了这个消息。而休谟也一下子在伦敦变得炙手可热起来:社会各界都急于见到他所带来的这份大礼。

轰动伦敦

英格兰人是一群惹是生非的暴徒。

——大卫·休谟

在伦敦，卢梭现在可是个大红人。各家报纸都在连篇累牍地报道其抵达多佛港并现身伦敦的消息。《地名志和每日新广告》(*Gazetteer and New Daily Advertiser*)透露道："在大卫·休谟先生的陪同下，博学多才的卢梭先生终于于上周一抵达伦敦。"饶有趣味的是，《伦敦纪事报》(*London Chronicle*)分别在不同版面详细地披露了卢梭和休谟的行程，好像他们俩之间没有任何关联，当然，这可能是出于休谟的授意。

伦敦的市民们涌上街头。尽管在巴黎红极一时，但休谟现在却发现：用一个苏格兰友人的话来说，自己完全成了卢梭的陪衬。伦敦各界人士非常推崇卢梭的作品，同时也对他的困厄深表同情，故而对他的到来致以最热烈的欢迎。在英国，这位瑞士作家所享有的名望无可匹敌，甚至可以说远远超出欧洲其他地区。几乎卢梭所有的作品都受到了好评，特别是他的《新爱洛漪丝》和《爱弥儿》，不仅如此，英国媒体还密切关注卢梭所遭受到的迫害，并予以追踪报导。《伦敦纪事报》还对《新爱洛漪丝》做了大篇幅的节选和摘录，并将卢梭与塞缪尔·理查逊(Samuel Richardson)做了一番比较。《伦敦纪事报》还刊载了《爱弥儿》的一些段落，并敦促为人母者要用母乳喂养她们的孩子，尽管它同时也提醒读者：卢梭错把"意见的新奇当作思想的正确"。

为了给卢梭的书做宣传，书商们不惜花重金在各大报纸大肆宣传。而休谟也得以从中渔利,其《英国史》也销量大增。有两家报纸,一开始报导休谟在里奇蒙(Richmond)为卢梭觅得一处房子,但不久即发表更正声明,确认卢梭的正确住址是在白金汉街,与泰晤士河北岸著名的斯特兰德大街(Strand)仅数步之遥。

对于其国家作为"宽容"和"言论自由"之地,英国人向来引以为傲。1732年,在《喜剧演员》(*The Comedian*)中,菲尔丁(Fielding)就写道:言论自由是"最纯粹、最完美的自由状态,在这方面,我们所享受到的自由度远超其他任何国家。"而作为一个瑞士流放者,卢梭恰好印证了他们这样的一种自我形象。《广而告之》(*Public Advertiser*)告诉其读者们道:

> 无管是在瑞士,还是在法国,卢梭都因在作品中贸然表达其对于精神和自由的信仰而身陷麻烦。除了在这个"幸福岛",无论在其他的任何国家,这样一种行为都必然会招致惩罚。让我们深感欣慰的是,卢梭现在终于在英国人民——他们懂得如何去尊重其杰出才赋——中间找到了一个安身之所。

这个时期报纸的重要性怎么夸大也不为过。随着"书报检查制度"在18世纪初的废除,随着技术的进步,随着印刷成本的下降,随着识字率的迅速提升,所有这些都使人们对书籍、报章、杂志产生了史无前例的兴趣。小说和非虚构类作品的销量也大幅度地攀升。

英国民众对报纸的厚爱——不仅在首都伦敦是如此,在地方上也是如此——彻底地改变了整个社会的信息流动。在伦敦,光公开发行的报纸就有60多种。在其中,读者们可以读到各种时政评论、国外要闻、宫廷轶事、犯罪信息,以及婚丧嫁娶、生老病死等方面的资讯。不仅如此,这些报纸还经常举办一些科技和农业方面的竞赛活动。比如,1766年,"艺术、工商业促进会"(the Society for the Encourage of Arts, Machine and Commerce)提供了20英镑的奖金,以鼓励大家发明出收割芜菁的最佳机器。与此同时,报纸还会刊登各种任职公告、广告(考虑到那时所存在的大量妓女,各种专治花柳病的广告可谓不胜其多)、戏剧评论、经济报导、航运信息、社会舆论,自然地,其中也少不了一些名人政要的风流韵事。人们认识到:报纸不仅可以用于对各种幕后丑闻进行含沙射影的抨击,而且也可以用于对公众人物进行恶意的人身攻击。对"第四等级"迅速增长的权力,以及其对政府权威的藐视,休谟曾感到忧心忡忡,在一封私人信笺中,他曾强烈地谴责这种"对自由的滥用"。

在历险小说《汉弗莱·克林克历险记》(*Humphrey Clinker*)——由休谟的苏格兰同胞托比亚斯·斯摩莱特(Tobias Smollett)①于 1768 年开始创作——中,斯摩莱特借主角,富有的乡绅布朗伯(Squire Bramble)之口说道:

> 我注意到,一段时间以来,公共报纸已成为臭名昭著的工具,被人们用于最残忍、最背信弃义的诽谤;每个图谋不轨的无赖,每个孤注一掷的煽动者,只要他们肯花上半克朗(Crown)②或三先令,就可以躲在一个爱搬弄是非的报纸背后,对这个王国中的第一流人物大肆攻击,而且根本就没有被查处或惩罚的危险。

在其《回忆录》的"后记"里,现实生活中的沃波尔也抱怨道:无论是日报,还是晚报,"登载的都是投寄给它们的骇人听闻的诽谤和造谣中伤"。

不管怎么说,庞大的出版发行量、充分的言论自由,以及如饥似渴的读者群,所有这些都意味着:在文化实践方面,伦敦不愧为开风气之先的欧洲首府。

至少就当时而言,卢梭确实是万众瞩目的焦点人物。他是一位文学巨匠,是各种秽乱传闻的主角,是咖啡馆里众人闲聊时的谈资。1 月 13 日,星期一,这一天正是卢梭抵达伦敦的日子,《广而告之》报道说:

> 全世界都急于一窥这个男人的庐山真面目,由于特立独行、我行我素,他已使自己陷入一连串的麻烦之中;他现在现身国外,却几乎足不出户;他一身亚美尼亚装扮,可能是因为一直深受尿潴留这一病痛折磨的缘故。

---

① 作家,是当时生活的欢乐的记录员。历史学家,《堂吉诃德》的英译者。敏感性较差。
② 英国当时的一种硬币,一个克朗等于五个先令。

到其位于白金汉街的住所登门拜访的仰慕者可谓络绎不绝。这其中就包括康威将军、约克公爵（Duke of York，卢梭恰巧不在）和威尔士王子（Prince of Wales）。此外，登门拜访卢梭的还有纳尼汉姆子爵乔治·哈考特（George Harcourt, Viscount Nuneham）——他是卢梭的一位热心崇拜者，乔治三世的妹夫（他是布伦瑞克的世袭亲王，the Hereditary Prince of Bruswick），理查德·潘尼克牧师（Reverend Richard Penneck）（他是"大英图书馆"阅览室的管理员）。除此之外，卢梭还要去赴各种饭局。例如，有一次，与"大英图书馆"的副馆长马修·马蒂博士（Dr. Matthew Maty）（在推动"大英图书馆"收藏肖像画方面，他居功至伟）一道，卢梭应邀到"大英博物馆"赴宴（卢梭的堂兄来伦敦的时候还专门去看望过他）。

卢梭的受关注度之广让休谟惊叹不已。是年 2 月，在给其兄长的信中，休谟写道："与我所享有的这份特权——我想将他展示给谁看就展示给谁看——相比，我难道还能奢望更好的运气吗？"而"展示他"也回应了休谟对卢梭的赞许，休谟将卢梭称许为"这个世界上最特立独行之人"。但是，这种区分——在巴黎，人们对卢梭的态度是"狂热"，而在伦敦，人们对卢梭态度是"好奇"——却具有一种恶意。而且，休谟肯定一直对其在巴黎所受到的热情款待念念不忘。据罗金厄姆（Rockingham）的《回忆录》（Memoirs）记载："去法国的时候休谟还是一个朴实无华、不尚雕饰的苏格兰人。但自从从法国回来之后，他举手投足、言谈举止间活脱脱就是一个法国佬。"不仅如此，罗金厄姆还在《回忆录》中抱怨：对于法国的一切，休谟总是不吝夸赞，并将法国人的忠诚和"他们的和平行止与其同胞的狂暴相对比。"

在这封信中，休谟还特意提到他于 1 月 23 日陪卢梭去"德鲁里巷剧院"（Drury Lane Theatre）观看皇家演出时在公众中所引发的骚动。

英国国王和悲剧之王——乔治三世和大卫·加里克（David Garrick）——都想一睹伦敦城这位最杰出的新来者的风采。通过休谟，加里克给卢梭发去了一封邀请函。由于事出偶然，加里克夫人不得不通过婉拒此前已经预约好的客人，从而将其丈夫的私人包厢腾出。

那一晚，"德鲁里巷剧院"可谓人山人海。加里克不仅是一名剧作家、"德鲁里巷剧院"的经理，而且还是一名非常出色的演员。在 1747 年接手

"德鲁里巷剧"之后,加里克对剧院进行了大刀阔斧的改组和重建,并在戏剧表演和商业收益上获得了巨大的成功。开演前,"德鲁里巷剧院"总是人声鼎沸、喧闹异常:为了买到票,许多戏迷不得不排上两个小时的长队,当剧院大门打开的那一刹那,看戏的人们如潮水般地汹涌而至。在过去的这么多年里,因挤压和踩踏而不幸丧命的大有人在。

以"德鲁里巷剧院"为中心,伦敦社会生活的全息图景每天都在这里上演。"德鲁里巷剧院"向来是车马壅塞之地,而试图通过建立一种单向的交通体系、从而解决这种混乱的壅塞状况的各种尝试,也一直收效甚微。而妓女们,不仅在剧院外,而且还在剧院内、休息室内公然拉客,招揽生意。与卢梭的这次伦敦西区之行相距不过数年,《泰晤士报》(*The Times*)宣称:德鲁里巷剧院的一些包厢"似乎成为合法妓女和社会上的那些寡廉鲜耻、放荡不羁之徒约会并成双入对的地方。""这么明目张胆的污秽之事",剧院的管理层难道就不能采取措施加以禁止吗?《泰晤士报》这样责难道。而扒手们——他们通常都是12岁左右的小男孩——也混迹于人群之中,在夜幕的掩护下,他们一般都能从这帮衣着入时、光鲜亮丽的富人中窃得价值不菲的财物。

就在乔治三世和大卫·加里克翘首以待时,卢梭却临时改变主意,差点没去成"德鲁里巷剧院"。在临行前的最后几分钟,卢梭突然陷入一阵恐慌之中:在自己外出看戏的过程中,如果"苏丹"跑到街上并迷路了该怎么办?而且又没有勒·瓦瑟陪在它的身边。虽然怒不可遏,但休谟并没有失去其一贯的清明理性,他向卢梭提出了一个两全之策。为什么不把"苏丹"锁在卧房里,这样就不用担心它跑丢了?他们当真这么做了,尽管"苏丹"的咆哮和吠叫差一点让它的主人软下心肠。在给其一位巴黎友人,也即巴邦塔纳侯爵夫人(Marquise de Barbentane)——在致巴芙勒夫人的信中,休谟曾将巴邦塔纳夫人描述为"我们现代苏格拉底的无数狂热者之一"——的信中,休谟写道:

> 我立马将其拽住,并告诉他:为了替他腾出包厢,加里克夫人已经婉拒了另一帮朋友的请托,更何况国王和王后陛下正在等着一睹他的风采呢。如果仅仅因为"苏丹"的烦躁就让他们大失所望,这未免太荒

谬可笑了。半是晓之以情、动之以理,半是强拉硬扯,我费了九牛二虎之力才把他拖进剧院。

加里克的表演还是很值得期许的。在 1765 和 1766 年之交,当加里克在海外游历两年并重返英伦之后,当得知加里克亲自创作了多部剧作以飨观众之后,戏迷们被吊足了胃口。作为一名演员,加里克灵活多变的表演风格不仅使他可以游刃有余地驾驭各种情感,而且还能够不着痕迹地实现各种情感之间的快速转换。不仅如此,加里克还能胜任各种风格的戏剧表演,尽管雷诺兹(Reynolds)1761 年的画作《在悲剧和喜剧之间加里克》(*Garrick Between Tragedy and Comedy*)表明:加里克一直纠结于悲剧和喜剧之间。加里克自己认为,喜剧需要更多的表演技巧。

加里克出演的第一个角色是理查德三世(Richard Ⅲ),正是这个角色奠定了他作为一名演艺奇才的地位,而此前的一年,也即 1740 年,因其所创作的剧作《忘川》(*Lethe*),加里克已成为一位声名卓著的剧作家。起初,加里克只扮演了剧中 12 个角色中的三个角色——一个诗人、一个酒鬼和一个法国男人。但是,此后,加里克不断地对它进行加工改编、推陈出新,并为该剧注入一些时髦话题,其中在 1756 年,他就为该剧添加了一个新的人物角色——痛风石勋爵(Lord Chalkstone,痛风石是肾结石的俗称),他是一个富有、放浪且滑稽可笑的贵族。在加里克的戏剧生涯中,这个角色他一共出演了 48 次,而且还将继续出演下去。这幕喜剧本只是为了给公众助兴,让他们在观看的时候不时地发出粲然一笑,并在欢快的钟鼓齐鸣声中落下帷幕。

不过,这幕喜剧只是起到暖场作用,重头大戏还在后面。而 1 月 23 日上演的用于道德教化的重头戏就是亚伦·希尔(Aaron Hill)——在其讽刺长诗《笨伯咏》(*The Dunciad*)中,蒲伯曾嘲讽希尔愚钝不化——于 30 年前创作的《莎拉的悲剧》(*The Tragedy of Zara*)。在《莎拉的悲剧》中,头戴长长的白色假发的加里克出演一位长者,一位被俘的十字军战士,名叫路瑞格男(Luzignan)。这是他最喜欢的角色之一。数年来,他每季至少出演这个角色一次。而莎拉则由著名的女演员叶慈夫人(Mrs Yates)扮演。

可颇具讽刺意味的是,考虑到卢梭当时在场,《莎拉的悲剧》居然是根据其大仇敌伏尔泰的剧作《扎伊尔》(*Zaïre*)改编的。在该剧的"序言"中,亚伦·希尔恩请伏尔泰能原谅其所做的改编,而他之所以作出这些改编,主要是"考虑到国民性的差异"。实际上,伏尔泰对于该剧的改编还是颇为赏识的。为了不冒犯基督徒,加里克又对该剧进行了进一步的改编。

剧中故事发生在 13 世纪的耶路撒冷,故事的背景是"十字军东征"。故事的女主人公莎拉是一位年轻女子,在她还是个孩子的时候,就被土耳其人俘获,并在苏丹(旧时土耳其的君主)的"后宫"里长大成人,后来,她与苏丹堕入爱河。她试图说服苏丹放了路瑞格男——观众最后发现,他原来就是莎拉的生父。这个故事的悲剧性在于:莎拉最后被盛怒中的苏丹处死了,因为他误认为莎拉对其不忠。

尽管有加里克在舞台上的精彩表现,尽管有国王陛下亲临现场,但最惹人注目的还是卢梭。他身穿长袍,不停地拨弄着他那与众不同的皮帽和金穗带。《伦敦晚邮报》(*London Evening Post*)就曾这样报道:

> 星期四,尊敬的国王陛下亲临"德鲁里巷剧院"观看《莎拉的悲剧》,而大名鼎鼎的卢梭也于同一天现身于舞台正对面的阶梯包厢,而国王陛下的包厢就在后面。身着亚美尼亚服的卢梭是在休谟先生的陪同下走进剧场的。前来看戏的人是如此之多,以致在进入剧院的时候有不少绅士被挤掉了帽子和假发,而女士们则弄丢了她们心爱的斗篷。在刚开演的时候,由于顶层楼座人声嘈杂,以致叶慈夫人和普利姆小姐(Miss Plym)根本就无法继续表演下去。

至于观众为何会喧声四起,其原因至今仍不得而知。有报导说:当加里克一上场念开场白时,观众席中就"掌声四起,大声叫好"。在这个人满为患的剧院里,这样的喧嚷足以将加里克的开场白淹没,大家根本就听不见他在说什么。于是,《莎拉的悲剧》甫一上演,观众席上就一片混乱。"卫兵!卫兵!"有观众大声叫道。在正常的情况下,剧院门口一般都由两位手持步枪的卫兵把守,以便维持剧院的现场秩序。

对于英国观众的这种粗鲁喧闹,卢梭一定倍感惊讶。观众所坐的座位已经将他们所属的社会阶级表露无遗。包厢是权贵们的专利,绅士们则坐在剧院的正厅,商人们则集中在剧院的中层楼座,而普罗大众或平民百姓只能坐在最便宜的顶层楼座,他们一般会将橙子作为观剧的点心带进来,在欣赏戏剧的过程中,他们有时会袭击楼下正厅的绅士,将橙子皮扔向他们扑着发粉、戴着假发的头颅。(有时候他们扔下的则是更具危险性的物什。1755年,有一位年轻的女士就因为从楼上扔下来的一块坚硬的奶酪而身受重伤)在那个时候,时髦的太太小姐们都时兴戴帽子,而当时的各大报纸也围绕着帽子的尺寸展开了热烈的争论,因为总是有观众抱怨:这些形式各异的帽子遮挡了他们的视线。剧院各个区域的观众之间的打架斗殴事件更是屡见不鲜。加里克本人就曾引发过两次暴力冲突:一次是在"七年战争"前夕,导火索是他与法国演员一起登台演出;一次是在 1763 年,导火索是他停止将半价票出售给那些姗姗来迟的人们。在"正厅"看演出的时候,鲍斯威尔总是随身携带一根棍棒,以备不时之需。

那一晚,为了不让观众分心他顾,演员们不得不卖力表演。卢梭目不转睛地盯着舞台中央,国王和王后则在目不转睛地打量着他,而休谟则在目不转睛地打量着国王和王后:"我注意到,尊敬的国王和王后陛下与其说是在看戏,不如说是在看卢梭。"据《劳埃德晚邮报》(*Lloyd's Evening Post*)称:卢梭完全沉浸在剧情中,以致将大半个身子都探出包厢的护栏却浑身不觉,这让加里克惊恐万分,唯恐他不幸成为橙子皮的袭击目标,所以一直紧紧地抓住他的衣角,将他往包厢里拽。

对德鲁里巷剧院而言,1 月 23 日之夜是一个成功的夜晚;而对加里克个人而言,他一人饰演一喜一悲两个角色也为他赢得了满堂喝彩。"很难用语言去表述他所饰演的这两个角色是何等地完美",某家报纸激动地称赞道。演出结束后,"大名鼎鼎的卢梭先生"——卢梭一直被各大报纸冠以这样的头衔——去了加里克位于伦敦市区的家,他的家离剧院不远,位于阿德尔菲露台五号(5 Adelphi Terrace),从他的家可以俯瞰整个泰晤士河。加里克还专门在家中摆下了一桌宴席。奥利弗·哥尔斯密(Oliver Goldsmith)也是受邀嘉宾之一,尽管他算不上是卢梭的铁杆崇拜者:"日内瓦的卢梭,一个自称厌恶人类者,或者更确切地说,作为一个哲学家,他总是对一半的人类恶言相向,因为他们总是不可避免地给另一半人类带来痛苦和不幸。"白金汉大街转角处附近的"阿德尔菲露台"是休谟的朋友、建筑师亚当兄一位绅士看到一个家伙正在向一位贵妇人身上的礼服泼硝酸时,她正行走在斯特兰德大街上。没多久,大批的人群便围聚过来,个家伙恳请大家高抬贵手:他是一个以织布为业的贫穷短工。在这残酷的时节里,由于找不到工作,他、他的妻子,以及四个孩子都被饿得奄奄一息。而那位被泼了硝酸的夫人所穿的礼服正是法国的丝制品——按照法律规定,穿法国的丝制品是违法的。于是,他在没有受到任何惩罚的情况下就被放走了。

但是,不管白金汉街有多么的安宁而古朴,不管其附近的商店和咖啡馆是多么的让人流连忘返,也不管圣·詹姆士公园(St James's Park)附近的"观光街"是多么的诱人,对于卢梭来说,现在最迫在眉睫的问题依然是在何处安家。他既不喜欢伦敦,也不喜欢成为众人瞩目的焦点,他现在一心想要搬到一个更为僻静的地方,而且越快越好。而在给卢梭寻找其可以接受的住所的过程中的屡屡受挫,也让休谟对于他的贵客(指卢梭)——这位他曾发誓要爱一辈子的人——有了更加清醒的认识。

事实上,他们曾提出过各种不同的方案。在巴黎,有报道称,卢梭将会和一位法国菜农住在富尔汉姆(Fulham)——它离伦敦西区只有两英里的路程,但事实证明,菜农的住处又脏又小,甚至连两张空床都放不下。然后,他们又一致同意将卢梭安顿在威尔士的一处传统农舍。卢梭喜欢威尔士乡村的幽僻和古朴。但是,由于这个农舍当时还住着一个佃户,所以无法及时地腾出房间。

就当时的情况而言,最有可能与卢梭住在一块的是他的一位仰慕者,也即汤申德先生(Mr. Townshend),他可是一位有钱人,按照休谟的说法,他"每年有四千到五千镑的收入"。卢梭可以提出自己的各种要求。这项计划最终之所以功败垂成,全因勒·瓦瑟小姐。卢梭坚称:其女管家,也即勒·瓦瑟小姐应该与汤申德夫人在同一张桌子上进餐。但汤申德夫人很难接受这一点。尽管休谟至今还未曾与勒·瓦瑟谋面,可他已经不止一次地跟芙勒夫人抱怨:尽管勒·瓦瑟身在数百里之外,但她依然在不断地制造麻烦。"这个女人成为安置卢梭的一大障碍……她就像保姆照看小孩一样地控制着卢梭。当她不在时,卢梭的狗(指"苏丹")就获得了这种支

弟——他们也都来自爱丁堡,是苏格兰启蒙运动的健将——的作品,亚当兄弟住在"阿德尔菲露台"4号。

作为"悲剧之王",加里克曾夸下海口:他演的路瑞格男一定会让观众为之动容、为之痛哭流涕。那一晚他真的做到了。据《劳埃德晚邮报》报道:在晚宴上,卢梭一直情绪激动,他说,"先生,您演出的悲剧让我涕泗纵横,而您演出的喜剧又让我开怀大笑,尽管我从未听懂您所说的只言片语"。

卢梭公开地观赏戏剧表演,似乎与他一贯的哲学主张自相矛盾。作为一种娱乐方式,戏剧一直受到卢梭的谴责。在卢梭的种种反对意见中,最为尖锐的一条反对意见就是:他深信,戏剧将我们拖入不道德的泥沼。在戏院里,面对舞台上正在上演的一幕幕悲剧,我们放声大哭,这样,通过宣泄情感,我们就能够获得一种心理上的满足。然而,当我们离开剧院时,我们拭去眼泪,又重新过上惯常的生活;甚或我们的所作所为比以前更糟。在卢梭看来,"舞台"让我们从一个"参与者"变成一个"旁观者",并渴望用我们的眼泪与不平等作斗争,用我们的泪水来洗刷人间的不公正。

然而,卢梭却不会承认他欣赏《莎拉的悲剧》和《忘川》是伪善的,并相信他绝不会被戏剧和金钱所腐蚀。总之,唯有在理想的国度和理想的公民中间,戏院的存在才会是多余的、有害的。而在人潮汹涌的尘世之城,人类的生活已经遭到了玷污,在这种情况下,"务实"成为人们行为的至上法则:"当引导人们行善已成为不可能时,我们至少可以让他们不要为非作歹。"

尽管巴黎的经历已向我们表明,在短期内,卢梭还是喜欢抛头露面的,尽管卢梭在德鲁里巷剧院出尽了风头,但卢梭坦言:他此次来英国,主要是想过一种隐名埋姓的宁静生活。即便卢梭曾亲历过巴黎民众对他崇拜的疯狂,但面对伦敦市民的嘈杂喧闹和无法无天,卢梭还是感受到了巨大的文化震撼。对于这种嘈杂喧闹、生龙活虎、热力四射的生活,对于这个地球上最大、最富裕、发展最快的城市的"自以为是",卢梭永远都不可能感到自在。

当时的一份伦敦地图宣称:"伦敦的规划面积与巴黎不相上下",然后又引以为荣地得出这样的结论,伦敦的占有面积是 5 455 英亩,比巴黎多出 1 427 英亩。的确,在当时,伦敦可以算得上是第一商业中心,随着城市规模

的急剧扩张,其人口数也由 1700 年的 30 万增加到乔治三世 1760 年继位时的 75 万,到 1800 年时更是达到了 100 万。

作为首都,伦敦吸引了一大批胸怀远大抱负的英才俊彦,而其发达的对外贸易也催生了一批新的富裕阶层,从而动摇了原有的等级秩序。在《汉弗莱·克林克历险记》(*Humphrey Clinker*)中,乡绅布朗伯(Squire Bramble)曾向我们描画过这样一幅图景:庄稼汉们一窝蜂地涌向大都市,以打工为生。因为现在,不管是商人还是律师,都需要差役和仆从。而商业的发展也创造出更多的中小资产阶级,他们受雇于金融、贸易和行政部门。

伦敦商业的繁荣,也催生了城市建设的迅猛发展,各种宏伟、典雅的广场建筑应运而生,使伦敦呈现出一派现代的都市风情。对于砖瓦的需求量是如此之大,以至于它们刚刚出窑、热气腾腾的时候,便立马被运至建筑工地。仅 1766 一年,就有好几辆满载砖块的大马车发生了火情。泰伯恩路(Tyburn Road,也就是现在的牛津大街)的北边,以前曾是大片的绿地和一望无际的果园,可现在却都变成了繁忙的建筑工地。市政部门也开始引入现代城市所需要的各种服务。伦敦城的面貌日新月异,下水道更通畅了,人行道和街灯也多了起来(具有里程碑意义的"西敏寺铺路法"于 1762 年通过)。现在,无论是外地游客,还是外国游客,当他们看到亮如白昼的伦敦夜空时,无不被震惊得目瞪口呆。

对于伦敦城的这份喧闹和活力,卢梭肯定很不习惯。从其乡下庄园来到伦敦的乡绅布朗伯(Squire Bamble)就深受"这一天 24 小时、一刻也不得闲的"喧闹之苦:"每当夜晚降临,巡夜人一边挨家挨户地巡查着,一边大声地报着时辰"。伦敦城市每时每刻都在发生着变化,就像一条奔腾不息的河流。在 1772 年的《伦敦之旅》(*A Tour to London*)中,皮埃尔·让·格罗斯里(Pierre Jean Grosley)就曾注意到:"英国人总是行色匆匆,他们满脑子想的都是工作,约见客人时,他们从不迟到,而那些碰巧挡住了他们去路的人,肯定要因此而遭殃。"行色匆匆,肯定会滋生粗鲁不文,因为人们根本就没有时间来保持耐心并以礼行事。

当然,也不乏一些安静之所,譬如"城市广场"和"律师会馆",以及一些支路小巷——诸如由斯特兰德大街直达泰晤士河的一条幽僻的小巷,正如 18 世纪的一位旅行家所注意到的:这里的"静谧如此怡人",沁人心脾。他

所说的可能是白金汉街。所以,如果卢梭说大部分时间都将自己[ ]内,足不出户,这一点也不足为奇。

卢梭的寓所位于白金汉街,它是伦敦的四大名街之一,这四大[ ]以其地主名字——也即乔治·维利耶,白金汉公爵(George Villi[ ]of Buckingham)——中的不同部分命名的。休谟是通过其酒商朋[ ]斯图尔特才租下这个寓所的,斯图尔特自己就住在白金汉街。从[ ]所步行不到一分钟,便可以抵临泰晤士河。在维多利亚河堤(Vic[ ]bankment)建成之前的一个世纪里,泰晤士河不仅更宽、更浅,而[ ]对外贸易的主要通道:如茶叶、咖啡、蔗糖、可可粉、朗姆酒、大米[ ]麻、牛油、瓷器、钢铁和亚麻,全都源源不断地汇入这条生生不[ ]航线。

而沿着另一个方向,同样是步行,一分钟之后便可抵达斯特兰[ ]而由斯特兰德大街向东,不久便可抵临佛里特街(Fleet Street)。[ ]林立,有布料店、杂货店、鞋帽店,为了争得尺寸之地,他们不惜与[ ]商、木匠、典当师和书商们吵得脸红脖子粗。卢梭发现至少有两家[ ]他的作品,特别是《爱弥儿》和《新爱漪伊丝》。各种出版机构和报[ ]都聚集在佛里特街周围,此外还有制作各种精密仪器——诸如航[ ]天文仪器——的作坊。

沿着斯特兰德大街行走,并不是一件赏心乐事,因为一路上[ ]横流、泥泞不堪,而且有时甚至会受到暴力侵害。当卢梭抵达伦[ ]着"七年战争"的结束以及大批士兵的回国,伦敦城正处于犯罪[ ]在遍及全国的骚乱中,我们总能听到工人们的政治、宗教和经济[ ]怨。就在卢梭和休谟抵达伦敦的当晚,位于卢梭临时寓所附近的[ ]德大街就爆发了一次暴力冲突。法国丝绸的输入对英国本土的丝[ ]成了极大的冲击,使本土的丝织品不得不低价出售,这在丝织工[ ]发了持续不断的暴动和骚乱,这些丝织工都居住在斯皮塔佛[ ]talfields)周围,并居家工作。许多织工都正在向波士顿、纽约和费[ ]1765 年,织工们在议会前的一次示威游行,最终迫使政府颁布了[ ]口法国丝绸的禁令。当时的报纸曾详细地报道了斯特兰德大街上[ ]的这场争执:

位。他对那个动物的感情简直无以言表,也超乎人们的想象。"

此后,卢梭又回绝了怀特岛(the Isle of Wight)上的一栋房子,因为岛上的生活费用太过昂贵,而且这里的人太多,而树又太少。卢梭自己也意识到:他在住房问题上的过分挑剔已经让休谟身心俱疲。他曾向巴芙勒夫人吐露心曲:"您看,我越来越成为休谟先生一大负累。"

卢梭的感觉是对的。那些非常了解休谟的人也能感觉到他正变得越来越没有耐心。作为休谟苏格兰朋友圈中的一位好友,威廉·鲁埃(William Rouet)曾记录道:"大卫·休谟整天都在为卢梭的事情往来奔波,忙得焦头烂额,就像是一位失去了自由的囚犯。"休谟"被他的学生——他经常这样称呼卢梭——搞得身心交瘁;卢梭行为怪异,言谈悖谬"。鲁埃在写这段话的时候,卢梭抵达伦敦只不过三天。

卢梭的怪异之处还表现在他对一位年轻的瑞士人的态度上。这个年轻人那时正住在休谟位于伦敦"俪人街"(Lisle Street)的寄居地。他的名字叫路易斯-弗朗索瓦·唐奇恩(Louis François Tronchin),是遭人唾弃的日内瓦籍"骗子"泰奥尔多·唐奇恩博士(Dr Théodore Tronchin)之子。可能是亚当·斯密推荐他住进这家由苏格兰人经营的寄宿旅馆的,因为斯密曾在格拉斯哥斯大学教过路易斯-弗朗索瓦。据鲁埃称,卢梭"认为唐奇恩是日内瓦当局派来专门监视他的奸细;而唐奇恩恰巧又住在休谟曾经寄寓的这家旅馆(并且卢梭一抵达英国,他紧跟着就到了英国),这似乎更加证实了卢梭的这个愚蠢的、自欺欺人的想法"。在写给亚当·斯密的信中,休谟认为卢梭"有点反复无常和想入非非"。

在其他的社交圈中,人们对于卢梭的尊重也一落千丈。2月5日,在给苏珊·奥布莱恩夫人(Lady Susan O'Brian)的信中,莎拉·班伯里夫人(Lady Sara Bunbury)提笔写道:"近来,关于卢梭先生的各种报道是大家街谈巷议的热门话题,我所听到的消息是他身穿一件皮上衣,头戴一顶皮帽……我认为,他这种怪异的装扮实在是愚不可及……他现在闭门谢客,并打算到威尔士的一个农场安家,在那里,除了有绵延的群山和成群的野山羊,他什么都看不到。"

的确,卢梭已经受够了伦敦的生活。1月31日,他又搬至奇斯维克(Chiswick)——它位于伦敦西部——的一个小山村。人们不难想象,休谟这回终于如释重负,他不仅可以重返其位于"俪人街"的寓所,而且还可以重新见到那熟悉的面孔,重新听到那亲切的乡音。

卢梭所希冀的不仅是一方宁静,而且还盼望着其终身伴侣的到来。

我们该怎样去评价戴莱丝·勒·瓦瑟以及她和卢梭的关系呢?卢梭的传记作家莫里斯·克兰斯顿(Maurice Cranston)曾这样评价道:她是"一个极其愚昧无知的女人"。而另一个传记作家约翰·丘顿·柯林斯(John Churton Collins)则称她为"一个命运悲苦的女人"。还有人称其为一个恶毒、粗鄙、堕落的女人,一个脾气暴躁的老泼妇,一个精明的、甚至是麦克白夫人式的人物。其爱人(指卢梭)之所以会这么偏执和好斗,勒·瓦瑟具有不可推卸的责任。按照大卫·休谟的说法:"对于她那颗蛇蝎心肠而言,其聪明才智已经够用了。"

那些诋毁她的人——他们全都是男士——是否都言必有据呢?对于这一点,人们至今仍莫衷一是。不过,一些法国贵妇,譬如德·卢森堡夫人,对她始终抱有同情和善意。对于那些诋毁之词,一个显见的驳难便是:如果勒·瓦瑟果真如此恶毒,卢梭怎么会迷恋上她呢?一个最显见的答案是:她具有许多美德。而其中最重要的美德当属她对于卢梭的忠诚。与卢梭在一起生活谈何容易!可谓贫贱夫妻百事哀,卢梭不仅生活困窘,而且还为人固执己见、暴躁易怒、阴郁孤僻;不仅如此,卢梭还从不隐瞒对于其他女子的爱慕之情。而且,出于政治上的原因,卢梭还不得不东奔西走,过着一种颠沛流离的生活。可是,尽管如此,勒·瓦瑟依然对卢梭不离不弃,宽宥了这个男人所有的不足和缺点——包括他的多愁善感、他的不忠、他的怪癖、他的愚钝和自私。特别是在晚年,卢梭更是于匆忙间只身远走他乡,只是在将自己安顿好后才将她接过来。而对于勒·瓦瑟来说,英国是一个完全陌生的国度,在这里,她就像是一个巴黎的女帮厨,不仅远离了由于熟悉巴黎一草一木、一街一巷所产生的那份安适感,而且还远离了巴黎轻松谐趣、惬意自在的生活方式。按照詹姆斯·鲍斯威尔的说法,尽管这样的一种生活充满了艰辛和失意,可勒·瓦瑟小姐却告诉他:"即便是让她去当法国王妃,她也不愿放弃现在的生活。"

他们第一次被迫分开是在蒙莫朗西(Montmorency)。在《忏悔录》中,卢梭曾以感人至深的语言描述过这次别离。当时卢梭是和卢森堡公爵呆在弟——他们也都来自爱丁堡，是苏格兰启蒙运动的健将——的作品，亚当兄弟住在"阿德尔菲露台"4号。

作为"悲剧之王"，加里克曾夸下海口：他演的路瑞格男一定会让观众为之动容、为之痛哭流涕。那一晚他真的做到了。据《劳埃德晚邮报》报道：在晚宴上，卢梭一直情绪激动，他说，"先生，您演出的悲剧让我涕泗纵横，而您演出的喜剧又让我开怀大笑，尽管我从未听懂您所说的只言片语"。

卢梭公开地观赏戏剧表演，似乎与他一贯的哲学主张自相矛盾。作为一种娱乐方式，戏剧一直受到卢梭的谴责。在卢梭的种种反对意见中，最为尖锐的一条反对意见就是：他深信，戏剧将我们拖入不道德的泥沼。在戏院里，面对舞台上正在上演的一幕幕悲剧，我们放声大哭，这样，通过宣泄情感，我们就能够获得一种心理上的满足。然而，当我们离开剧院时，我们拭去眼泪，又重新过上惯常的生活；甚或我们的所作所为比以前更糟。在卢梭看来，"舞台"让我们从一个"参与者"变成一个"旁观者"，并渴望用我们的眼泪与不平等作斗争，用我们的泪水来洗刷人间的不公正。

然而，卢梭却不会承认他欣赏《莎拉的悲剧》和《忘川》是伪善的，并相信他绝不会被戏剧和金钱所腐蚀。总之，唯有在理想的国度和理想的公民中间，戏院的存在才会是多余的、有害的。而在人潮汹涌的尘世之城，人类的生活已经遭到了玷污，在这种情况下，"务实"成为人们行为的至上法则："当引导人们行善已成为不可能时，我们至少可以让他们不要为非作歹。"

尽管巴黎的经历已向我们表明，在短期内，卢梭还是喜欢抛头露面的，尽管卢梭在德鲁里巷剧院出尽了风头，但卢梭坦言：他此次来英国，主要是想过一种隐名埋姓的宁静生活。即便卢梭曾亲历过巴黎民众对他崇拜的疯狂，但面对伦敦市民的嘈杂喧闹和无法无天，卢梭还是感受到了巨大的文化震撼。对于这种嘈杂喧闹、生龙活虎、热力四射的生活，对于这个地球上最大、最富裕、发展最快的城市的"自以为是"，卢梭永远都不可能感到自在。

当时的一份伦敦地图宣称："伦敦的规划面积与巴黎不相上下"，然后又引以为荣地得出这样的结论，伦敦的占有面积是5 455英亩，比巴黎多出1 427英亩。的确，在当时，伦敦可以算得上是第一商业中心，随着城市规模的急剧扩张,其人口数也由 1700 年的 30 万增加到乔治三世 1760 年继位时的 75 万,到 1800 年时更是达到了 100 万。

作为首都,伦敦吸引了一大批胸怀远大抱负的英才俊彦,而其发达的对外贸易也催生了一批新的富裕阶层,从而动摇了原有的等级秩序。在《汉弗莱·克林克历险记》(*Humphrey Clinker*)中,乡绅布朗伯(Squire Bramble)曾向我们描画过这样一幅图景:庄稼汉们一窝蜂地涌向大都市,以打工为生。因为现在,不管是商人还是律师,都需要差役和仆从。而商业的发展也创造出更多的中小资产阶级,他们受雇于金融、贸易和行政部门。

伦敦商业的繁荣,也催生了城市建设的迅猛发展,各种宏伟、典雅的广场建筑应运而生,使伦敦呈现出一派现代的都市风情。对于砖瓦的需求量是如此之大,以至于它们刚刚出窑、热气腾腾的时候,便立马被运至建筑工地。仅 1766 一年,就有好几辆满载砖块的大马车发生了火情。泰伯恩路(Tyburn Road,也就是现在的牛津大街)的北边,以前曾是大片的绿地和一望无际的果园,可现在却都变成了繁忙的建筑工地。市政部门也开始引入现代城市所需要的各种服务。伦敦城的面貌日新月异,下水道更通畅了,人行道和街灯也多了起来(具有里程碑意义的"西敏寺铺路法"于 1762 年通过)。现在,无论是外地游客,还是外国游客,当他们看到亮如白昼的伦敦夜空时,无不被震惊得目瞪口呆。

对于伦敦城的这份喧闹和活力,卢梭肯定很不习惯。从其乡下庄园来到伦敦的乡绅布朗伯(Squire Bamble)就深受"这一天 24 小时、一刻也不得闲的"喧闹之苦:"每当夜晚降临,巡夜人一边挨家挨户地巡查着,一边大声地报着时辰"。伦敦城市每时每刻都在发生着变化,就像一条奔腾不息的河流。在 1772 年的《伦敦之旅》(*A Tour to London*)中,皮埃尔·让·格罗斯里(Pierre Jean Grosley)就曾注意到:"英国人总是行色匆匆,他们满脑子想的都是工作,约见客人时,他们从不迟到,而那些碰巧挡住了他们去路的人,肯定要因此而遭殃。"行色匆匆,肯定会滋生粗鲁不文,因为人们根本就没有时间来保持耐心并以礼行事。

当然,也不乏一些安静之所,譬如"城市广场"和"律师会馆",以及一些支路小巷——诸如由斯特兰德大街直达泰晤士河的一条幽僻的小巷,正如 18 世纪的一位旅行家所注意到的:这里的"静谧如此怡人",沁人心脾。他所说的可能是白金汉街。所以，如果卢梭说大部分时间都将自己关在寓所内，足不出户，这一点也不足为奇。

卢梭的寓所位于白金汉街，它是伦敦的四大名街之一，这四大名街都是以其地主名字——也即乔治·维利耶，白金汉公爵（George Villiers, Duke of Buckingham）——中的不同部分命名的。休谟是通过其酒商朋友约翰·斯图尔特才租下这个寓所的，斯图尔特自己就住在白金汉街。从卢梭的寓所步行不到一分钟，便可以抵临泰晤士河。在维多利亚河堤（Victoria embankment）建成之前的一个世纪里，泰晤士河不仅更宽、更浅，而且还是英国对外贸易的主要通道：如茶叶、咖啡、蔗糖、可可粉、朗姆酒、大米、烟草、大麻、牛油、瓷器、钢铁和亚麻，全都源源不断地汇入这条生生不息的商业航线。

而沿着另一个方向，同样是步行，一分钟之后便可抵达斯特兰德大街，而由斯特兰德大街向东，不久便可抵临佛里特街（Fleet Street）。这里店铺林立，有布料店、杂货店、鞋帽店，为了争得尺寸之地，他们不惜与裁缝师、酒商、木匠、典当师和书商们吵得脸红脖子粗。卢梭发现至少有两家书商存有他的作品，特别是《爱弥儿》和《新爱漪伊丝》。各种出版机构和报章杂志全都聚集在佛里特街周围，此外还有制作各种精密仪器——诸如航海仪器和天文仪器——的作坊。

沿着斯特兰德大街行走，并不是一件赏心乐事，因为一路上不仅污水横流、泥泞不堪，而且有时甚至会受到暴力侵害。当卢梭抵达伦敦时，随着"七年战争"的结束以及大批士兵的回国，伦敦城正处于犯罪高发期。在遍及全国的骚乱中，我们总能听到工人们的政治、宗教和经济上的抱怨。就在卢梭和休谟抵达伦敦的当晚，位于卢梭临时寓所附近的斯特兰德大街就爆发了一次暴力冲突。法国丝绸的输入对英国本土的丝织业造成了极大的冲击，使本土的丝织品不得不低价出售，这在丝织工们中间引发了持续不断的暴动和骚乱，这些丝织工都居住在斯皮塔佛德（Spitalfields）周围，并居家工作。许多织工都正在向波士顿、纽约和费城移民。1765 年，织工们在议会前的一次示威游行，最终迫使政府颁布了严禁进口法国丝绸的禁令。当时的报纸曾详细地报道了斯特兰德大街上所发生的这场争执：

卢梭与休谟

　　一位绅士看到一个家伙正在向一位贵妇人身上的礼服泼硝酸，当时，她正行走在斯特兰德大街上。没多久，大批的人群便围聚过来，这个家伙恳请大家高抬贵手：他是一个以织布为业的贫穷短工。在这个残酷的时节里，由于找不到工作，他、他的妻子，以及四个孩子都被饿得奄奄一息。而那位被泼了硝酸的夫人所穿的礼服正是法国的丝制品——按照法律规定，穿法国的丝制品是违法的。于是，他在没有受到任何惩罚的情况下就被放走了。

　　但是，不管白金汉街有多么的安宁而古朴，不管其附近的商店和咖啡馆是多么的让人流连忘返，也不管圣·詹姆士公园（St James's Park）附近的"观光街"是多么的诱人，对于卢梭来说，现在最迫在眉睫的问题依然是在何处安家。他既不喜欢伦敦，也不喜欢成为众人瞩目的焦点，他现在一心想要搬到一个更为僻静的地方，而且越快越好。而在给卢梭寻找其可以接受的住所的过程中的屡屡受挫，也让休谟对于他的贵客（指卢梭）——这位他曾发誓要爱一辈子的人——有了更加清醒的认识。

　　事实上，他们曾提出过各种不同的方案。在巴黎，有报道称，卢梭将会和一位法国菜农住在富尔汉姆（Fulham）——它离伦敦西区只有两英里的路程，但事实证明，菜农的住处又脏又小，甚至连两张空床都放不下。然后，他们又一致同意将卢梭安顿在威尔士的一处传统农舍。卢梭喜欢威尔士乡村的幽僻和古朴。但是，由于这个农舍当时还住着一个佃户，所以无法及时地腾出房间。

　　就当时的情况而言，最有可能与卢梭住在一块的是他的一位仰慕者，也即汤申德先生（Mr. Townshend），他可是一位有钱人，按照休谟的说法，他"每年有四千到五千镑的收入"。卢梭可以提出自己的各种要求。这项计划最终之所以功败垂成，全因勒·瓦瑟小姐。卢梭坚称：其女管家，也即勒·瓦瑟小姐应该与汤申德夫人在同一张桌子上进餐。但汤申德夫人很难接受这一点。尽管休谟至今还未曾与勒·瓦瑟谋面，可他已经不止一次地跟巴芙勒夫人抱怨：尽管勒·瓦瑟身在数百里之外，但她依然在不断地制造麻烦。"这个女人成为安置卢梭的一大障碍……她就像保姆照看小孩一样绝对地控制着卢梭。当她不在时，卢梭的狗（指"苏丹"）就获得了这种支配地

118

位。他对那个动物的感情简直无以言表,也超乎人们的想象。"

此后,卢梭又回绝了怀特岛(the Isle of Wight)上的一栋房子,因为岛上的生活费用太过昂贵,而且这里的人太多,而树又太少。卢梭自己也意识到:他在住房问题上的过分挑剔已经让休谟身心俱疲。他曾向巴芙勒夫人吐露心曲:"您看,我越来越成为休谟先生一大负累。"

卢梭的感觉是对的。那些非常了解休谟的人也能感觉到他正变得越来越没有耐心。作为休谟苏格兰朋友圈中的一位好友,威廉·鲁埃(William Rouet)曾记录道:"大卫·休谟整天都在为卢梭的事情往来奔波,忙得焦头烂额,就像是一位失去了自由的囚犯。"休谟"被他的学生——他经常这样称呼卢梭——搞得身心交瘁;卢梭行为怪异,言谈悖谬"。鲁埃在写这段话的时候,卢梭抵达伦敦只不过三天。

卢梭的怪异之处还表现在他对一位年轻的瑞士人的态度上。这个年轻人那时正住在休谟位于伦敦"俪人街"(Lisle Street)的寄居地。他的名字叫路易斯-弗朗索瓦·唐奇恩(Louis François Tronchin),是遭人唾弃的日内瓦籍"骗子"泰奥尔多·唐奇恩博士(Dr Théodore Tronchin)之子。可能是亚当·斯密推荐他住进这家由苏格兰人经营的寄宿旅馆的,因为斯密曾在格拉斯哥斯大学教过路易斯-弗朗索瓦。据鲁埃称,卢梭"认为唐奇恩是日内瓦当局派来专门监视他的奸细;而唐奇恩恰巧又住在休谟曾经寄寓的这家旅馆(并且卢梭一抵达英国,他紧跟着就到了英国),这似乎更加证实了卢梭的这个愚蠢的、自欺欺人的想法"。在写给亚当·斯密的信中,休谟认为卢梭"有点反复无常和想入非非"。

在其他的社交圈中,人们对于卢梭的尊重也一落千丈。2月5日,在给苏珊·奥布莱恩夫人(Lady Susan O'Brian)的信中,莎拉·班伯里夫人(Lady Sara Bunbury)提笔写道:"近来,关于卢梭先生的各种报道是大家街谈巷议的热门话题,我所听到的消息是他身穿一件皮上衣,头戴一顶皮帽……我认为,他这种怪异的装扮实在是愚不可及……他现在闭门谢客,并打算到威尔士的一个农场安家,在那里,除了有绵延的群山和成群的野山羊,他什么都看不到。"

的确,卢梭已经受够了伦敦的生活。1月31日,他又搬至奇斯维克(Chiswick)——它位于伦敦西部——的一个小山村。人们不难想象,休谟这回终于如释重负,他不仅可以重返其位于"俪人街"的寓所,而且还可以重新见到那熟悉的面孔,重新听到那亲切的乡音。

卢梭所希冀的不仅是一方宁静,而且还盼望着其终身伴侣的到来。

我们该怎样去评价戴莱丝·勒·瓦瑟以及她和卢梭的关系呢?卢梭的传记作家莫里斯·克兰斯顿(Maurice Cranston)曾这样评价道:她是"一个极其愚昧无知的女人"。而另一个传记作家约翰·丘顿·柯林斯(John Churton Collins)则称她为"一个命运悲苦的女人"。还有人称其为一个恶毒、粗鄙、堕落的女人,一个脾气暴躁的老泼妇,一个精明的、甚至是麦克白夫人式的人物。其爱人(指卢梭)之所以会这么偏执和好斗,勒·瓦瑟具有不可推卸的责任。按照大卫·休谟的说法:"对于她那颗蛇蝎心肠而言,其聪明才智已经够用了。"

那些诋毁她的人——他们全都是男士——是否都言必有据呢?对于这一点,人们至今仍莫衷一是。不过,一些法国贵妇,譬如德·卢森堡夫人,对她始终抱有同情和善意。对于那些诋毁之词,一个显见的驳难便是:如果勒·瓦瑟果真如此恶毒,卢梭怎么会迷恋上她呢?一个最显见的答案是:她具有许多美德。而其中最重要的美德当属她对于卢梭的忠诚。与卢梭在一起生活谈何容易!可谓贫贱夫妻百事哀,卢梭不仅生活困窘,而且还为人固执己见、暴躁易怒、阴郁孤僻;不仅如此,卢梭还从不隐瞒对于其他女子的爱慕之情。而且,出于政治上的原因,卢梭还不得不东奔西走,过着一种颠沛流离的生活。可是,尽管如此,勒·瓦瑟依然对卢梭不离不弃,宽宥了这个男人所有的不足和缺点——包括他的多愁善感、他的不忠、他的怪癖、他的愚钝和自私。特别是在晚年,卢梭更是于匆忙间只身远走他乡,只是在将自己安顿好后才将她接过来。而对于勒·瓦瑟来说,英国是一个完全陌生的国度,在这里,她就像是一个巴黎的女帮厨,不仅远离了由于熟悉巴黎一草一木、一街一巷所产生的那份安适感,而且还远离了巴黎轻松谐趣、惬意自在的生活方式。按照詹姆斯·鲍斯威尔的说法,尽管这样的一种生活充满了艰辛和失意,可勒·瓦瑟小姐却告诉他:"即便是让她去当法国王妃,她也不愿放弃现在的生活。"

他们第一次被迫分开是在蒙莫朗西(Montmorency)。在《忏悔录》中,卢梭曾以感人至深的语言描述过这次别离。当时卢梭是和卢森堡公爵呆在

轰 动 伦 敦

一起,当卢森堡公爵——

　　派人去接我可怜的"姑妈"时,她正满脸愁云地——她不仅为我未知的命运心焦,而且还为她自己以后的生活担忧——等着法官的到来,她既不知道该怎么办,也不知道该如何回答法官的问询……她一看到我,便立即扑到我的怀里放声痛哭。啊!情谊,心心相印,朝夕相伴,相濡以沫!在这难舍难分的时刻,我们俩一起度过的那么多幸福、甜蜜、温馨的岁月一起涌上了心头,使我在将近十七年中没有一天不形影相随之后,更加深切地感受到了第一次离别的撕心裂肺之痛……分手之时,我抱住她,心中感受到一种特别的激动,于是,在激动之中,唉!真是一语成谶,对她说道:"孩子,你必须拿出勇气来。在我的那些美好岁月里,你与我有福同享,以后,既然你自己愿意,那就得与我有难同当了。从今往后,等着你的只是跟我去受苦受难了。"①

　　某些方面,勒·瓦瑟是卢梭理想化的原始人的化身。作为一个家仆,勒·瓦瑟接近于社会的最底层(其社会地位稍高于流浪汉和妓女)。显而易见的是,对于她,卢梭有着深沉的爱意和感激之情。卢梭的这种情感不是毫无来由的。她悉心照料他的生活起居,在他卧病在床时,她总是守候在他的身旁,给他端茶送水、洗衣做饭,给予他无微不至的照顾和关怀(她烧得一手好菜,如具有浓郁乡村风味的浓汤、小牛肉、野兔肉、馅饼)。卢梭承认他亏欠于她。早在 1763 年,当卢梭的膀胱病日益恶化、疼痛难忍,以至于担心自己将不久于人世的时候,他曾立下遗嘱,将其所有的家当全都遗赠给勒·瓦瑟,并说:"唯一让他感到遗憾的是,他没能更好地报答这 20 年来勒·瓦瑟对他的照顾和付出,在这 20 年里,她没有拿一分钱的工钱。"当逃往瑞士、还不知道最终将安身何处时,卢梭写信向勒·瓦瑟保证道:"纵然能过上锦衣玉食、香车美人的生活,我还是宁愿与您早日重逢。"卢梭比任何人都更了解她。谈及勒·瓦瑟的品性,卢梭用到如下字眼:"和蔼可亲"、"性情温和"、"一个美丽的灵魂"和"聪慧的心"。显然卢梭的描述与那些诋毁者的说辞是

---

① 参照了《忏悔录》的译法。——译者注

格格不入的。我们似乎可以认定：在某种程度上，那些批评者在评价勒·瓦瑟时都是戴着有色眼镜的。

勒·瓦瑟是否美艳动人，是否具有闭花羞月之貌？关于这一点，历来众说纷纭。鲍斯威尔肯定是这样认为的。但在1761年，一个名叫约瑟夫·泰莱基(Joseph Teleki)的匈牙利伯爵曾亲自拜访过卢梭，对于勒·瓦瑟，他是这样描述的："与我们一道用餐的还有一个女孩，或者毋宁说一个妇女……她算不上漂亮，所以没有人会怀疑她与卢梭有私情。"跟卢梭的大多数女性朋友不同，勒·瓦瑟的大部分时间都是在厨房和洗衣间里做家务，这在使她的皮肤变得极为粗糙的同时，也使她的双手长满了老茧。

他们的爱情并不像世俗情事那般轰轰烈烈、缠绵悱恻。卢梭对勒·瓦瑟少有激情，勒·瓦瑟对卢梭也是如此。他们都将自己的激情献给了别人。尽管他们一共生育了五个子女，但是，早在1761年，卢梭就坦承：由于他的膀胱疾患日益恶化，数年来，他们一直过着一种"兄妹般"的生活。他对她的依恋之情已经转变为一种相濡以沫的亲情，而不是爱情。从卢梭对勒·瓦瑟的称呼我们就可以看出，他们之间已经没有了肌肤之亲。除了"妹妹"，卢梭还经常称呼她为"姑妈"、"管家"——也即执掌家中大小事务的管家。不过，在《忏悔录》中(此书写于他们相识相知25年之后)，卢梭写道：她在情感上如此"冷淡"，以至于他不用担心其他男人会乘虚而入。

尽管缺少激情，但他们两个人还算得上是天造地设的一对。他们几乎从不争吵，尽管有一次卢梭曾大发雷霆，因为他发现：他的"管家"及其母亲——尽管卢梭发现她脾气非常暴躁，但还是照料了她数年——竟然瞒着他偷偷地收下了格里姆和狄德罗的馈赠。当得知这件事情后，卢梭质问道："我对她毫无保留，她怎能这样欺骗我呢？难道一个人对他所爱的人也要有所隐瞒吗？"不过，这样的抱怨并不多见。

除了自己，绝不要依赖其他任何人。但只有一个人除外，那个人就是勒·瓦瑟。在其"自传"中，当描述其与勒·瓦瑟相识相知的时候，卢梭解释道：他最强烈的、"最不可遏抑的需求"，就是对于"亲昵"的渴求，而正是从这位"女帮厨"身上他找到了这种亲昵感，尽管这份渴求是如此之深切，以至于"以身相许都不足以获得这种亲昵感。"

人们曾这样指责卢梭：在其作品中，卢梭常常将女性降格为男性的附属品。在《爱弥儿》中,苏菲(Sophie)所受到的教育程度还不及一名稚子,因为她的阅读和写作技巧并没有多少用武之地,尽管卢梭认为她应该接受一些教育,这样的话,他至少能够和男性对话。《新爱洛漪丝》中的朱莉接受了她的命运:"我是一位妻子和一位母亲;我知道自己的位置,我会安守本分。"而另一方面,在那个时候,许多女性发现:卢梭理想化的情人和母亲观念还是蛮吸引人的,不仅如此,卢梭在文学作品中所塑造的女性形象(像苏菲和朱莉)往往比男性更加坚强,而且在实现她们的意愿方面也比男性更加灵活、更加狡黠。

因此,我们不禁要问:卢梭和勒·瓦瑟之间将有什么样的一种亲密谈话呢? 尽管卢梭常常给勒·瓦瑟写一些措辞典雅的信,向她汇报其近况,并给她一些家务上的指导,但勒·瓦瑟基本上读不懂,而且还会经常犯一些低级错误。当卢梭在《忏悔录》中第一次向我们介绍勒·瓦瑟时,我们可以明显地感觉到:当卢梭在介绍她可怜的无知时,其语气中流露出一种有违常理的自豪。这很有可能,因为卢梭一贯以藐视陈规陋俗和诋毁他那帮受过良好教育、衣着体面、谈吐文雅的朋友为乐。

多亏有了勒·瓦瑟,我才能生活得如此幸福。起初,我曾努力培养她的才智,但后来却发现这些都是徒劳的。是大自然将她的头脑铸造成这个样子的,一切教化和训练都无济于事。对于承认她从未学会阅读——尽管她写得还马马虎虎,我一点都不感到难为情……她从未正确地排列月份顺序,而且连一个数字都不认识,尽管我费了九牛二虎之力来教她。

对于卢梭与文化浅薄的勒·瓦瑟的长相厮守,卢梭的亲朋故交们在訾议不断的同时,也深感大惑不解。在公共场合,卢梭对他的"管家"并不好。有时候,他还热衷于拿她来炫弄,就像是一个富人在特意地展示他那身破烂不堪的"百衲衣"。然而,在大多数情况下,卢梭还是把她当作一个随叫随到的使女。的确,许多拜访过卢梭的人也都证实了这一点。一旦有客人登门,瓦瑟就被支使到厨房。但不管怎么说,只有卢梭才有这个特权,而其他人休想轻看她。从汤申德夫人拒绝与勒·瓦瑟一同用餐这件事情上,我们便不难看出这一点。

迄今为止,不管勒·瓦瑟追随卢梭浪迹何方,法语都一直是她的"家乡话"。现在,勒·瓦瑟的痴心不改,再加上卢梭对她的依赖,最终将这位巴黎"女帮厨"带到了奇斯维克,并将其暴露在一个在文化和语言上完全陌生的异国他乡。

蜗居河畔

当爱不再时，我们仍可以与人为善。

——塞缪尔·约翰逊

一位性情非常温顺、非常讨人喜欢但又非常疯狂的年轻绅士。

——大卫·休谟评詹姆斯·鲍斯威尔

卢梭为什么会选择奇斯维克作为隐身之所至今仍是个谜。休谟曾告诉德·巴邦塔纳夫人道："他在伦敦连两个礼拜都不愿呆。我把他安顿在离伦敦约有六英里远的一个小村庄。此后，他又急于从那里搬走，尽管那个地方和房屋十分合他的心意。"

　　一个最简单的解释就是，奇斯维克紧邻富尔汉姆，是泰晤士河上游的一个小村庄，而且房屋租金不高，尚在卢梭的经济承受能力之内。对于这个地方，休谟并不陌生，因为他以前的疯学生安南戴尔侯爵在这里有一处地产。而在历史上，作为人们躲避瘟疫的一个避难地，奇斯维克也一直享有盛名。一方面，奇斯维克离伦敦很近，但另一方面，它又可以远离城市的喧嚣：在那里，空气清新，民风淳朴，公园里林木葱茏、绿荫匝地。

　　但对卢梭而言，奇斯维克只是一个中转站。卢梭告诉杜·佩鲁（Du Peyrou），他仍然打算到威尔士的那个农舍去定居，但他会在奇斯维克等勒·瓦瑟，在这里，他们两个人可以远离伦敦熙熙攘攘的人群，过上几周安静惬意的生活。卢梭还对英国人的礼貌大加称颂。与纳莎泰尔人大为不同，英国人既知道如何去表达他们的敬意，又毫无诪谀之色。

　　奇斯维克坐落于泰晤士河的一个 U 形河湾处。1766 年，其居民大约有1 000 人左右，四周全是农场和果园。另两个小村庄坐落在其西北部，它们与奇斯维克一道构成了一个地方教区。它离伦敦市只有五英里的路程，除了步行，还可以经水路乘船去伦敦（仅需一个半小时即可到达），同时，也可以搭乘邮车沿着主干道一路西行至伦敦，只是由于经常有绿林大盗在此出没，这条路线早已臭名远扬。

与泰晤士河岸相平行的是奇斯维克的主街——奇斯维克林荫道，在与其形成 L 形交汇的教会街上，小商店林立，彼此之间犬牙交错，就像是一副即将倒塌的多米诺骨牌。而古老的圣·尼克拉斯教堂（St Nicholas's Church）——它始建于公元 11 世纪——就矗立在这两条街道的交汇处。而在教堂后面的那些凌乱而破败村舍里，住满了穷困的船工和帮佣。但是在这个村子其他地方，有几栋始建于 17 世纪的府邸和一些颇具规模的宅院，则显示了奇斯维克的殷实和富有。作为 18 世纪一位非常杰出的画家，威廉·霍加斯（William Hogarth）曾在这里安享晚年，并于 1765 年安葬于此；在他辞世后，他的妻子、妹妹和岳母也一直住在他那栋红砖黛瓦的房子里（其花园中的那棵桑树至今犹在，只是树身上满是第二次世界大战时期的大轰炸所留下的累累弹痕）。

然而，卢梭所寄宿的地方一点也不气派。不知怎么的，他寄宿在一个名叫詹姆士·普莱恩（James Pullein）的杂货商的家中。用卢梭自己的话说，普莱恩是一个"诚实的杂货商，深受其同侪的敬重"。除了他的妻子伊丽莎白，普莱恩还育有两个子女。

普莱恩的遗嘱表明：他要么是个虔诚的信徒，要么就是担心因为其生意而无法进入天堂。他唯恐自己的灵魂无法得到拯救，他希望将自己的灵魂交付给"最可亲的救世主耶稣基督"。作为一位杂货商，普莱恩曾卖过干货、面粉、咖啡、茶叶和蔗糖。普莱恩家族很可能在店铺林立的"教会街"附近拥有多处房产。档案资料显示：他们主要以经商为生。1766 年的"课税簿"显示，普莱恩所经营的可不是一家普通的商铺。其应课税款为 16 英镑，这一数字是奇斯维克大部分房屋应课税款的两倍。

为什么一直比较殷实的普莱恩一家愿意接收一个寄宿者呢？ 一个可能的解释是：他们现在也许在经济上遇到了麻烦。在那时，教区的居民有时要交纳一种税——教会执事税，不像一般的税，这种教会执事税不是一次性确定税额并交清，而是分散在全年中。所得税款用于各种公共服务，比如为专为穷人而设的济贫院提供资金支持,比如为正在进行的消灭害虫——它们破坏庄稼——的战斗支付费用。在卢梭住在奇斯维克的那段时间里,奇斯维克人深受刺猬和麻雀之害。它们对庄稼所造成的危害是如此之大,以至于教区当局决定设立专项奖励,以鼓励大家消灭害虫:每消灭一头刺猬奖励4便士,每消灭12只麻雀奖励2便士。

卢梭看起来很快就融入了普莱恩一家。他常常坐在杂货店里,教普莱恩的女儿法语。当普莱恩的儿子去巴黎学法语时(为了将来的就业),卢梭还特意嘱托其出版商皮埃尔·盖(Pierre Guy)予以关照,给他安排一个便宜一点的寄宿式公寓,或半寄宿式公寓,"因为英国人向来不用晚膳"。卢梭称,这个男孩的母亲一直对他照顾有加,所以他愿意为她效犬马之劳。他认为伊丽莎白·普莱恩是"一位贤惠且称职的妻子"。卢梭希望,在不浪费其时间和增加其经济负担的情况下,皮埃尔·盖应该尽其所能地帮助那个孩子,"就算是在帮我"。

尽管卢梭在普莱恩家过得很开心,但奇斯维克并不是卢梭所要寻找的宁静的港湾。"教会街"附近的商业区是奇斯维克最繁华、最喧闹的地区。步行不到三分钟,人们至少可以发现四家客栈。此外,这里还有两家规模较大的酿酒厂,从里面不断传出滚动和装卸酒桶时所发出的震耳欲聋的隆隆声。酿酒厂的隔壁就是一家屠宰场,在那里,每天都会有一些牲畜在声嘶力竭的尖叫声中丧命于屠刀之下。

因此,这里也总不免有些闲来无事、无事生非的好事之徒。各种也许根本就是捕风捉影、子虚乌有的报道,使前来一睹这位坐在杂货店门口的落难雄狮之风采的当地人和伦敦人络绎不绝。但至少对于普莱恩而言,这种阵仗是有百利而无一害的:前来瞻仰卢梭的络绎不绝的人流让他的生意一下子红火起来。

不过,与伦敦不同,在这里,卢梭可以将一切喧哗抛之脑后,独自在河边或是田野间漫步,并以饱满的热情投身于植物学研究。显然,应乔治三世的宠臣布特伯爵(Earl of Bute)之请,卢梭那时正跟着一个植物学教授四处采集并研究各种植物样本。布特伯爵是前任首相,同时也是一位热心的植物学家,而位于肯恩(Ken)——它与奇斯维克仅有一河之隔——的"皇家植物园"之所以能够建成,他居功至伟。据休谟的传记家约翰·比尔·伯顿(John Hill Burton)记载,有一次,"当一群身着海员服、带着浓重的伦敦口音的年轻人来此野餐时",那位植物学教授正在

> 专心致志地讲解气味辛辣的海生植物。一看到这帮年轻海员,卢梭立刻就尾随了过去! 由于肩负着保护卢梭的重任,这位教授也只好跟了过去。在一阵紧追猛赶之后,这位教授终于把卢梭拦了下来。看到四下无人,卢梭就正色地告诉那位教授道:据他观察,不仅海生植物有股辛辣味,就连那帮海员也都有股辛辣味。

在奇斯维克,卢梭还可以避开与休谟一同寄居在"俪人街"的路易斯-弗朗索瓦·唐奇恩(Louis-Francois Tronchin)。这个年轻人(他很同情卢梭的遭遇)很清楚他这个日内瓦同胞内心里的想法。唐奇恩曾告诉他的一个朋友:一听到唐奇恩这个名字,卢梭就心生厌恶,而且卢梭坚信,他(路易斯-弗朗索瓦)可能是专门派来监视其一举一动的,目的是为了迫害他,甚至是为了要暗杀他。唐奇恩一定是将此事告诉了他的父亲,提奥尔多·唐奇恩医生,在3月初的回信中,提奥尔多·唐奇恩表示,他对此一点也不感到惊讶。

> 卢梭深受清高和多疑之苦。它们就像两个恶魔,与卢梭如影随形,寸步不离。如果他认为我们也对他穷追猛打的话,那他真的是太不了解我们了。我同情他。在我所认识的人中,没有比他更不幸的了。他失去了所有的朋友,就连他的祖国也都背弃了他。他的内心饱受懊悔的煎熬,他走到哪里,懊悔就跟到哪里。他之所以这么畏惧和嫉恨我,全因为他知道我了解他。

在1759年7月之前,卢梭曾一度是唐奇恩医生的病人和朋友。当唐奇恩医生敦促卢梭放弃其在法国的离群索居的孤寂生活重返日内瓦,并质问卢梭"一个自称是全人类朋友的人,怎么就不能成为我们生活中的实实在在的朋友呢"时,他们就恩断义绝、分道扬镳了。

但是,如果说避开路易斯-弗朗索瓦·唐奇恩可以让卢梭的心灵获得一种暂时的平静,那么,奇斯维克所带给他的是心理上的更大慰藉:因为正是在那里,他的"管家"勒·瓦瑟最终来到了他的身边。自从圣皮埃尔岛一别,他们已经有四个月没见面了,这是近 20 年来他们之间最长的一次别离。卢梭很是想念她,并央求她能早点过来与他团聚。她虽然早已抵达巴黎,但是,由于对横渡英吉利海峡心存畏惧——这也是自然的,她一直没有动身。

不过,天无绝人之路,办法总会有的。不过,关于勒·瓦瑟此次旅程的具体细节,卢梭一直都被蒙在鼓里。当然,这样做自有其理由。

最终是詹姆斯·鲍斯威尔这个年轻的登徒子帮助卢梭解决了这个难题(也即将勒·瓦瑟带至英国)。

那时,鲍斯威尔的欧洲之行正接近尾声,并在休谟和卢梭离开巴黎约第三个星期后抵达巴黎。在 1 月 27 日星期一拜访约翰·威尔克斯(John Wilkes)的时候,鲍斯威尔无意中拿起了一张《圣詹姆斯纪事报》(*St. James's Chronicle*),并看到了其母亲已经辞世的消息。那天晚上,鲍斯威尔便到妓院里去寻找慰藉。第二天,其父亲的来信不仅证实了这个噩耗,而且还要求鲍斯威尔回家奔丧。鲍斯威尔"悲恸欲绝"。星期三,在得知勒·瓦瑟也在巴黎后,鲍斯威尔就四处打听她的住处,最后在位于圣马可大街(the rue St Marc)的"卢森堡公馆"(Hôtel de Luxembourg)找到了她,她那时正和卢森堡公爵夫人(the Duchesse de Luxembourg)呆在一起。勒·瓦瑟向鲍斯维尔吐露了她对于这次伦敦之行的担心。"如果我们能结伴去伦敦就好了。"勒·瓦瑟说道。而鲍斯威尔则回答道,这也正合他的心意。勒·瓦瑟与卢梭一直保持着经常性的联系。勒·瓦瑟将卢梭写给她的信出示给鲍斯威尔看。很显然,勒·瓦瑟能读懂卢梭的信,也一直谨守卢梭关于如何清洗其新衣服,以及将来如何谨言慎行的教导:"你应该多经历一些磨难"。"一个十足的江湖骗子。"鲍斯威尔评论道。

1 月 31 日,星期五,依然沉浸在丧母之痛、心情异常低落的鲍斯威尔,带着勒·瓦瑟踏上了回乡的归程。

在去伦敦的途中,鲍斯威尔和勒·瓦瑟之间到底发生了什么事,并没有直接的书面记载。鲍斯威尔的"日记"中关于 1766 年 2 月头 11 天的记载也都不翼而飞。而取而代之的是一句简明扼要的评论——"这一部分内容应该受到谴责。"鲍斯威尔的一位遗稿保管人曾这样写道。不过,经由拉尔夫·艾沙姆上校(Colonel Ralph Isham)的努力,这段被隐去的日记内容逐渐浮出了水面。作为鲍斯威尔手稿的保管人,艾沙姆上校肯定读过这部分日记的内容。据负责鲍斯威尔手稿编辑工作的弗兰克·布雷迪(Frank Brady)和弗雷德里克·波特尔(Frederick Pottle)称,透过"鲍斯威尔的笔记所透露出的蛛丝马迹",这段故事"最终得以复原"。

事实上,鲍斯威尔原本并没有打算引诱勒·瓦瑟。但在伦敦之行的第二个晚上,他们就同床共枕了。

鲍斯威尔最初的"尝试"可以说是"一场完败",只是在勒·瓦瑟的安慰下,他才重拾一些信心。他渴望得到勒·瓦瑟的褒奖,难道他不比卢梭更年轻、更激情澎湃吗?不过,翌日早晨,他收到的却是勒·瓦瑟的对于其昨晚表现不佳的责骂:"我承认你是一个身体健壮且精力充沛的情人,但你毫无技巧可言。"看到鲍斯威尔一脸的沮丧,瓦瑟又忙不迭地给他提建议。那一晚,为了重振雄风,鲍斯威尔还特意喝了一瓶红酒。勒·瓦瑟的建议是:不仅要热情,而且还要温柔,切勿仓促行事。与此同时,他应该更好地利用他的双手。鲍斯威尔写道:她骑着他,"气喘吁吁,就像是一个骑技不佳的骑手,沿着坡道疾驰而下"。当鲍斯威尔越来越厌烦勒·瓦瑟的这种技术说教时,他试图将话题转向卢梭——去听听他的一些哲学格言,但这只是让勒·瓦瑟更加厌烦。他反思道,和一个老男人的情妇纠缠不清本身就是一个错误。

与此同时,卢梭正焦急地渴盼着勒·瓦瑟的到来。2月6日,在给巴芙勒夫人的信中,卢梭写道:想必他们现在已经抵达英格兰了吧?

勒·瓦瑟和鲍斯威尔于2月11日星期二抵达多佛港,然后就直接上床休息。作为整个旅程的总结,鲍斯威尔最后一天的日记记述了他一路的战果,也许此时的他已经恢复了骄傲:"2月12日,星期三。昨天早上,我们早早地就上床休息了,并且又云雨了一番。总共做了13次。我对她真是一往情深"。他们呆在一起的时间总共不过十天,考虑到这一点的话,他们做爱的次数即便不算超常,也算得上让人印象深刻。

在2月11日的午后,在罗切斯特,他们吃了这一天的第一顿饭,吃的是牛排。2月12日晚,勒·瓦瑟可能住在休谟那里。13日,鲍斯威尔"直奔勒·瓦瑟的住处——那时,是休谟陪在她的身边",吃过早饭以后,就直接将勒·瓦瑟护送至奇斯维克。在去奇斯维克的途中,鲍斯威尔向勒·瓦瑟说道:在卢梭或勒·瓦瑟辞世之前,他会一直保守这个秘密的。

自从上次一别,鲍斯威尔已经有一年半的时间没有见到卢梭了。尽管他们热情地相互拥抱,但对于卢梭如此老态龙钟、如此羸弱不堪,鲍斯威尔还是感到有些震惊和失望。他们有一搭没一搭地攀谈了起来。卢梭谈到想移居威尔士,于是,鲍斯威尔就问道,苏格兰是否有这个荣幸?对此,卢梭回答道:"我要像国王那样行事,我将把自己的身体放在一个地方,而把自己的心放在另一个地方。"

在奇斯维克与瓦瑟挥手告别之后,鲍斯威尔又让他正在承受丧妻之痛的父亲多等一段时间,因为鲍斯威尔并没有直接回家奔丧,而是直奔位于佛里特街的"冠冕酒馆",与他的老朋友约翰逊博士(Dr Johnson)叙旧。当得知鲍斯威尔与威尔克斯和卢梭混在一起时,约翰逊立马对他进行了大肆数落。"博士,难道在您的眼中,卢梭真的是个坏人吗?"鲍斯威尔不解地问道。约翰逊回答道:"先生,卢梭是个十足的坏家伙。与这些年从老贝利街的'中央刑事法院'走出来的那帮恶棍相比,我倒宁愿先签发他的遣送令。是的,我愿意把他遣送到种植园当苦力。"

一个月后,当伯爵元帅得知卢梭与勒·瓦瑟重逢的好消息后,他致信卢梭道:"得知勒·瓦瑟小姐已经抵达,我甚感欣慰,也很高兴鲍斯威尔能以为您效劳为荣。他是一位名副其实的正人君子,一位无可挑剔的绅士。"

就在卢梭和瓦瑟重逢后不久,卢梭就去了一趟伦敦,并坐在位于哈利街67号的画室里让画家阿兰·拉姆齐(Allan Ramsay)给他画了一张肖像画。第二年,拉姆齐就成为英王乔治三世的御用画师,也就再也不给私人画像了。他是大卫·休谟的挚友:1754年,他们一道在爱丁堡成立了一个辩论俱乐部——也即爱丁堡的"群贤会",也正是在1754年,拉姆齐第一次为休谟画肖像——画中的休谟头戴学者帽,身穿绘有图案的白色马夹。

拉姆齐1766年给卢梭和休谟所绘的画像向来被公认为是他最优秀的

作品之一。拉姆齐不仅此前从未见过卢梭,而且对卢梭的作品也并不感冒。后来,在给狄德罗的信中,拉姆齐用贬损的语言描述了卢梭对于"自然"的称颂:"那些沉湎于形上之思的人往往会发现,现实生活中的日常需求是多么的庸俗无聊。然而,当一个人连衣食住行的基本需求都无法得到满足的时候,他将不得不放弃对诗歌、绘画以及哲学所有悦人的分支的追求,取而代之的则是拥抱卢梭贫瘠的自然。"

尽管拉姆齐基本是在同一个时间给卢梭和休谟作画的,但这两幅画像却存在着显著的差异。画中的休谟头戴假发,身着一套金黄色和猩红色相间的外交制服,内穿一件袖口镶有蕾丝的衬衣。神情平静而庄重。他正在直视前方,一双眼睛又大又圆。他看上去不像是在凝视我们,而像是若有所思,而他那在阴影中若隐若现的左脸更是强化了我们的这种印象(对英国当时的肖像画家而言,光和影都是表现人物个性的极其重要的手段)。在某种程度上讲,休谟是生活在一个隐匿的世界里。尽管有着宽脑门、双下巴,但画中的休谟看上去并不像人们所描述的那样"肥硕"。作为当时最为常见的一种艺术表现手法,休谟的左臂倚靠在皮面装订的两册厚书上面,仿佛是在告诉我们:画像中的这个人是一个博学之人。但是,除此之外,画像中所呈现的休谟还是个成熟稳重、富于理性、思想深邃、慎思明辨之人。

在研究这两幅画像的过程中,哲学家奈杰尔·沃伯顿(Nigel Warburton)指出:休谟很少穿如此华美的衣服。在认真检视这幅画作之后,甚至连国王乔治三世也敏锐地指出这一点,对此,拉姆齐回应道:"我希望我们的后代将会看到:在陛下您的英明统治下,一个哲学家也可以过上一种锦衣玉食的生活。"当然,休谟曾经做过一段时间的外交官,沃伯顿据此猜测:拉姆齐之所以把休谟画成这样,实际上是在以一种心照不宣、令人捧腹方式向休谟的自我认知——他是"学术界派驻谈话界的一位大使"——致敬。但不管怎么说,有证据表明:在过去的某段时间里,休谟曾非常喜欢这身装扮。在都灵,休谟对于他那身镶有蕾丝的精美制服的钟爱,曾让一个海军少将忍俊不禁,这位海军少将提醒休谟:海上的空气或许会让他的"蕾丝纽扣"锈迹斑斑、光泽尽失。

拉姆齐对于卢梭的描绘更加引人瞩目。卢梭坐在离画家很远的地方,他的脸侧向一边,只给我留下半张脸的轮廓。由于身体的角度,卢梭不得不用眼角的余光来打量我们,目光中透露出一丝不安、忧虑,甚至疑惧。而光线的处理又强化了这种效果:只有他的脸部和肩部沐浴在亮色之中。画面中的卢梭看起来瘦削、疲倦、憔悴。身上穿的依然是他平素所穿的那件亚美尼亚服,当然也少不了那顶皮帽。卢梭用其右手紧紧地抓住披风的边缘,"摆出一副保护性的架势",就像沃伯斯顿所说的那样。但是,卢梭也未能免俗:这个"敏感"之人用他的手指直指自己的心胸。

刚开始,卢梭似乎对这幅画像很满意。在致杜·佩鲁的信中,他写道:"一位优秀的画家"给他画了一副肖像画。不仅国王想欣赏这幅画作,而且还要将它制成雕版画。随后,在该年的 5 月,休谟给巴芙勒夫人寄去了六幅复制品,让她分发给"卢梭的仰慕者"。休谟告诉巴芙勒夫人:它源自"拉姆齐为卢梭所画的那幅著名的画像"。

在从拉姆齐的画室返家的途中,卢梭听到了一个让他深感震惊的消息:他的"苏丹"不见了。这已经不是第一次了。这条狗给卢梭带来了"难以置信的麻烦"。就在两个星期前,也即 2 月中旬,在给德·巴邦塔纳夫人的信中,休谟就曾提到过"苏丹"的一次恶作剧,尽管他是想藉此说明其主人(卢梭)无人不晓的名声,而不是意在说明"苏丹"的顽劣。"事关他的每一件事件,哪怕是最微不足道的琐事,都会出现在报纸上。不幸的是,有一天他的狗走失了。这件事次日早晨就见报了。不久,我意外地找到了苏丹。作为一条好消息,这则信息很快地就在公众中传开。"

现在"苏丹"又再次走失。卢梭的一位仰慕者信誓旦旦地向心烦意乱的狗主人(卢梭)允诺:他会在报纸上登一则寻物启事,果不其然,在 1766 年 3 月 4 日的《广而告之》(*Public Adversier*)上,就出现了这样一则"寻物启事":

> 上星期六的晚上,一条小耳朵、短尾巴的棕色小狗于肯辛顿(Kensington)和奇斯维克之间走失。凡是将其送至泰晤士河畔杂货商普莱恩家之人,都将会获得五先令的薄酬。

事实上，根本就不需要酬谢。因为"苏丹"自己回到了普莱恩家。

对于卢梭而言，拉姆齐为其画像这件事之所以让他刻骨铭心，还有另外一层原因，那就是：正是在拉姆齐的画室里，卢梭最终解决了一直困扰着他的住房问题。

在这段时间里，卢梭始终没有放弃移居威尔士的打算。而休谟，用他自己的话说，则是"万般阻挠"，因为他认为，越是接近于文明，卢梭就会生活得越开心。在给·巴邦塔纳夫人的信中，休谟写道："成百上千的人愿意帮助我安顿他。您甚至可以相信：全英国的钱包和住屋都向他敞开着。"

在这成百上千愿意提供帮助的人中，有一个名叫威廉·菲茨赫伯特（William Fitzherbert），他是德比郡的议员和商业专员，同时还是加里克和约翰逊社交圈中的一员。通过加里克，菲茨赫伯特表示愿意让卢梭寄宿在他位于德比郡阿什本（Ashbourne）附近的家中。不过卢梭还是婉言谢绝了，因为菲茨赫伯特的妹妹也住在他家中。据休谟称，"卢梭担心他住在那里会给菲茨赫伯特的妹妹带来不便"。但就在此时，菲茨赫伯特的一个邻居也提出了同样的邀请，同样也是让加里克代为传话。就这样，理查德·达文波特（Charles Davenport）①这位悲天悯人、慷慨宽宏的绅士就走进了卢梭的生活。

在给休·布莱尔的信中，休谟对达文波特有着这样的描述：他是"英格兰北部一位年入五六千镑的绅士，他宅心仁厚、通情达理"。他有一栋房子地处偏远，但"这很投合卢梭狂放不羁的想象和孤寂的脾性"。

由于上了年纪，再加之腿有残疾（一条腿长，一条腿短），达文波特经常饱受痛风之苦。他曾先后就读于西敏寺中学（Westminster School）和剑桥大学，而且还曾在"内殿法律学院"（the Inner Temple）攻读过一段时间的法

---

① 位于斯塔福德郡的"伍顿山庄"的主人。1766年3月，他将其借给了卢梭居住。此外，他还拥有其在柴郡的祖产——达文波特，以及其他三处房产。在休谟的笔下，达文波特是"一位非常善良，但同时又非常富有之人"。在当时，在一位绅士年入只有300英镑，而一位生意做得还不错的商人年入只有400英镑的情况下，他的年收入已经高达6 000至7 000英镑。在遇到卢梭时，他已是一位上了年纪的鳏夫，一只腿有残疾，且饱受痛风的折磨。他膝下有一双孙儿——菲比和戴维斯（Phoebe and Davies），他们与卢梭相处融洽。

律。达文波特曾将其家族追溯到公元 12 世纪,并于不久前刚将其位于柴郡(Cheshire)达文波特(Davenport)的祖产购回。卢梭后来的避难地"伍顿庄园"(Wootton Hall),就坐落于斯塔福德郡(Staffordshire)的群山之中(由于离德比郡非常近,人们常常误以为它属于德比郡)。

为了确保卢梭能够顺利入住,休谟就"伍顿庄园"向菲茨赫伯特提出了详细的问询,从这些问询中,休谟对于卢梭未来福祉之关切由此可见一斑:

一:达文波特先生的"伍顿庄园"周围是否绿树成荫、群山环绕?

二:待卢梭搬过去后,如果觉得合适的话,他能否在达文波特先生的庄园里煮茶做饭,以至于可以使其感到宾至如归?

三:达文波特先生能否仁慈为怀,少收一点房租? 因为就卢梭目前的经济状况而言,我发现这实属必要。

四:卢梭先生能否现在就搬过去住?

休谟随后告诉菲茨赫伯特,他已经将达文波特先生的好意(也即将伍顿老宅提供给卢梭住)告知卢梭,卢梭"看上去非常喜欢",并表示:如果达文波特先生愿意收租金的话,他将接受他的好意。休谟最后建议,租金一年 30镑,"食宿费和茶水费"包括在内。休谟先是于 2 月底亲自与达文波特见了一面,然后又于 1766 年 3 月 1 日星期六在拉姆齐的画室安排卢梭与达文波特见面。

然而,卢梭对此并不买账,他向杜·佩鲁抱怨道:每当他下定决心要搬往一个地方时,每个人都想方设法让他改变初衷。

休谟只得继续心力交瘁但又徒劳无益地为卢梭寻找着房子。不过卢梭最终还是决定住进理查德·达文波特的宅邸——"伍顿庄园"。卢梭告诉杜·佩鲁,他打算于 3 月 19 日离开,从而"给他在这里的生活画上了一个圆满的句号"。

休谟担心,卢梭现在的满意并不会持续多长时间。"从没有一个人像他这样,本应该过得很幸福,但出于本性,他根本就无力去赢得这种幸福。"对狄德罗、唐奇恩和休谟而言，那种孑然一身、形影相吊的孤寂生活是不自然的、拂逆天性的。卢梭深信，自然具有至高无上的地位，但这显然威胁到了狄德罗、休谟等人所钟爱的理性话语。

休谟提议，在 3 月 18 日，在乘车北上之前，卢梭和勒·瓦瑟应该在"俪人街"住上一晚。

昔日患难与共的盟友、今日分道扬镳的陌客

卢梭是一位专门描述人类苦难的卓越哲学家。

——茱迪·史可拉教授

休谟拿起他的笔，一种哲学体系应声倒下。

——约翰·霍姆

如果单看休谟对于卢梭的褒赞和崇敬之词,我们一定会认为,在1766年的头几个月里,休谟必定是伦敦最幸福的居民。在一封接一封的信中,休谟对他的客人(卢梭)总是不吝溢美之词,言辞间无不是在向世人证明:他们相处甚欢。

　　因此,在1月19日给巴芙勒夫人的信中,休谟称,卢梭具有“一颗热情洋溢的心”,“在谈话时,他常常能点燃人们心中的能量,并激发人们的灵感。我非常喜欢他,并希望能与他同欢喜、共悲愁”。

　　2月2日,休谟给其兄长修书一封,在信中,对于卢梭最终决定选择到伦敦而不是到柏林定居,最终决定选择他而不是弗雷德里克大帝作为其保护人,休谟给出了一个冠冕堂皇的解释:“卢梭……来到斯特拉斯堡,他本打算投奔普鲁士国王,因为这位国王曾盛情邀请卢梭与他一起生活。在斯特拉斯堡,他收到了我的信,在信中,我允诺倾力相助,正是我的这封信让卢梭改变了心意,于是,在弄到了一张法国国王所颁发的通行证之后,他便赶到巴黎与我会合。”不仅如此,休谟同时还写道:卢梭是一个“极其谦恭平和、富有教养、性情柔顺、古道热肠之人。他看起来很容易相处。我还从未看到有谁比他更适合于友善的交际,并从中获得更多的乐趣”。休谟对于卢梭的尊崇之情溢于言表。

　　准确地说,两个星期后,休谟便与那位曾严厉地警告他——也即警告

141

他，他这是在重演农夫与蛇的故事——的霍尔巴赫划清了界限，在给德·巴邦塔纳夫人的信中，休谟写道：

> 卢梭的对头们甚至让您怀疑起他的真诚，而在这方面，您一直以来都乐于倾听我的意见。在与他共同生活了这么长一段时间、并从方方面面了解他之后，我现在更有资格做出评判。我可以向您断言，我还从未见过有谁比他表现得更和蔼可亲、更善良正直的了。他温和、礼让、谦恭、饱含深情、刚正不阿，最重要的是，他秉有一颗高度善感的心。如果要找缺点的话，我会说，他的缺点在于稍有一点急躁，就像人们所告知我的那样，这有时会使他对那些烦扰他的人说出一些不恭之词。在日常交往中，由于太过敏感，他常常无端怀疑其最好的朋友。当其过分活跃的想象力发挥作用时，他就会凭空捏造出许多幻境，将其推至荒谬的极端。我还没有亲见过这种情况，但舍此我实在无法解释他和几位高才大德何以会如此水火不容，尽管他们曾一度亲密无间。一些十分厚爱他的人也曾告诉我：很难与他长时期生活在一起、并保持其友谊。但就我而言，我认为我们可以共度一生，毫无发生争吵的危险。

霍尔巴赫也收到一封类似的短笺。这位德国侯爵随即用英语回复道：他很高兴休谟"不会因为他所表现出来的善心而噬脐莫及……我希望我极为珍视的一些朋友都少一些理由去抱怨他（卢梭）的处事不公、借题发挥、忘恩负义。我衷心希望在您的国家卢梭能良心发现，认识到自己无中生有的猜疑和坏脾气已让他众叛亲离。"在信的末尾，霍尔巴赫还说了一句意味深长的话："格里姆先生向您致以真诚的谢意，感谢您在卢梭手稿方面所提供的服务。"研究卢梭的著名学者 R. A. 利（R. A. Leigh）就怀疑卢梭是否曾将其《忏悔录》中与格里姆相关的内容读给休谟听。如果真是这样的话，那么很久之后，休谟一想到自己同样会出现在《忏悔录》中就惊恐失色便情有可原了。

在大肆颂扬卢梭的同时，休谟还不遗余力地为卢梭争取皇家年金。休谟是在回英格兰的航船上向卢梭提及此事的。1月下旬，休谟告诉巴芙勒夫人:他的一个"深受乔治三世宠信"的朋友,已经向国王陛下谈及此事。从原则上讲,国王陛下已经应允向卢梭提供一份年金,但至于是否接受,卢梭还要征询其"父亲"——也即身在柏林的伯爵元帅——的意见。同时,由于卢梭是一个富有争议的人物,所以这份年金不会向外界公开。"您知道,我们的国王极其谨慎和正派,他力争小心从事,以免对卢梭有所冒犯。正是出于这种考虑,陛下要求大家绝不要将他所做的这件义举外传。"在信的"附言"部分,休谟提到这份年金的金额为每年一百英镑,"跟我们朋友的微薄收入相比,这可是一笔十分丰厚的收益"。

休谟之所以能接近乔治三世,全仰仗康威将军的鼎力相助。而在当时,康威将军正因为其他一些更为紧要的国事而忙得焦头烂额。罗金厄姆政府,特别是康威将军本人,正深陷"印花税法案危机"(the Stamp Act Crisis)。"七年战争"已经耗空了英国的国库。因此 1765 年 2 月,在前格伦维尔内阁当政期间,专门针对"公文"或"官方单据"(包括报纸、结婚证明、遗嘱等)所征收的印花税,也落到了北美殖民地人民的头上。这一做法激怒了北美殖民地人民,因为他们在英国议会没有代表,所以,对于自己被课征"印花税",他们毫不知情,政府也从未征询过他们的意见。面对大西洋两岸的抗议浪潮,以及国内商业利益集团的反对,新上任的罗金厄姆政府正在积极寻找途径,试图在废除不得人心的"印花税法案"的同时,坚决维护英国议会向北美殖民地人民"征税"的权利。而在当时的英伦诸岛,这样一种观念非常流行,也即作为"七年战争"的受益方,北美殖民地人民应当支付一部分战争费用,因为正是"七年战争"消除了法国对于北美殖民地的威胁。

在《乔治三世回忆录》中,沃波尔记载道:"大臣们的处境已是岌岌可危。"康威将军因处置紧急情况不利而受到格伦维尔的指责。与此同时,乔治三世也在一旁煽风点火,煽动民众反对自己的阁僚大臣,唯恐其对北美殖民地人民的征税权受到威胁。

或许是因为不堪重负,康威将军最后病倒了。按照沃波尔的说法,康威将军"突发坏血病,并患上了感冒,由于没有给予足够的重视,因此病情加重,高烧不退"。在乡下庄园疗养期间,尽管外边寒风刺骨,康威将军仍然坚持外出散步,以致旧病复发。因此,在康威将军康复以前,卢梭年金的事情不得不搁置一旁。

因此,在卢梭年金的问题上,休谟未免高兴得太早了。在这里,我们不妨把时间向前推进一点。虽然伯爵元帅的首肯信早已从柏林寄来,但康威将军直到5月2日才向乔治三世言及此事。就在同一天,康威将军以非常正式的方式给休谟去了一封信,信中写道:"国王陛下欣然同意赐给卢梭一笔一百英镑的年金,只希望能将这件事秘不外传。"因为没有卢梭的地址,所以康威将军只能请休谟代为传达国王陛下的好意:

> 如果卢梭先生愿意接受这份惠赐,国王陛下将会由衷地感到高兴:既高兴于能为卢梭先生提供一些力所能及的便利和帮助,也高兴于能在当世最杰出的高才大德争取惠助和保护的过程中贡献自己的一份力量,这种惠助和保护将为这个国家增光添彩,特别是将为这个国家的王室增光添彩,因为所有的惠赐均出自王室之手。

第二天,休谟就把康威将军的来信转寄给卢梭,并提醒他,在回信表示接受王室馈赠的同时,也对康威将军的惠助致以谢忱。在信的末尾,休谟还给卢梭提出了一些忠告,意在安慰受到伦敦报纸嘲弄的卢梭:

> 我亲爱的朋友,如果您一定要远离芸芸众生,请不要立即拒绝社交的消遣和慰藉,并沉溺于由于人们的虚妄和错谬之见所带来的痛苦之中。康威将军这封信中的措辞或许可以使您确信,全英国的高才大德是何等地敬重您。我们只是希望,一如我们喜欢您的陪伴一样,您也喜欢我们的陪伴。

尽管休谟在公开场合一再表明他与卢梭相处融洽,尽管休谟一直在为卢梭寻找一个安身立命之所并最终敲定那份年金而积极奔走,但奇怪的是,当卢梭最终离开伦敦的时候,用《每月评论》(*Monthly Review*)上的话来说,他和休谟都一致同意:"不再用定期的书信往来来叨扰对方",如若通信,也只是谈年金问题,这样的话,"就免去了继续通信的麻烦"。

"麻烦"一词听起来相当怪异,在这样的一个信札时代——人们每天都会写信,而且几乎总是能收到回信(而正是这一事实使本书的写作成为可能）。难道作为"庇护人"的休谟和作为"受庇者"的卢梭不想保持联系吗？

唯一的可能就是，不管休谟在信中做出何种表白，实际上，对于负责和照料卢梭这件苦差事，休谟已感到心力交瘁，不堪重负。正如威廉·鲁埃在1月中旬的信中所指出的那样："'这位雄狮的看护者'已对他的学生心生厌倦。"而有"苏格兰的莎士比亚"之称的约翰·霍姆（John Home）也注意到："对于这位哲学家（指卢梭）总是对勒·瓦瑟和'苏丹'俯首帖耳、言听计从"，休谟变得越来越失望。

查尔蒙特勋爵（Lord Charlemont）也注意到了休谟对于卢梭态度的前后变化，当他在公园里与休谟偶遇时，他曾于无意间触动了休谟对于卢梭的不满：

> 我希望他能乐享他与卢梭的那种令人愉悦的关系，我还专门暗示，我坚信，能交到这样一位新朋友，他一定非常开心，因为我觉得他们俩的性情非常相近。而他却说道："老兄，根本就不是那么回事，你搞错了！卢梭并非如你所认为的那样。实际上，他是一个非常敏感且天资颖慧之人，但是，我们的看法绝不相同。他对《圣经》非常尊崇，他实际上只是在以自己的方式做一个不折不扣的基督徒。"

休谟对卢梭所持的保留意见，不仅反映出他对卢梭怪异的看法和孤僻的个性的不安，而且还反映了一直烦扰着他的对于卢梭之诚实的怀疑。卢梭真的像他对外宣称的那样吗？横渡英吉利海峡的那段风雨如磐的航程，已经表明卢梭是何等的强健，尽管他一直抱怨自己病痛缠身。那么他的经济状况又如何呢？是不是也要比表面上看上去的更加坚实稳固呢？早在巴黎，休谟就对卢梭真实的经济状况产生了怀疑。很显然，在卢梭对其惨淡的经济状况大倒苦水之后，休谟曾小心翼翼地让他的一些法国朋友对卢梭的财产状况做了一番调查。可能是因为休谟的一位哲人朋友曾向他透露：这位日内瓦人远不像他自称的那样穷困潦倒。实际上，当这位功成名就的作者逃离法国之时，他根本就不缺钱。因为《新爱洛漪丝》、《社会契约论》和《爱弥儿》的出版，为他挣得了高达14 000法郎的稿酬。

回到伦敦之后，休谟对于卢梭财产状况的调查并没有停止。据说，受休谟委托,巴芙勒夫人曾专门向若苏埃·德·鲁杰蒙(Josué de Rouge-mont——一位巴黎银行家,自 1766 年起,卢梭就与这位银行家有业务往来——打探此事。在致巴芙勒夫人的信中,休谟道出了他的真实意图:"我之所以对此事寻根究底,仅仅是出于好奇。因为即便所查访出来的事实与他自己的说法不符——这不太可能,我也只是认为他身上又多了一个缺点而已。我不会仅仅因为这件事就对好感大打折扣。"但是,很显然,休谟之所以急于想知道这件或许会"对卢梭不利"的事情,并不只是为了满足自己的好奇心。虽然休谟口头上说这只不过是卢梭身上"又多了一个缺点而已",但事实上,休谟对于卢梭的"好感"已在不知不觉间受到了腐蚀。

应休谟之请,在巴芙勒夫人不知情的情况下,巴邦塔纳夫人也就卢梭的财产情况向那位巴黎银行家进行了垂询。2 月 16 日,休谟再一次提醒她道:"我不知道您垂询鲁杰蒙先生是否有什么结果?"与此同时,休谟还请霍尔巴赫从中帮忙。就这样,当初的"纯粹好奇"开始演变成一种不达目的誓不罢休的"刨根问底"。当然,对于伦敦和巴黎之间的这些往来信函,对于人们翻箱倒柜地查证他的财产状况,卢梭仍一无所知。

尽管我们还不清楚到底是通过何种途径,但是,到了 4 月初,休谟的查证工作终于取得了实质性的进展。尽管巴芙勒夫人、巴邦塔纳夫人和霍尔巴赫一无斩获,但 4 月 3 日,在给巴芙勒夫人的一封长信中,休谟写道:

> 就其处境而言,卢梭先生并不可怜。因为我还发现:除了他在巴黎向马尔泽尔布院长和我提到的收入,他还有其他一些小的收入来源。喜欢抱怨是他的一个缺点。事实是,他并不快乐,但他更愿意将其不快乐的原因归之于他的健康状况、境遇和不幸,而不是归之于他阴郁的性格和脾气。

1766 年 5 月 2 日,一封用法语写就的便笺——可能是写给让-查尔斯·特吕代恩·德·蒙蒂格尼(Jean-Charles Trudaine de Montigny)的,蒙蒂格尼不仅是一位开明的经济学家,而且还是法国当时的桥梁和堤坝工程的财政稽查官,与此同时,他还曾翻译过休谟的《宗教自然史》——不仅透露了卢梭即将获得皇家年金的"秘密",而且还补充道:卢梭试图通过抱怨自己的穷困潦倒和健康不佳来博得人们的关注。但是,休谟还于"偶然"间发现:卢梭还有其他的收入来源,但是,"在他向我们交代其财产状况时,他刻意向我们隐瞒了这一点"。其实,"偶然"一词并不能准确地反映休谟坚持不懈的查证工作,而且到目前为止,休谟的查证工作并没有结束。

随着休谟对于其声名遐迩的"学生"越来越心存戒备,卢梭也变得越来越焦躁不安。尽管他现在身处自由之地,但一系列事件的发生着实让他心绪难平。

其一,正如我们所知道的,在初到伦敦之时,卢梭已获悉,年轻的路易斯-弗朗索瓦·唐奇恩就住在休谟位于"俪人街"的寄宿地。

其二,在当时的巴黎和伦敦,一封冒用普鲁士国王之名对卢梭大肆讥诮的伪信风传一时,它嘲讽卢梭以沉湎于不幸为乐事。在卢梭离开巴黎前往英格兰之前,这封信就已经现身巴黎,此后,随着卢梭登陆英伦,这封信也尾随而至,并在伦敦风传。1 月 18 日,在给巴芙勒夫人的信中,卢梭写道:休谟刚刚告诉我——

> 这封假托普鲁士国王之名写给我的伪信。虽然让我倍感荣幸的是:每当我身处困境时,普鲁士国王总是挺身相助,给予我以最果敢的庇护和最慷慨的惠施,但他从未给我写过信。既然所有这些谎言永无休止,至少在短时间内不会偃旗息鼓,那么,我倒是热切地希望人们能够发发善心,还是不要让我知道为好。

第二天,在给巴芙勒夫人的信中,休谟也提到了普鲁士国王的这封信,并说,卢梭怀疑是伏尔泰伪造了这封信。

其三,卢梭一直在为没能找到一个远离熙熙攘攘、人声鼎沸的伦敦的永久居所而苦恼。相比较而言,休谟更倾向于将卢梭安顿在德比郡的荒郊僻野之中,而不是安顿在威尔士荒无人烟的崇山峻岭之中。正如休谟向其老朋友长老会派牧师休·布莱尔所解释的那样:

卢梭与休谟

尽管我费尽口舌,极力反对,但他还是一意孤行,执意要投身于那片荒僻之地。但不难预见,在那种环境下他是不会快乐的,实际上,一直以来,无论在何种境况下,他总是郁郁寡欢。在那里,他将失去所有的消遣,没有友伴,几乎没有任何娱乐。在他的一生中,他很少读书,现在更是彻底地放弃了所有的阅读:他很少读书,也缺乏看书或评书的好奇心。确切地说,他很少进行思考和研究,而且也的确没有多少渊深的知识。在他的整个人生历程中,他只是在感受。在这方面,其感受之灵敏可以说超过了我所见过的任何人,但这种敏感性使他对于痛苦而不是快乐有着更为锐利的感受。他就像一个不仅被剥去了衣服而且被剥去了皮肤之人,并在这样一种状况下与那些不停地搅动着这个鄙俗的世界的狂风暴雨搏斗。

休谟这段极具讽刺意味的分析表明,他对于卢梭的心理状态缺少一种想象性的同情,与此同时,它还表明:无论就个性而言,还是就写作风格而言,两个人都大相径庭、南辕北辙。就个性而言,休谟稳健而节制,而卢梭则天生反叛;休谟是个乐观主义者,而卢梭则是一个十足的悲观派;休谟喜群居,善交际,而卢梭则喜欢离群索居,总是落落寡欢;在为人处世上,休谟总倾向于妥协,而卢梭则更倾向于冲突。在写作风格上,卢梭钟情于出人意表的悖论,而休谟则推崇言简意赅的明晰;卢梭的语言总是饱含藻饰、摇曳多姿,而休谟语言则更加直抒胸臆、冷峻清奇。此外,尽管他们都身为哲学家,尽管他们都有高深的思想以及表达这种高深思想的能力,但他们却分属不同的哲学世界。他们的人生本没有交集,而他们发生争论的可能性更是微乎其微。

他们都是那个时代的枢纽人物,尽管他们每个人都以自己的方式与那个时代的理性主义——强调理性在人类生活的方方面面所扮演的至高无上的作用——拉开了距离。他们关于理性的推理表明,理性只能为我们做这么多:他们都用理性来证明理性自身的限度。因此,对卢梭而言,要想认识世界,我们不仅需要理性,而且还需要感性(*sensibilité*);对休谟而言,理性绝无法为道德或宗教提供一种支撑。但是,除此之外,他们所着意攻击的标靶是不同的。卢梭所着意攻击的目标是人们对于人与社会之间关系的普遍认知,以及启蒙运动对于人类进步的大肆鼓吹,即人类的生存状况已经取得了进步,而且随着理性和知识的系统应用,人类进步的速度将会日甚一日。而休谟所关心的则是更为根本性的问题,也即人与世界的关系,以及人类的此类声言——他们声称他们了解整个世界。

在哲学史上,休谟"刚问世就夭折"的《人性论》是一部石破天惊的原创性著述,尽管如今,通过其后来的、更通俗易懂的《人类理解论》和《道德原理探究》,《人性论》的大部分内容都已被研究者们所吸收。

休谟对于常识的猛烈抨击所产生的全部影响,不仅在当时让人们惊扰不已,甚至至今依然让人深感不安。通过运用自己最严苛的理性,休谟颠覆了我们习以为常的一些假设所赖以建立的根基:就像是跳到半空中的卡通狗,我们突然发现,下面竟然没有可供落脚的地方。如果说是休谟用他的智慧将我们引入到这样一种进退维谷之境,那么,其内心一定是深怀歉意的。因为这并不是他的本意。甚至其对于宗教的严厉无比、毫不容情的摧毁,也让休谟深感愧负:为了照顾到其亲朋故友的感受,"好人大卫"经常会着意降低其怀疑主义的调门。

休谟就是我们现在所称的经验主义者,也就说,他相信:我们所有的知识都必然起源于我们的经验,而我们的经验又是通过我们的感官获取的。经验主义一向具有一种积极健康的正面形象——至少在英美世界是如此,也即它代表着这样一种哲学:言辞坦率,脚踏实地,而且从不信口开河。如果它是一个人的话,那么,他将是最为忠实可靠的陪审团成员,他明白事理、清白正直、稳健节制。但这并不是休谟意义上的经验主义者。

休谟将经验主义推向其逻辑结论,也就是说,休谟的经验主义是破坏性的、革命性的。休谟指出,如果说知识无法脱离认知者的内在状态或心理状态,如果我们所看到的只是世界的表象,那么,我们就无法确保我们所看到的就是真实的客观世界。我们的感知只是我们的感知而已,谁也无法保证它们是准确无误的,保证它们反映了真实的客观世界。这位苏格兰哲学家表明:如果我们依赖于经验,我们便不能对存在一个外部世界具有充分的信心;我们便不能对我们个人的自我同一性具有充分的信心(即今天之我和昨天之我是同一的);我们便不能对我们视之为当然的"自然法则"——如重力法则和因果律——具有充分的信心。

后来,休谟以"台球"为例来说明这个问题。当人们看到一个台球撞击另一个台球时,是什么原因使他相信第一个台球的撞击将会引发第二个台球的移动? 是的,我们都确信:它会产生这种结果,但为什么会产生这种结果呢? 正如休谟所指出的,因为当我们看到一种关系呈现为因果关系时,我们在现实中所经历的无非是两个事件的前后接续。这种因果关系,是我们看不见摸不着的。我们看不见、摸不着也嗅不到任何必然性的联系。每个撞球的运动都是一个不同的事实。我们注意到:第二个台球的运动是紧接第一个台球的运动而来的。但是,我们完全可以想象:第二个台球并不随第一个台球的撞击而运动。第二个台球或许仍纹丝不动地呆在原地,或者飞了出去,或者这两个台球一接触就爆炸了,或者反而是第一个台球被弹了回去。因此,因果关系问题是与"归纳"紧密相连的,也即基于过去的经验而对未来所可能发生的事件进行推断。但是,我们不能仅仅因为此前太阳一直从东方升起,就从逻辑上做出这样的推论:明天太阳依然会从东方升起。

那么,我们现在该如何解释我们此前一直深信不疑的关于因果关系和归纳的假设呢? 休谟说,当我们看到事件在时间和空间上恒常相连时,我们就会自然而然地做出从此物到彼物的心理过渡。因此,当我们一次次地将手放到火苗附近并由此感受到火的温度时,习俗和习惯便会告诉我们:火的温度是高的,是会烧伤人的。休谟用我们的信念的心理基础来取代我们的信念的逻辑基础。

休谟对于"个人的自我同一性"(personal identity)的反思也同样是与我们的本能背道而驰的。你也许会认为,存在着这样一个经久的实体,也即"自我",这种"自我"不仅构成了本质性的"你",而且也使现在正在理解这些词句的"你"与几分钟前正理解前面那个段落的"你"是同一的,过去上童稚园的,和将来慢慢老去并最终走向坟墓的,都是同一个"你"。据说,卢梭曾跪倒在一朵蓝色的长春花前,因为卢梭断定:这朵长春花正是 30 年前他和华伦夫人一起散步时采摘的那朵长春花。但是,休谟却指出:这种自我同一性观念是不真实的、虚幻的。努力地对你的"自我"进行反思,努力地对被认为构成你的这种不变的实体进行定位,你所能发现的无非是各种迥然有别的知觉。用休谟的话说:"我总是碰到这种或那种特别的知觉,比如热或冷、明或暗、爱或憎、痛苦或快乐、色彩或声音等知觉。我从未抓住一个截然不同于这些知觉的我自己。"闪现于我们脑际的并不是一部有着内在逻辑联系的电影画面，而只是形形色色的快照。

面对休谟怀疑主义的强大破坏力，我们随时都会有心理崩溃之虞。如果我们对于这个世界的运转方式的最深层假定被证明是虚妄的，也即它既不是源于理性，也不是源于感官，那么，我们如何能继续生存下去呢？我们如何能迫使自己每天早上从床上爬起呢？实际上，在《人性论》中，休谟也坦言：他的这些理论思考甚至给他自己也带来了一些负面的影响，使他自己感到心情阴郁、无精打采。但是，他总是能找到一种排遣的办法，从而让生活继续下去。幸运的是，人类只会在短期内沉湎于这种玄思。我们的本能总是能战胜我们的理性：我们总会情不自禁地假定因果关系的存在，总会情不自禁地依赖过去的经验并据此采取行动。正如休谟自己所指出的那样："我就餐、我玩双六，我谈话，并和朋友们谈笑；在经过三四个钟头的娱乐以后，我再返回来看这一类思辨时，就觉得这些思辨是那样冷酷、牵强、可笑，因而发现自己无心再继续进行这类思辨了。"——的确，后来，在对于经济学和历史的思考中，休谟就将个人的自我同一性、人类行为的一致性以及物质世界中的因果关系视为当然的。

在哲学上，休谟对这样一种观念——也即认为道德具有一种理性的基础——进行了类似的诊断。他先是将我们击倒，然后又将我们扶起。首先是颠覆。休谟说，理性无法告诉我们应该如何行动；理性是"完全惰性的"。实际上，在这个世界上，不存在人们非要以某种特定的方式立身行事的逻辑理由。我们一方面承认这个世界上有饱受饥饿折磨的孩童，一方面又否认我们具有不让他们忍饥挨饿的义务，这算不上前后不一或前后矛盾，也算不上错误。逻辑不是分析和解剖道德的适用工具，就如一头牛并不是一场琴乐的合宜听众。正如休谟的另一句名言所说的那样："我宁愿毁灭整个地球也不愿损及自己的一根手指，这并不违背理性"。

如果理性无法支撑我们的道德价值，那么，我们的道德价值又是靠什么来维系的呢？通过考察人性，休谟导源出其道德法则。在休谟看来，我们的行动总是听命于我们的情感。我们天生是各种激情——诸如自私和利他（在休谟那里，他常常用"同情"来代表利他）——的复合体。就天性而言，我们既不是全然地自私，也不是全然地无私。当我们做了一件好事时，"同情"

就会在我们的内心注入一股暖流,让我们倍感适意;而当我们做出一件伤天害理之事时,我们就会倍感落寞。

尽管休谟偶尔会提及由我们内在的同情所产生的有益的后果,但他坚持认为,追问我们为什么会有这种本能是徒劳的。对休谟而言,它只是一种事实性的存在,仅此而已。"我们无须进一步追问,我们为什么会对其他人产生'人道之情'或'感同身受之情'。我们只需明白这是千百年来人们所经验到的一条人性法则就足够了。"所有这些都蕴含在休谟的一句格言里:"理性是,而且应当是激情的奴隶。"

休谟的这些主张都是革命性的,不仅如此,其论断的革命性意涵还体现在另一种意义层面上。休谟将人类与其他动物等同视之。人类对于整个世界的判断实与本能相类,并且休谟还指出:这些本能不仅可以在"凶残的野兽"身上发现,而且还可以在"最无知和最愚昧的农夫"身上发现。"我们与动物共同拥有的、生命所赖以存在的实验性推理本身,无非是一种本能或一种机械性力量。"通过一套基于过去经验的奖惩体系,狗可以得到训练。但休谟同时指出,显而易见的是,狗不能从事于任何复杂的推理。事实上,一如人类,动物只是按照本能机械行事。

虽然休谟当时主要以历史学家名世,但是现在人们研究最多的乃是他的哲学;同样,虽然卢梭当时主要以小说家著称,但现今人们用力最勤的乃是他的政治理论,比如其关于政府和公民之间关系的说法、他的激进主义、他的平等主义、他对自由的理解、其臭名昭著的"公意"概念、他与众不同的"自然状态"观,而所有这一切又与其作为一位前浪漫主义者的身后哀荣密不可分。

卢梭对"自然状态"着墨甚多:在卢梭那里,所谓的"自然状态",即一种没有明确时间界定的远古时期,在其中,在政治机构创立之前,人与人之间直接互动(在当时,政治理论家们出于各式各样的目的来利用这种"自然状态"观)。有时候,卢梭似乎是在用这个术语(自然状态)来指称一种历史事实;而有时候,卢梭似乎只是把它当做一种有用的理论工具。但是,卢梭给"自然状态"概念赋予了一种独特的意涵。与托马斯·霍布斯那种悲观的论调不同——在霍布斯那里,"自然状态"充满了混乱和不确定性,在卢梭那里,"自然状态"并非一种暴烈的无政府状态。恰恰相反,事实上,"自然状态"是一种宁静而安详的田园牧歌状态,在其中,人们过着自由而自足的生活,对自身的福祉具有一种完全适宜的关切,也即具有一种"自爱"(*amour de soi*),与此同时,对于他人也具有一种天生的同情。

那么,是什么腐化了这种原始状态呢? 答案是财产权的发明。财产权滋生出不平等、冲突和战争。财产权在人们的心中播下贪婪和嫉妒的种子,使人们沉湎于相互攀比,使人们沉湎于"一种相互伤害的黑暗心理"。财产权将"自爱"的洁净、单纯和自然的品性转变为一种丑陋的自我满足,一种膨胀的自命不凡,也即"自尊"(*amour-propre*)。当我们受"自爱"主导时,人们便具有一种真诚的、直接的自我认知和自爱,现在,我们是透过别人的眼光来反观我们自己,这就好比我们是在通过一个丑陋的哈哈镜来审视自己。正像卢梭所说的那样:"大自然已按照尽可能最好的方式铸造了万事万物;但是我们仍想做得更好,结果却败坏了它们。"但伏尔泰却发现,卢梭所说的那种原始世界根本就没有什么迷人之处。在读完《论人类不平等的起源和基础》之后,他风趣但不失犀利地告诉卢梭:他(卢梭)"渴慕四足行走"。

不管怎么样,到了此时,被迫四处流亡的卢梭已经摈弃了其对于"自然状态"中的尚未堕落的人类的观点,并开始相信人类发育不全:他们或许自由,或许快乐,或许自足,但是,他们并未得到充分的发展。在"自然状态"下,人们是没有道德意识的,所以也就无所谓善与恶;只有当他们具有道德意识时,他们才能成为有道德的。只有通过加入政治社会,人类才能够发挥自己的潜能,才能使自己高踞于其他动物之上,才能使自己超越受粗鄙的本能所控制的动物性的生活。

卢梭理想的政治社会图景既绝不同于 18 世纪法国的专制统治,也绝不同于其支持者普鲁士的腓特烈大帝的那种开明专制。卢梭的任务在于表明:我们如何才能重获自由,以及自由和法律何以能和谐共生?

卢梭试图通过他的"公意"概念来调和"自由"和"法律"。所谓的"公意"即是共同体的意志,但是,它不是个体意志的累加。相反,它是共同体的善。通过将个体凝聚为一个有机的整体,"公意"就产生了。在卢梭的理论中,对于"公意"在实践中到底如何运作这一具体问题,仍然悬而未决,但是,既然我们都是集体的一分子,那么,"公意"的贯彻和落实对我们每个人都是有益的。

后来的评论家们声称,卢梭的这个观点带有一种不祥之兆。在一段读起来让人不寒而栗的文字中,卢梭曾谈及我们被"强迫自由"。而这也是人们对于卢梭的普遍责难——也即认为他是"极权主义"的始作俑者——的源头。如果一个人被迫遵从"公意",那么,他将不仅被迫遵从"公益",而且还要被迫遵从客观上对其最有利的东西。伊曼努尔·康德和卡尔·马克思都从卢梭那里接过了这个论题。深受卢梭的影响,康德相信:自主在于遵从理性法则;而马克思则借用了卢梭的"虚假意识"的概念("虚假意识"是指这样一种状态,在其中,我们意识不到我们的真实利益)。

卢梭的理论著述与其对于独立的渴求、对清白无辜的孤独的向往,是密不可分的。卢梭著述的一个主旨便是强调不依赖他人的重要性。依赖是所有罪恶的根源;而不依赖他人就意味着享有自由。一心想出人头地是现代人的堕落,为此他们不惜劫掠别人的劳动成果,以期不劳而获。尽管卢梭生活在前工业化时代,但一个世纪以后,其著述中的异化主题在在马克思那里得到了回响和共鸣。在《忏悔录》中,卢梭甚至对"金钱"严词谴责或大加鞭挞:"就其本身而言,金钱一无是处",并声称,"他对于金钱的痛恶多于欣喜"。

在《爱弥儿》中,卢梭对于如何抚养和教育儿童,以便让他们充分享受生活的恩赐有着大胆的描写。首先,应该对儿童不加任何管束。他指出,在这个"消极教育"时期,儿童应该远离所有的书本,除了丹尼尔·笛福的《鲁滨逊漂流记》(*Robinson Crusoe*,1719),因为这是一本优秀的教育书籍,从中儿童们可以学会生存技能和自给自足。通过在共同体之外养育"爱弥儿",其导师将使这个小男孩学会认知自己的意愿,而不屈从于流俗的舆论和"习俗世界"的各种价值。在《爱弥儿》一些段落中,也不乏一些让 21 世纪的西方人颇感刺耳的论述,例如卢梭在文中曾公开宣称:女孩子与男孩子不同,因为"对于女性来说,依赖是一种符合她们本性的状态"。

与休谟不同,卢梭的著述和生活是紧密地交织在一起的,从他的著述中我们总能看到其生活的影子。对于卢梭而言,幸福的状态,就像他在《忏悔录》中所解释的那样,是一种"完全意识不到自己的依赖地位的状态"。在1762 年给德·马尔泽尔布(De Malesherbes)的信中,卢梭描述了与朋友在一起的那个完美的一天,在其中,"朋友之间的那份善意没有受到任何奴役和依赖的困扰"。

卢梭对于接受别人的礼物和资助所表现出来的不安和焦虑,已成为他生活中的一个恒常主题。对于别人在金钱和实物上的惠赐,他总是一概加以拒绝,只不过有时候他会婉言谢绝,但更多的时候还是直言相拒。1751年,他甚至以绝交相威胁,如果那位朋友不拿回他所送的咖啡豆的话:"拿回你的咖啡豆,否则永远都不要来见我。"还有一次,当埃皮奈夫人(Mme d'Épinay)要给他提供经济资助时,卢梭回答道:她的提议让他感到很心寒,因为她这是在羞辱他,用他自己的话说,"不拿朋友当朋友"。尽管如此,生活远不是理论,尽管虚构的爱弥儿从小就被教导要自立自足,但是,在现实生活中,卢梭并没能严格地坚守自己的这个理想。因此,尽管他总是义正词严地拒绝别人为他提供的免费住宿,但另一方面,他也乐意只付象征性的租金。这样做的时候,卢梭可以让自己确信:他仍然是清正廉直的。

休谟和卢梭是否会坐下来探讨学术论题呢?在朝夕相处的时候,他们有可供相互切磋辩难的共有的文化研究领域吗?在他们赴加莱的漫长旅途中,或驻留在"白金汉街"期间,抑或在奇斯威克的杂货店里,他们是否有可能达成思想共识?

尽管对于勾勒他们之间的分分合合而言,休谟和卢梭之间的往来信函(总共有20多封)十分有用,但是,这些信函避而不谈的一些问题也同样令人着迷:例如这两位伟人之间令人肉麻的相互吹捧;他们所谈的生活琐事;他们之间的互通消息;他们之间的争吵。但是,他们之间并没有思想方面的对话或碰撞。在某种程度上,这或许是因为:即便是在探讨同一问题时,他们的意见都大相径庭。

因为,在经济学上,卢梭是一位保护主义者,而休谟(和亚当·斯密一样)则是国际贸易壁垒的坚定反对者。

在政治上,卢梭主张彻头彻尾的变革,而休谟则天生是一个保守主义者:他主张谨慎的、缓慢的、渐进的变革,担心激进的变革会干扰不列颠精微的实用主义和脆弱的宪制平衡(当然,在言论自由和宽容方面,英国的代议制政府与路易十四治下的压迫性的专制主义和日内瓦的寡头统治不可同日而语)。休谟甚至相信:秩序,以及对于一个尊卑有别的社会等级秩序的遵从,提供了一种必不可少的社会稳定。

至于人性,卢梭坚持认为,人性随时间的变化而变化,也即人本性良善,但后来却走向了堕落。而休谟则认为，人性基本上是恒定不变的。实际上，这也正是这位苏格兰人之所以相信可以从历史——比如欧洲历史上所发生的一系列令人沮丧的战争和革命——中获取教益的原因。在《人类理解论》中，休谟的这一看法得到了最详尽的阐述："人们普遍承认，在所有的国家和所有的时代，人类的行动中都有很大的一律性，而且人性的原则和作用乃是一成不变的。"但是，休谟自己的行动再一次违背了他的学说。因为我们知道，对于其朋友们所给出的他要小心提防卢梭的警告，他一概置之不理。而在他自己的著述中，休谟曾强调这样的一种政策是多么的轻率和不慎：

> 如果我知道一个人忠厚老实、家境殷实，而且还与我交情匪浅，那么，当他走进我的家门（我身边仆役成群），我绝不会担心他为了抢夺我的银墨水壶而在辞别之前将我刺死。我之所以不会担心这件事，一如我不会担心一栋根基稳固、建筑坚实的新房子会轰然塌倒。当然，他也许会突然得了一种无名的疯狂症，就像地震会突然间不期而至，并将我家的房子震倒。

但不管怎么说，正是他们对于人类应该如何生活、应该在何处生活的反思，对于艺术和奢侈的反思，最尖锐地暴露出这两个短暂的盟友之间根本分歧。卢梭崇尚自然。他的"自然状态"是至福之地。卢梭对于"自然"的尊崇不仅仅停留在理论上，其自传体作品充满了对"自然"的讴歌。在《忏悔录》中，卢梭给出了这样一幅全景化的描述：空旷的原野，信马由缰的漫步，"所有这些都让我的灵魂得到解放，给予我以更大的思想勇气，也就是说，将我投入到无限之中。"这种与世隔离的、孤寂的乡野生活正好投合了卢梭禁欲主义的自我形象。卢梭认为，奢侈会让人变得软弱。而节俭和良善的生活是密不可分的。因此，他才会对于狄德罗有意的讥刺——声称唯有恶人才喜欢独处——怒不可遏。卢梭常常将城市里的乌烟瘴气与人们心灵的黑暗联系在一起。

尽管卢梭对于戏剧以及有组织的艺术的态度一直晦暗不明，但休谟却一直旗帜鲜明地颂扬文明的益处。休谟生性欢愉，是一个喜好城市生活之人（尽管他喜欢爱丁堡甚于喜欢伦敦）。他将城市等同于一个更大的城市世界主义的一部分。在《人性论》中，休谟指出："完全与世隔绝或许是我们人类所能遭受到的最大的惩罚。"这位苏格兰人是精雅品位、"对于美的研究"——诸如诗歌、音乐、艺术以及科学——的提倡者。这些精雅艺术都能使我们褪去市井之气，从心智上对我们发出挑战，甚至可以使我们变得更加具有社会性，更加合群。科学和艺术还可以提升我们的精神境界。因此，在后来的"论艺术的精雅"（*Of Refinement in the Arts*）一文中，休谟写道：当科学和艺术得到极大的发展之后，人们再也不愿"满足于当离群索居的隐士，或者以疏亲淡友的方式和自己的同胞相处，因为这是一些蒙昧无知的化外之邦才有的异国情调"。假如卢梭曾看到过最后这句话，那么它激怒他的程度想必一点也不亚于狄德罗的那句话，也即"唯有恶人才喜欢离群索居"。

休谟说，城市生活对我们是有益的。我们人类非比寻常的动物，这一点突出地表现在：一方面，我们有着最为脆弱的身体，另一方面，我们又有着最为严苛的生理需要。因此，虽然我们是微不足道的造物，但衣食住行缺一不可，此外，我们还必须要学会相互适应、相互合作，唯如此才能求得生存。只有通过组织和社会活动，人类才得以繁衍生息。对于人类而言，"合作"是人的天性。在这一点上，休谟认同其挚友亚当·斯密对于人类的一个独一无二的特征的归纳："没有人曾看到过一只狗会做出一种公平、深思熟虑的交易，也即彼此之间交换骨头。"当然，用伯爵元帅的话说，卢梭对于纯粹的慷慨义举所表现出来的不屑和轻蔑，使他显得"比北美洲的野蛮人更野蛮"。

初看之下，我们的这两位对手共享一个共同的基本立场，那就是他们都攻击既有宗教，并都因此而深受伤害。两者都猛烈抨击"迷信"，都对天主教（Catholicism）深恶痛绝。

休谟对宗教的抨击虽然在思想上更为严苛、更为持久，但却很少触及到英格兰和苏格兰教会当局的根基。而在法国和瑞士，在宗教当局看来，卢梭的挑战极具威胁。在批判指教的过程中，休谟只是事业受阻，而卢梭却面临着生命威胁。实际上，在卢梭卜居莫蒂埃期间，从窗户如雨点般落下的石块全拜教士所赐。

不仅如此，他们对于宗教的批判也大相径庭：不仅论证不同，而且动机各异。卢梭的宗教观点冒犯了所有的人——不仅冒犯了基督徒，而且也冒犯了无神论者和自然神论者（自然神论者认为，唯有通过理性，我们才能认识上帝。而那些相信上帝创造并启动了整个宇宙，然后就撒手不管的人，常常也被称为自然神论者）。对于"哲人"们——他们分为两派，少数派是自然神论者，多数派是正直的无神论者——而言，卢梭关于上帝存在的信念，其所公开宣示的对于上帝的爱，以及他对于"来生"和"灵魂不朽"的深信不疑，所有这些都是荒谬可笑的。与此同时，卢梭对于自然之美的态度也饱受哲人们的质疑。在卢梭的眼中，上帝无处不在，无论是在群山和峡谷中，还是在小溪和瀑布间，无论是在雷电和艳阳中，还是在花木草丛间，卢梭都能看到上帝的身影。他曾说过："无神论者不喜欢乡野。"

宗教的合理性还在于所具有的工具性功用。卢梭相信，宗教可以在提升爱国主义和公民价值方面发挥积极的作用。但是，宗教机构并不具有这方面的功能。由于通过向世人宣称"拯救"在于"来世"而不在于"今生"，这些宗教机构实际上削弱了国家。

卢梭对于基督教会的批判——也即认为基督教会，特别是天主教会是误人子弟的——还不仅于此。当我们读到《爱弥儿》中的"萨瓦牧师"一节时，我们就不难明白为什么宗教当局认为其亵渎神灵的行径令人发指。因为卢梭认为，不需要教士，不需要通过各种繁琐的仪式，不需要通过《圣经》，相反，通过内省和检视自己的心灵，通过寻找卢梭所谓的"内在之光"（inner light），通过理性，我们便可以直接亲近上帝。所以，在孩子成长的过程中，根本就不需要教士。在宗教真理面前，教士们并无任何异乎常人的特权，在发现宗教真理的道路上，教士们只是绊脚石。

至于休谟，他无意引发不快。他曾说过："我可不想冒犯神圣的上帝。"为了让其关于宗教的评论显得温和，休谟专门对他的《英国史》做了修订，尽管他认为，在英国的国民生活中，教会曾起到腐化人心的作用。不过，休谟的这些评论还是给他带来了不少麻烦，一如我们所看到的那样，使其职业前程一度受阻。他曾写信向布莱尔抱怨道："难道一个人一生中仅仅因为曾喝醉过一次酒，就要一辈子背负酒鬼的恶名么？"

实际上，休谟何止只是喝醉过一次。尽管已尽其所能，但是休谟还是无法掩藏其对于宗教和迷信的藐视。在休谟看来，宗教狂热者是一群异常危险的动物，而教士们则都是伪君子。他承认"教会让我尤为反感"。

在解构宗教的时候，休谟所采用的是一种相似的策略。第一步便是检验信仰上帝是否具有任何逻辑理由。在当时的宗教学说中,人们一般认为:上帝通过"神启"显示自身;关于神性的真理显然呈现于经验性的或历史性的材料,例如神迹。在《人类理解论》的第五章,休谟煞费苦心地建构出一个可用一句话总结的观点:与相信神迹相比,不相信神迹总是有着更为充分的理由。如果一个人声称他见证或目睹了一桩有违"自然法则"的怪事,比如有人声称看到伊丽莎白女王在驾崩五天后仍谈笑风生、行动自如,那么,我们便要扪心自问:除了"神迹",是否还有其他解释呢? 我们应该思考一下这个人的动机,并打听一下是否还有其他的真正独立的目击证人? 等等。但在现实生活中,有关"神迹"的各种证词从未经过这种严苛的审查(休谟认为,"神迹"总是发生"在无知且蒙昧的国度"并不只是一种巧合)。在"论神迹"一章中,休谟感伤地总结:"因此,总的来说,我们可以得出这样的结论:基督教不仅一开始就带有许多神迹,而且即便是现在,离开了神迹,任何有理性的人也不能相信它。仅靠理性并不足以使我们相信基督教的真实。"

在《自然宗教对话录》中,休谟系统地提出了他对于"自然宗教"的批判,在其中,休谟关于"上帝存在"的结论完全基于推理。这部休谟辞世后出版的、以不同人物之间的对话形式面世的著述,一直被公认为迄今已出版的各种宗教哲学著述中最为重要的作品。休谟研究者倾向于同意:怀疑主义者菲诺的立场与休谟的立场最为接近。

在书中,休谟已向世人证明(至少休谟满意于自己的证明):为大家广为接受的那些关于崇信上帝的论证完全是站不住脚的。休谟不禁怀疑,为什么会有那么多人执迷于他们的信仰? 休谟再一次从心理的角度而不是从理性的角度寻找其中的答案。尤其是,休谟相信:就我们的恐惧和忧虑而言,宗教无异于一种精神依靠。在休谟看来,对于那些未知的事物,对于那些脱离我们日常生活常规的外在事物,对于那些稀奇古怪的、神秘莫测的事物,我们都有一种莫名的恐惧。1755 年里斯本所发生的那场毁灭性的大地震,就极大地激发了人们的神学信仰。相信是一些伟大的造物主(Greater Being)制造了此类事件,并将一些(隐藏的)秩序强加于看似纯属偶然的幸运或不幸之上,是多么地让人感到安心。

作为一主一宾,休谟和卢梭对于彼此的立场少有同情。不可避免地,他们之间的交往根基相对比较薄弱,是对彼此成就的敬重,是休谟对这位流离失所的流亡者的同情,是卢梭对于一个庇护所的需要,是他们共同的朋友,是那个时代的礼俗和风尚使他们走到一起。除此之外,这两位时代骄子再也没有任何惺惺相惜、和衷共济的可能。

如果他们之间展开一场哲学对话的话,那么,无论就宗教、人性、良善生活而言,还是就政治和经济而言,他们的见解都大为殊异。但不管怎么说,真正让他们割袍断义、分道扬镳的是他们在思想品性上的巨大反差。

休谟是一个理性之人,秉持怀疑主义,对一切都抱着"存疑"的态度,而卢梭则是一个感性之人,生性孤僻、富于幻想、凡事都要分个是非对错。在《爱弥儿》中,萨瓦牧师坦言,他"对于真理的热爱"是"其全部哲学",这种处世哲学"可以让我免于徒劳无益的繁琐论证"。凡是"其内心的真诚所无法拒绝的东西",他都会将"其接受为自明的知识"。但观察一个人的内心并非易事:须以心观心,而不是用一尘不染的明镜来观察人的内心。"我们既看不到别人的灵魂,因为它总是将自己隐藏起来,也看不到自己的灵魂,因为在我们的内心深处并没有一面镜子。"但内省是至关重要的。对于其信念的最强有力的确认来自于其内心。

一旦这位多愁善感之人找到了避难之所,那么,他和这位理性的怀疑主义者就没有必要再保持联系了。以此观之,休谟可以算得上是有可能实现卢梭友谊之梦的最后一个人,这样,他们所作出的不再通信的决定就变得可以理解了。当然,休谟原本就没有打算要寸步不离地照顾卢梭,当休谟后来告诉布莱尔,达文波特已经接掌了照料卢梭之责时,我们可以分明感受到其释重负之感。

在"俪人街"的一晚

我认为自己和他可以在互敬互爱中生活一辈子。很遗憾,不可能将这件事付诸验证。我相信,我们能和睦共处的一大缘由是:我们都不是好辩之人。

——大卫·休谟 1766 年 3 月 11 日致休·布莱尔的信

告诉某个人他在撒谎,即是对他的最大冒犯。

——亚当·斯密

休谟与达文波特商定:卢梭将于 1766 年 3 月 19 日星期三驱车前往伍顿,当然,与他一同前往的还有勒·瓦瑟和"苏丹"。休谟一定在翘首以盼这一天的早日来临,就像一个即将获得自由的囚犯。

　　3 月 17 日下午,休谟给卢梭和勒·瓦瑟捎去了康威将军一家的邀请函,邀请他们"赏光"于第二天和他们共进晚餐。而对于卢梭的决定——接受还是不接受这个邀请,休谟表现出了一种异常漠然的态度,并信誓旦旦地向他保证:"如果您打算回绝的话,无论出于何种理由,我都会尽力为您找借口。在这件事上您一点也不必勉强自己。"考虑到康威将军的政治地位,考虑到他与国王陛下的关系,考虑到他在为卢梭争取皇家年金一事上所起到的不可替代的作用,休谟真的会如此漠不关心吗?

　　星期一晚上,卢梭确实曾请休谟帮他找个理由婉言谢绝:说他身体不适,不适于出席康威将军的晚宴;至于勒·瓦瑟,她是"一个非常善良、非常值得让人尊敬的女子,但她根本就不适合出现在这些声名显赫、位高权重的大人物中间。"(尽管我们都心知肚明,卢梭曾不止一次带着勒·瓦瑟双双出入法国权贵们的门庭。)

　　3 月 18 日星期二,搭乘达文波特的马车,卢梭一行三人从奇斯维克赶到休谟位于"俪人街"的寄宿地,并在次日动身赶往伍顿之前在那里住了一晚。早在四五天之前,休谟就致信卢梭,并告知他一个好消息:达文波特获悉,一辆"返程"邮车正空车返回伍顿附近的阿什本,所以他已经提前和车夫商定好价钱,让卢梭一行搭顺风车至伍顿。这是一个善意的谎言,原本是为了替卢梭省钱。实际上是善良的达文波特专门租下了这辆马车,并打算自己掏腰包支付其中的差价。

当天晚上,当休谟和卢梭坐到一起的时候,他们的世界终于发生了碰撞。卢梭此前就一直心生疑窦:怎么会有如此廉价的邮车呢? 这也太巧合了! 怎么可能刚好在他急需用车的当口就恰好有一辆返程邮车出现在这个人迹罕至的乡下呢? 这其中必定有什么不可告人的隐情。关于这件事,在一个星期后致布莱尔的信中,休谟有着极其详尽的描述:

> 他向我表达了他的疑惑,并抱怨道,他被当作一个小孩子,并说,虽然他很穷,但他宁愿过一种清贫的生活,也不愿像一个乞丐那样靠施舍为生。他说,让他感到十分不悦的是,由于英语欠佳,他自己根本就无法防范这些强加的施舍。我告诉他,我对这件事一无所知,除了达文波特先生告知我的情况之外,其他的我一概不知。如果他愿意,我可以问问这件事。"不要告诉我这个,"他回答说:"如果这真是达文波特的主意,您肯定也知情,并且也是同意了的。没有什么比您这样做更让我生气的了!"说完这些,他满脸阴沉地坐下来,一言不发。我试图重拾我们之间的谈话,并转向其他话题,但我所有的努力都徒劳无功。他只是不咸不淡地应和着我,语气相当冷漠。终于,在这种阴郁而难堪的气氛中捱过近一个小时之后,他站起身来,在房间里转了一圈。但出乎我意料的是,他突然坐到我的腿上,双手搂住我的脖子,忘情地亲吻我,泪水沾满了我的脸颊,他大叫道:"您能原谅我吗,我亲爱的朋友? 在得到您毋庸置疑的关爱后,我最终却用这种荒唐而卑鄙的行为报答您。但不管怎样,我仍有一颗配得上您友谊的心。我爱您,我敬重您,您的关爱从未离开过我。"

对于其对于卢梭这次真情流露的敏感反应,休谟还是相当自得的:"我希望您不至于对我抱有如此糟糕的看法,以至于认为我铁石心肠,居然在这种场合下还能无动于衷。我向您(巴芙勒夫人)保证:我亲吻并拥抱他不下20次,并且涕泗纵横。我相信,在我的一生中,还没有哪个场景如此感人至深。"

当休谟向巴芙勒夫人复述这一插曲时,卢梭对于返程邮车的责难已经变成"一种虚情假意的帮助"和一种"真正的伤害"。并希望她除了告知她圈内的那些夫人们,不可把此事声张出去,因为"我知道,几乎没有一个男人不认为这件事太孩子气了",但是,休谟却请求巴芙勒夫人将此事告诉卢森堡夫人、巴邦塔纳夫人和"卢梭的女性朋友中您认为值得告诉之人⋯⋯问一下莱斯皮纳斯夫人,她是否敢将这个故事告诉达朗贝尔。"除了没有在《布鲁塞尔公报》(Brussels Gazette)上登广告,很难想象休谟还能怎样将此事广而告之。

休谟向巴芙勒夫人承认:他还没有回莱皮纳斯夫人2月份的来信。不过,对于莱皮纳斯夫人让他捎口信给卢梭一事,休谟只字未提。在口信中,莱皮纳斯夫人(以非常恭敬的字眼)建议卢梭给即将不久于人世的法国皇太子写一篇颂词。莱皮纳斯夫人说,在辞世之前,皇太子曾极力称颂卢梭,并对其受到迫害深表歉意。故而,卢梭的这篇颂词"将为他重返法国并回到朋友身边铺平道路"。对于达朗贝尔枕边人的这样一个建议,卢梭是不可能接受的。但是,非常蹊跷的是,为什么休谟不把这个表面上看起来激奋人心的消息告诉卢梭呢?

对于卢梭能否在德比郡落地生根,休谟仍抱有很大的怀疑,在给让-查尔斯·特吕代纳·德·蒙蒂格尼①的信中,休谟写道:

> 如果一个人果真可以在没有工作、没有书籍、没有交际、没有睡眠的情况下生存下去,那么,卢梭就不会离开这个荒蛮寂寥的地方,因为这里符合他为了使自己过得幸福而提出来的所有条件。但是,我担心

---

① 哲人,1733—1777。休谟的朋友,同时也是其《宗教自然史》的译者,为法国最有权势之家族的后裔,他当时执掌着全法国道路和交通方面的财政大权。

人们,特别是像卢梭这种性格的人,天性中所固有的软弱和焦虑会让他们难以承受这种与世隔绝的生活。如果他不久后即离开这个避居地,我一点也不感到惊讶。

虽然结识只有短短的四个月,但他们即将永别。

受人追捧的沃波尔先生

在博尔吉亚时代，人们用刀剑伤人，而在我们的时代，人们以笔伤人。

——霍拉斯·沃波尔

他喜好不幸，但他也喜好宁静；他一直在虎视眈眈地瞅准时机，以便一次同时满足这两种嗜好。

——托马斯·巴宾顿·麦考莱
（Thomas Babington Macauly）

3月22日,这辆搭载着卢梭、勒·瓦瑟和"苏丹"的邮车穿过林木茂盛的溪谷,踏上了陡峭而泥泞的漫长旅程,并直奔卢梭渴慕已久的退隐之所,伍顿庄园。依偎在织女山脚下的伍顿庄园上衔伍顿村(village of Wootton),下接艾拉斯顿村(village of Ellaston),在斯塔福德郡(Staffordshire)与德比郡(Derbyshire)交界的这块荒僻之地,它显得格外孤单而醒目。从当地的一句名谚中,我们不难看出其与世隔绝的程度:"织女山下的伍顿,被上帝遗忘的角落。"(伍顿庄园于1931年遭到毁坏;在过去的几年里,一栋古典风格的新大厦在原址拔地而起。)

在致纳莎泰尔的德·鲁兹夫人(Mme de Luze)的信中,卢梭描述了他对伍顿庄园的印象:

> 尊敬的夫人,想象一下有这么一栋孤零零的房子,尽管算不上非常宽敞,但却很舒适,它建在半山腰上,由于坡度较缓,人们可以拾级而上,不久即可看见世界上最可爱的一块草地。房子前面有一块很大的平台,伫立在那里,极目远眺,方圆十来英里的美景尽收眼底,绿茵茵的草地、茂密的森林、稀疏地点缀其间的农田、绚丽多姿的华屋。但恰如一块盆地,除非我们更上一层楼,否则,人们的视线总会受到四周高地的阻隔。

　　非常有趣的是，卢梭居然说伍顿庄园"不是很宽敞"，后来更是说它"虽小但却很适于居住，且设计考究"。当这样说的时候，卢梭要么是不诚实，急于推销其作为一名朴野不文的乡下隐士的形象，要么是被法国上流社会的穷奢极欲所腐蚀。事实上，伍顿庄园是一栋甚为宽敞的宅邸，其主体建筑有三层。

　　"伍顿庄园"有一个弧形的外置楼梯，扶着其精致的橡树栏杆拾级而上，我们便可抵临一方凌空铺展的飞墙，在这里，凭栏四眺，四周风物一览无余。卢梭声称，在伍顿庄园，他"只有"两个房间，其下是房东达文波特的寓所，其上是仆人们的宿舍。达文波特的寓所中，除了会客厅，还有一间"前厅"，这个前厅非常怪异，每当夜晚降临的时候，其房顶中央的那个硕大无比的玻璃吊灯便将整个房间照得亮如白昼。

　　虽然已经春临大地，但寒冬的咒语似乎仍未解除。天公不作美，卢梭到达的当日就下起了鹅毛大雪，并阻断了伍顿与外界的一切联系。在经历了伦敦的灯红酒绿和奇斯维克的喧闹嘈杂之后，让卢梭感触最深的是这里的万籁俱寂——而卢梭曾公开表示，这种静谧正是他想要的，以及黑沉沉的夜——这总会让他感到胆战心寒。

　　尽管如此，卢梭对自己的决定少有后悔。乡间的景色虽然美丽动人，但也让人倍加伤感，卢梭写道。这里的大自然"萧索而慵懒"。在这里，他听不到夜莺婉转的鸣啾。更让他苦恼的是，这里的树木枝叶凋零，光秃秃的一片。他还抱怨到这里的蔬菜寡淡无味，而且根本就找不到任何消遣。但是，尽管有种种不足，伍顿终归"为我提供了一个宽敞宜人且十分僻静的居所；在这里，我衣食无忧，什么都不缺，我过着一种安宁、自食其力的生活。"没有任何人来打扰他。

　　卢梭看起来似乎非常满足，甚至有些欢呼雀跃。他谢绝了房东要给他提供更多书籍的美意，尽管他曾请求杜·佩鲁将其植物学、音乐方面的书籍寄送过来，因为伍顿有一架古竖琴可供他弹奏。

　　一到伍顿，卢梭就致信休谟。"从信的落款您不难看出，我已经平安抵达伍顿"，在给其恩主（指休谟）的信中，卢梭这样写道，字里行间更是洋溢着对休谟的一片感激之情，"我知道，如果我能过上我所渴盼的这种安适的、世外桃源般的幸福生活，如果我能享受我一生中的这头等赏心乐事，那全是拜您所赐。'赠人玫瑰，手留余香'，所以，或许您会发现，对于您为我所做的一切,您已经在内心里获得了酬报。"尔后,他又继续写道:出于他们此前已经讨论过的缘由——或许是因为费用问题,他不想通过邮局接收任何东西。如果休谟要写信给他,可否通过达文波特代为转送?

但是,对于返程邮车一事,卢梭依然耿耿于怀。有趣的是,卢梭不是去谴责这件事情的始作俑者达文波特,而是怪罪于休谟,并在信中对其恩主(休谟)大加申斥:

> 我至今对邮车一事仍心有余悸,因为在这件事上,我全然被蒙在鼓里;但不管怎么说,如果以后不会再发生类似事情的话,这只是一个微不足道的小错误,因为它毕竟只是乐善好施的虚荣心作祟的结果。如果您曾参与此事,我建议您再也不要做这种事情了!毕竟这样的小伎俩是不会有什么良好动机的。

在信的末尾,卢梭仍不忘寒暄一番,但其意旨却着实让人莫名所以:"让我拥抱您,我亲爱的恩主(保护人),我只是希望能从您那里得到同样的爱。"休谟不可能不去琢磨这些话的言外之意。

与此同时,卢梭也立即给其新房东达文波特写了一封信,并对他婉言相责:如果邮车满载着邮件返回伦敦的话,就不可能有所谓的空空如也的返程邮车?

一周后,卢梭又给休谟寄去了一封热情洋溢的短笺:"自从我抵达此地之后,这里便天寒地冻;每天都下着雪;凛冽的寒风如刀子一般割在脸上;尽管如此,我还是宁愿呆在这狭窄拥挤的兔穴里,也不愿住伦敦最豪华的公寓。再见,我亲爱的恩主,拥抱您,并全身心地爱您。"在"附笔"中,卢梭还提到:在与他们一同从德比郡赶往阿什本的旅途中,菲茨赫伯特的一个仆人发生了意外,因为他乘坐的那辆马车的车夫喝醉了的缘故。

但是,除了返程邮车所造成的冒犯,卢梭的内心正在经受着新的折磨,他的脑海中慢慢地浮现出一个专门针对他的清晰可见的阴谋。在卢梭的想象中,这一巨大阴谋正在形成,而休谟正是幕后黑手。

这绝非空穴来风,其核心证据便是稍早前提到的那封冒用普鲁士国王之名写给卢梭的伪信。卢梭好像是在4月初才读到这封信,当时,它已经出现在伦敦的各大报纸上,而在此之前,这封信已经把巴黎搅和得满城风雨。

卢梭与休谟

我亲爱的让-雅克：

你已经背弃了日内瓦，这个生你养你的故土。接着又被瑞士——这个你曾在作品中大肆颂扬的国家——驱逐出境。而在法国，你又不幸地遭到放逐，成为法外之民。那么，你就投奔到我这里吧。我钦佩你的才华，你的各种不切实际的幻想常常让我忍俊不禁，因为你在这上面花费了太多的时间和精力。现在该是你变得谨慎和开心的时候了。由于你的特立独行，你已使自己成为大家茶余饭后的谈资，但这可算不上是一个真正的伟人。你应该向你的敌人表明，你有时也有常识。这样的话，既可以让他们气煞，又不损及你一分一毫，何乐而不为呢？你放心，我的王国将会给你提供一处隐修之地；我一直希望能为你做点什么，如果你愿意接受这份善意的话，我会这么做的。但是，如果你执意要拒绝我的帮助，你放心，我定会守口如瓶，不向任何人透露半点风声。如果你非要挖空心思去寻找新的不幸，你尽管放手去做吧；我是一国之主，我可以让你的生活如你所希望的那样悲惨；与此同时，我会做你的仇敌们永远都不会做的事，当你不再需要迫害时，我就会停止迫害你。

你最真诚的朋友

腓特烈二世

殊不知这封讥刺之作是出自于那位疯狂的"弄臣"沃波尔之手，在当时的文人圈中，这已是共识。人们一般都认为，这封伪信先是由沃波尔构思和执笔的，然后又在1765年12月12日至27日经过其法国朋友的润饰，并最终可能于12月27日后——最迟不晚于1766年1月1日——在巴黎疯传。而沃波尔也因此成为巴黎的话题人物，在写给其英国友人的一系列自吹自擂、沾沾自喜的书信中，沃波尔详细地叙述了这封信所引起的反响，比如在1766年1月12日致康威将军的信中，沃波尔这样写道：

如果我告诉你我所获得的荣耀和敬重，以及我现在多么受人追捧，这听起来或许有点虚荣；但是，当所有这些追捧都来自法国最美丽婉约、最端庄贤淑的夫人时，一个人能不有一点沾沾自喜吗？假如时光倒流，让我再年轻20岁，我倒希望她们不要如此端庄贤淑……不过，你知道,我现在的名气归功于我所写的一篇最微不足道的文章,但是,它却引起了让人难以置信的反响。我记得有一天晚上在若弗兰夫人家,我曾嘲笑卢梭的矫揉造作和前后不一,并说了一些事例作为佐证。回到家后,我就把它写成一封信,并于次日拿给爱尔维修(Helvétius)和德·尼沃罗伊斯公爵(the Duke de Nivernois)看,他们看后都开怀大笑,并向我指出一些语言上的错误,由此你不难看出,他们实际上是鼓励我将这封信公之于众的……于是,这封信就像燎原的野火一样传播开来……

随后,沃波尔又将这封信的复本寄给了与其保持通信联系的其他一些朋友。其中一个名叫约翰·丘特(John Chute),他曾在"草莓山庄"与沃波尔一道共事。沃波尔对约翰·丘特坦言:他之所以如此热衷于揭穿卢梭,全因为在他看来,卢梭是一个十足的江湖骗子和伪君子:

> 随信附上一篇不足挂齿的小文,它已经在巴黎激起了轩然大波,在那里,它不胫而走,被人们一传十、十传百地到处散播,成为人们街谈巷议的对象……让我忿恨难平的是,卢梭竟然是这么一个江湖骗子,而更让我感到怒不可遏的是,在他以极其礼貌的态度接见过威尔克斯(Wilkes)之后,为了向休谟献殷勤,他居然对威尔克斯的拜访和不请自来大加抱怨。

在给安妮·皮特(Anne Pitt)的信中,他以略带调侃的语气对自己新近暴得的大名进行了嘲讽:她难道会相信,随着这封专门捉弄卢梭的伪信传遍整个巴黎,他居然成为人们竞相追捧的偶像?

> 这封信的复本几乎人手一本;接下来的事情便是每个人都想一睹其作者的风采。那么,接下来人们会像摆弄木偶一样逗弄我吗?他们会像摆弄一个木偶一样摆弄我的手臂和小腿吗?

但并不是所有的巴黎人都醉心于沃波尔的机趣。巴芙勒夫人和孔蒂亲王就对这件事十分恼火:用沃波尔自己的话说,"不幸的是,我严重地冒犯了神殿的主人(指孔蒂亲王)。"1月7日,巴芙勒夫人甚至专门邮递了一封快信给休谟,希望能在加莱送达休谟之手。当未能如愿时,她又将其快递至伦敦。在信中,她追问休谟:"在巴黎闹得满城风雨的这封信到底是不是真的出自普鲁士国王之手……他们都说这封信满纸都是讥讽之言。"

正如我们所知道的那样,早在1月18日那一天或之前,休谟已向卢梭提及此事,或许正是因为受到了巴芙勒夫人这封信的触动,休谟才采取这样的行动。正是在1月18日这一天,卢梭给巴芙勒夫人去了一封信,而在次日,休谟也给她去了一封信,并"附笔"中写道:"卢梭先生说普鲁士国王的这封信是伪造的;他怀疑这封信出自伏尔泰之手。"不过,巴芙勒夫人此时早已发现这封信是一个恶作剧。1月12日,当沃波尔到其情妇杜·德芳夫人家喝茶时,她告诉他:卢森堡夫人和巴芙勒夫人都曾来过这里,并对这封信颇有责怨,巴芙勒夫人说,"卢梭本已命运多舛,现在居然还有人如此不留情面地对他妄加嘲讽,这种事是何等缺德啊!"两周后,"神殿的偶像"(指巴芙勒夫人)又携孔蒂亲王一道登门向沃波尔施压。沃波尔发现,他们说教时的那种语重心长的模样实在滑稽可笑,在给托马斯·格雷(Thomas Gray)的信中,沃波尔对他们的丑态进行了细致的刻画:

> 巴芙勒夫人情绪激动,并以一种悲天悯人的腔调对我进行了酣畅淋漓的责骂,然后又用最柔和的语调向我大发牢骚,我努力装出(或表现出)一副痛悔不已的样子……但我强装的懊悔,却使他们愈加来了兴致,巴芙勒夫人话音未落,孔蒂亲王又赤膊上阵,其一番俗不可耐的说教简直让我昏昏欲睡,他把自己当成了一段与他毫不相干的历史的英雄。我虽然装作洗耳恭听,但他一半的话让我不明所以(估计连他自己都不知道自己在说什么),而另一半话我早已抛到九霄云外。我本应说"否"的时候却说了"是",我本应微笑的时候却呵欠连连,我本应对别人的宽恕感到高兴的时候却懊悔不已。

然后,沃波尔再次将那封冒用普鲁士国王之名写给卢梭的伪信附在信后。1766年2月28日,在给牧师科尔先生(the Reverend Mr Cole)的信中,沃波尔对卢梭的古怪气质更是嗤之以鼻,并对他的"真诚"提出了质疑。这封伪信只是嘲弄他的矫揉造作。我听说他在英格兰并不成功,在那里,其特立独行并未引起人们的好奇,也不足以吊足大众的胃口。但是,他必须呆在那里,否则的话,他必须褪去其所有的伪装。如果他离开一个他可以在那里过上安稳舒适、不受迫害的生活的国家,这就等于公开承认:他所追求的并不是安宁。

现在,沃波尔亲手炮制的这封伪信,在伦敦也引起了不小的轰动。仅仅沃波尔自己寄给其诸多友人的该信的复本,就足以保证这封信能在伦敦得到迅速的传播。最早提及这封信的是 1 月 28 至 30 日这一期的《圣詹姆斯纪事报》:"有一封信在巴黎广为流传,据说是普鲁士国王写给大名鼎鼎的卢梭的。"随后,1 月 30 日那一期的《不列颠纪事报》(British Chronicle)又郑重其事地指出:这封信的真实性有待"证实"。

1 月底或是 2 月初,休谟又与巴芙勒夫人旧事重提——休谟可能认为,巴芙勒夫人那时已经得知真正的罪魁祸首是沃波尔:"沃波尔是一个非常值得敬重之人,他尊重甚至崇拜卢梭;但是,为了一个无关宏旨的笑话,他还是忍不住对卢梭嘲弄一番,并说了一些极不中听的话。我对他确实有些愠怒;我听说您很生气,但是,只能把这件事看成是沃波尔的莽撞之举。"

不管是不是"莽撞之举",这篇讥刺之作肯定已经让休谟深感不安,这份不安甚至已经超出了正常情况下一个朋友被言之凿凿地讥讽时所应有的程度。我们不妨做一番推测,只是在收到巴芙勒夫人的加莱之信、并获悉这封伪信已在巴黎广为流布后,休谟才连忙告知卢梭此信的存在。我们有充分的理由认为:从一开始,休谟就知道这封伪信的真正作者,尽管他先是让卢梭怀疑伏尔泰,尔后又让卢梭怀疑达朗贝尔。

此时的休谟如坐针毡,唯恐巴芙勒夫人以为,那封伪信最为关键的讥诮话出自他之口,有趣的是,休谟竟然需要找人来为他作证。2 月中旬,他请巴邦塔纳夫人向巴芙勒夫人证实:"霍拉斯·沃波尔的这封信并非基于我的任何玩笑话,信中的玩笑话全都出自他本人之口,当时沃波尔正在奥索雷勋爵(Lord Ossory)家就餐,我也在座。这一点奥索雷勋爵可以证明。"但是,在休谟急于撇清干系的同时,也等于无意间承认:在沃波尔构思这篇刺谬之作的时候,他是在场的。

所以问题就出来了，休谟知悉这封信的确切内容吗？如果知悉的话，他又是什么时候知道？

奥索雷勋爵是"好人大卫"招来为自己作证的两名证人之一。另一个人就是约翰·克劳福德(John Craufurd)①。在 1765 年冬的巴黎，休谟和沃波尔常常与他们两人一道用餐。同年 10 月 19 日，沃波尔曾告诉托马斯·布兰德(Thomas Brand)："在巴黎，我最喜欢的是一个英国人，奥索雷勋爵，他是我所见过的最为明智的年轻人之一。"他还称赞他为"我所认识的最得体、最和蔼可亲的年轻人之一"。事实上，奥索雷勋爵是个铁杆赌徒，并与约翰·克劳福德一道在 1764 年于梅菲尔区(Mayfair，伦敦的上流住宅区)创办了臭名昭著的俱乐部"阿拉马克会馆"(Almack's Assembly Rooms)。回到伦敦以后，他们把休谟也吸收为"阿拉马克会馆"的会员。至于克劳福德，由于他爱管闲事，人们给他起了一个绰号——"鱼"，他是一个纵情声色的纨绔子弟，与杜·德芳夫人过从甚密。在一张画像中，他正慵懒地坐在一张舒适的躺椅上，目视前方，眼神冷峻而挑剔。他可能就是一则巴黎警讯的主人公，在其中，一位英国年轻人的冷静沉着受到了表扬，因为他一直相信其情妇已经身怀六甲并供给她大笔金钱，结果却发现自己上当受骗了(他于 1774 年当选为苏格兰选区的国会议员)。

休谟否认在巴黎的时候曾看到过这封伪信，而沃波尔也证实了他的说法(沃波尔对自己的才智相当自负)。应休谟之请，沃波尔证实：他从未向休谟出示过这封信，尽管有一段时间他们曾同住一家旅馆，因为他知道休谟是卢梭的恩主。沃波尔于 7 月 26 日写道：

> 至于我冒用普鲁士国王之名给卢梭写信的具体日期，我已记不清了，但是，我可以万无一失地向您保证：这封信是在您们离开巴黎之前的那几天写的，也即在卢梭抵达这里之前写的。关于这一点，我可以向您出示一份过硬的证据。因为，出于对您的尊重，当您还在巴黎的时

① 纵情享乐的时髦人士，以"鱼"的绰号而知名。鲍斯威尔的朋友。1765 年在巴黎，他深得杜·德芳夫人的宠信。更让鲍斯威尔受宠若惊的是，当他于 1766 年返回伦敦之后，德芳夫人给他写了许多感情炽烈的信。而在伦敦，他是一个声名远播的赌徒，他引荐休谟加入了"阿尔马可俱乐部"。他于 1768 年成为一名国会议员。

候,我将这封信压了下来,没有寄出去。也正是出于这种原因,出于对自己的尊重,我没有去拜会他(卢梭)——尽管您经常这么建议我,主要是考虑到此种做法极为不妥,也即在诚挚拜会一个人的同时,口袋里却装着一封专门讥笑他的信。

这就是沃波尔所写的证词。但是,沃波尔的《巴黎日志》(*Paris Journal*)——在其中,沃波尔详细地记述了其从 1765 年 12 月到 1766 年 1 月这一段时间的日常行止,包括他都去了哪里,和谁一起吃饭等等——却表明:沃波尔所说的远非事实的全部。

如前所述,休谟告诉巴邦塔纳夫人道:"霍拉斯·沃波尔的这封信并非基于我的任何玩笑话,信中的玩笑话全都出自他本人之口,当时沃波尔正在奥索雷勋爵家就餐,我也在座。这一点奥索雷勋爵可以作证。"但是《巴黎日志》却表明:休谟、沃波尔和奥索雷勋爵唯一的一次聚餐发生在 12 月 12 日,当时是由沃波尔做东,设宴款待休谟、奥索雷勋爵和约翰·克劳福德。玩笑话很可能就是在这种场合下应运而生的。而在此前的几天,休谟想必已收到卢梭的求援信——说要将自己"投至休谟的庇护之下"。当这几个人纵情谈笑的时候,被迫背井离乡的卢梭正在赶往巴黎的路上。无疑,由于沃波尔的煽风点火,再加上美食的刺激,这四个男人便开始拿即将投入休谟怀抱的卢梭开涮。

无疑,在"文学界",人们对休谟在这件事情上所扮演的角色也颇有微词。就连他在巴黎的红颜知己巴芙勒夫人也相信:他的一番玩笑话最终召来了对于卢梭的最为刻薄的挖苦。在 1766 年 7 月 25 日致休谟的信中,巴芙勒夫人将批评的矛头直指休谟:

> 我听说(也许这话已经传到卢梭的耳朵里):沃波尔伪信中那些最为尖酸刻薄的玩笑话中,有一句就是出自你之口;听说你曾借普鲁士国王之口戏谑卢梭道:"如果你真的对受迫害情有独钟,我是一国之主,我可以让你享尽各种迫害。"……如果这种情况属实,如果卢梭知道其中的原委,如果卢梭真像人们所说的那样暴躁易怒、多愁善感甚至骄傲自负,那么,他变得气急败坏、勃然大怒又有什么奇怪呢?

可能是绰号为"鱼"的约翰·克劳福德走漏了风声,尽管他在公开场合一直坚称休谟是清白无辜的。休谟可能也已猜出是谁走漏了风声。1766年8月,休谟曾提醒过杜·德芳夫人要提防克劳福德:他这个人成事不足、败事有余。

但是,即便休谟发明了那个尖酸刻薄的玩笑话,他是否曾亲见过沃波尔所写的这封信呢? 如果他没有看到过这封信,他是否知晓这封信的存在? 实际上,对于这篇戏谑之作,沃波尔根本就无意隐瞒,相反,他倒希望人尽皆知。他曾带着他的这封"戏谑之作"出入巴黎的各种应酬和饭局,并按照杜·德·尼韦努瓦、爱尔维修、埃诺(Henault)等人的建议进行了文字上的润饰,而休谟与所有这些人都相识。而沃波尔的《巴黎日志》也表明:休谟至少有两次机会可以直接听闻此事。一次是在12月24日,休谟与沃波尔、爱尔维修等人在一起吃饭,"爱尔维修对此封信很感兴趣,并指出了法语方面的一两个错误。"另一次是在1月1日,在杜·德芳夫人家的晚宴上,由于受到女主人的怂恿和鼓动,沃波尔当着众人的面大声地朗读了这封信。而休谟当时碰巧也在场。所以,实情很可能是这样的:当休谟一再坚称他是直到返回伦敦之后才看到这封信的时候,他实际上只是在玩文字游戏(从字面上讲,休谟并没有撒谎,因为他的确未曾看到过这封信,他只是听沃波尔读过这封信),与此同时,休谟这种虽然真实但却语焉不详的说法也会给大家留下这样一种印象,也即他本人对这封信一无所知。

与此同时,这封伪信继续在伦敦社交界兴风作浪。4月3日,哈维夫人(Lady Hervey)告诉沃波尔:"您这封信无比文雅、精巧、公正"。4月3日,这封信以英、法双语的形式登载在《圣詹姆斯纪事报》上,而《伦敦纪事报》也紧随其后,于4月5日刊发了这封信。

而其中的一家报纸——很可能是《圣詹姆斯纪事报》,竟然能够越过德比郡荒蛮的莽山峻岭,并最终落到受害者卢梭的手中。据布鲁克·布斯比先生(Sir Brooke Boothby)①回忆:他发现卢梭看到此信后"情绪异常的激

---

① 出生于阿什本,并终老于此。翻译家、植物学家、诗人以及卢梭的支持者。虽为英国人,但能操一口流利的法语。他于1776年在伍顿——在其笔下,伍顿被描述为"位于织女山下一处充满浪漫气息的溪谷里"——遇到卢梭,此前在1774年于巴黎他曾拜访过卢梭。在德比郡著名画家怀特的画笔下,他正躺着读卢梭的一个著述,借以展示他的"感性"。他以懒散和酗酒而闻名。

动"。"我极力安慰他,并跟他说,在英格兰,没人能幸免于这种恶作剧,但他根本就听不进去我所说的话。他确信这出自达朗贝尔的手笔,就好像这是他亲眼所见,而休谟肯定是达朗贝尔的同谋"。

卢梭拿起了他的笔。其回应之作(是由法语转译成英文的)刊登在4月8至10日这一期的《圣詹姆斯纪事报》上,字里行间所透露的更多的是悲哀而非义愤,但有两句意味深长的话。它是直接写给出版商亨利·鲍德温(Henry Baldwin)的:

伍顿,1766年4月7日

阁下,作为一介草民,你已经对尊贵的王族犯了大不敬之罪,因为你居然公开将这样一封充满了夸饰不实和尖酸刻薄之词的信署在普鲁士国王的名下——单凭其言辞之夸饰不实和尖酸刻薄,你就应该知道其真正的作者不可能是普鲁士国王。尽管如此,你还是斗胆将他的名字印上去,就好像他写这封亲笔信是你亲眼所见。阁下,我可以明确地告诉你:这封信是在巴黎杜撰的;而真正让我感到心寒和悲恸欲绝的是,这个冒用普鲁士国王之名的骗子在英格兰还有同伙。你有愧于普鲁士国王,有愧于真理,有愧于我,那就将我写给你的签名信刊登出来,以作为对你理应躬身自责的错误之举的救赎,因为你竟然在这么一件令人发指的卑劣行径中沦为别人的帮凶。阁下,致以真诚的问候。

休谟认为卢梭的反应未免有点过度。在给巴芙勒夫人的信中,休谟将这封信贬为"充满了愤激和夸饰之词"。不过《圣詹姆斯纪事报》还是觉得需要发表一个"编者声明"或者"编者按",以示道歉:

此次乌龙事件完全是无心之失,我们没有想到读者会受其哄骗。实际上,它充其量只是一则无害的玩笑,根本无意伤害在我们国家避难的那位哲学家。早在《圣詹姆斯纪事报》刊登之前的数周,它已在伦敦广为流传,据说它是一位身在巴黎的英国绅士的"精神游戏"(*jeu d'esprit*),这位绅士在《杰出作者名录》(*Catalogue of Noble Authors*)上可是鼎鼎大名。

最后一句评论几乎是直指沃波尔。与此同时,那封伪信和卢梭的回应也在其他报纸上广为转载。而卢梭的这篇伤心之作却被身在巴黎、一贯长于讥诮别人的格里姆相中,在其具有广泛影响力的"文化通讯"上拿它作为绝佳的笑柄肆意嘲弄:"如果普鲁士国王像这位作者一样事事上心,如果弗雷德里克与卢梭一样心胸狭小,我想这封信势必会引发一场腥风血雨。"

对卢梭极为不利的是,卢梭刊登在《圣詹姆斯纪事报》上那篇激愤的回应只是助长了人们对他的批评。一系列心怀恶意的报刊所刊登的冷嘲热讽之作都是针对他的。4 月 17 至 19 日,一篇用英文写就的题为"伏尔泰致让-雅克·卢梭的一封信"的戏仿之作刊登在《伦敦纪事报》上,而一篇用法文写就的题为"伏尔泰致让-雅克·潘索菲博士(Docteur J. J. Pansophe)"的戏仿之作出现在《劳埃德晚邮报》(*Lloyd's Evening Register*)上。而《君子杂志》更是讥讽道:

> 我的好博士,听说您打算远赴英格兰。事实上,这里是一个优雅女士和真正哲学家云集的国度。这些女士和哲学家们也许都会好奇地打量着您,而您也将小心翼翼地避开人们的观瞻。您的一举一动都逃不过新闻记者们的法眼,他们将会像谈论国王的大象、女王的斑马一般谈论您。英国人向来喜欢关注各种稀奇古怪之事,并以此自娱自乐,但是这种消遣绝不等同于敬重……

如其一贯作风,伏尔泰立马否认这篇戏谑之作是出自他本人之手。事实上,这篇戏仿之作似乎是"里昂的鲍德"(M. Borders of Lyon)所写,尽管伏尔泰的文集中收有这篇文章。当然,认为伏尔泰就是其作者也不乏充分的理由。首先,它符合伏尔泰一贯的文风;其次,伏尔泰与卢梭早有宿怨。

尽管"伏尔泰致让-雅克·潘索菲博士"这篇戏仿之作没有对卢梭本人进行任何诽谤,但卢梭将它视为其仇敌们在巴黎和伦敦狼狈为奸、沆瀣一气的证据。但是,步那封伪信之后尘,其他用法语写就的戏仿信也接踵而至,并抢滩报纸,而其中有两篇更是戳中了卢梭的痛处。

第一封刊登在 4 月 17 至 19 日这一期的《圣詹姆斯纪事报》上,它自称是出自一位教友派信徒"Z. A."之手,这样作者就可以采用一种亲切的第二人称与卢梭展开对话。信中,作者责备卢梭常常为一些鸡毛蒜皮的小事而搞得心烦意乱：他现在生活在一个自由的国度，但是，自由是要付出代价的；因为总有人会滥用这种自由。"但你的言辞太过悲戚、太过伤心欲绝。而真正让你动怒的是：你的性格被暴露在光天化日之下。相信自己可以不受别人的恩施，是一种愚不可及的虚荣。"信的末尾还引述伏尔泰的话指出，公开接受别人的恩施而不患得患失是一种礼节（这无疑是对卢梭更大的侮辱），"好好想想吧！"然后署名"Z. A."。

随后，4 月 24 至 26 日这一期的《圣詹姆斯纪事报》上刊登了一则希腊"传说故事"，它开篇写道："希腊有一个江湖郎中"，以四处卖药为生，此人"古怪透顶，世所罕见"。文章的结尾论及该江湖郎中之死："有人说他死于烦恼和敌意，但大多数人却说：那是因为人们不再谈论他，而他也不再卓尔不凡了的缘故。"对卢梭而言，这种嘲讽"甚至比普鲁士国王的嘲讽更加残忍"。

至于这些伤人于无形的信件到底是出自谁人之手，人们一直争讼不断，尽管一位名叫弗雷德里克·波特尔的学者认为它出自沃波尔之手。此时身在巴黎的沃波尔正准备返回伦敦，他一直在密切关注事态的发展；他再次拿起他的笔，磨刀霍霍，不过，他最终还是隐忍未发。沃波尔记下了他那天读到卢梭刊登在《圣詹姆斯纪事报》的那篇"滑稽可笑"的抗辩时的反应：

> 在我上床之前，我以卢梭自己的"爱弥儿"之名给他写了一封信，嘲笑他的愚笨；但是，思之再三之后，我还是抑制住内心的冲动，没有将这封信寄出去。同样没有寄出去的还有另外一封信。在此之前，我曾以普鲁士国王之名给卢梭写了第二封信，在这封信里，我预见到：英格兰即将发生的一系列事件使卢梭想闹出更大动静的希望转瞬成空，他将逐渐被大家所遗忘、所忽略，而这终将导致他对我们这个国家的怨恨。这些事件包括政治斗争、皮特的重掌大权、赛马以及选举，等等。所有这些都不难预见，而它们也确实发生了，这进一步使卢梭对这种与世隔绝、离群索居的生活深感厌倦，虽然卢梭一直伪称自己在追寻这种孤寂的生活，但最终却发现他根本就无法忍受。

尽管沃波尔最终还是将"爱弥儿"的那封信"扣而未发"，——尽管他在 4 月中旬才将此信寄给了杜·德芳夫人，但是，还不到一个月，休谟就看到了此信。5月16日，在给巴芙勒夫人的信中，休谟写道："沃波尔先生已写好了一封回信，其内容才智超群、妙趣横生、令人捧腹，但出于人道，他决定不让该信的任何复本流出国外。"

沃尔波就此收手了吗？抑或说，沃波尔仍然会情不自禁地去戏弄卢梭呢？

实际上，在一片反对声浪中，也不乏有人挺身而出为卢梭辩护。在报纸上刊登出来的信函中，就有一封信函含沙射影地攻击沃波尔（此信刊登在5月3至6日这一期的《圣詹姆斯纪事报》上）。这封署名为大写字母"X"的信函抨击这位正在国外游历的"作家"，居然敢靠他那拾人牙慧的蹩脚法语，"去嘲弄一位德高望重之人，一位靠自己的著述让整个文学界肃然起敬之人，一位因其坎坷的命运和际遇而备受人们敬重之人"。"X"还呼吁所有的作家兄弟们不要同室操戈，从而让亲者痛仇者快。对于这封信是否出自詹姆斯·鲍斯威尔之手，人们观点不一。但是，它似乎反而招来了用法语写就的、专事攻击卢梭的最后一封、也是最为重要的一封信函，这封信极尽人身攻击之能事。这封致"X"的信函署名为"V.T.h.S.W"，刊登在6月5至7日这一期的《圣詹姆斯纪事报》上。就像波特尔所说的那样，"V.T.h.S.W"实际上就是 *Votre Très humble Serviteur Walpole*（你卑微的仆人沃波尔）的缩写。

信通篇都采用一种克制且礼貌的语调，它"极其谦卑"地要求卢梭的捍卫者（"X"）澄清一直困扰着"V.T.h.S.W"的几个小问题。一、难道卢梭之前没有放弃其日内瓦公民身份，尔后写成了《山中书简》吗？二、难道《新爱洛漪丝》的作者未曾以冷淡的态度对待其亲朋故友吗？难道他不是经常背弃朋友并将他们称为恶魔吗？三、难道《论人类不平等的起源》的作者没有嫌贫爱富，只向那些权贵之士洞开家门而将那些贫寒之士拒之门外吗？

在信的末尾，"V.T.h.S.W"发出了最后一击：他知道这位非同凡响之辈的人生信条截然不同于普罗大众，但是，他的这些人生信条又是什么呢？

所有的一切都已经注定。3月中旬，卢梭还只是隐约地感觉到有一个专门针对他的阴谋。而到了4月9日，他已经下定决心，并开始着手收集证据。

182

逃离理性

想象力是卢梭心灵的首要官能，它甚至吞噬了卢梭的其他所有官能。

——斯塔尔夫人（Mme de Staël）

刚到伍顿的时候,卢梭曾将自己描述为经由一次新的洗礼而重获新生,因为在横渡英吉利海峡之时,他曾被海水浸泡过。他已摒弃了此前的自我,并将那片奇异的土地——也即欧洲大陆——上所发生的一切都抛之九霄云外。

　　然而,在这个新生的灵魂里,虽然表面上看似风平浪静,实则暗流涌动。卢梭曾再三嘱托杜·佩鲁:在处理其文稿的时候一定要谨慎从事,切不可将此事委诸他人,就连那些对卢梭十分友善之人也不例外。卢梭还向理查德·达文波特提出类似的恳求。如果达文波特有信要寄给卢梭,他能否亲自将信送至伍顿,或者直接寄给他? 并恳请达文波特切勿将信件通过第三方代为转交,除非是他自己的人。书信的安全比及时送达更为重要。达文波特同意了卢梭的请求,但并没有追问这样做的因由。

　　就在同一天,也即 1766 年 3 月 31 日,卢梭向弗朗索瓦-亨利·狄维尔诺瓦(François-Henri d'Ivernois)[①]祖露了他日益增加的恐惧和不安。狄维尔诺瓦是一位法裔日内瓦商人,并在莫蒂埃(Môtiers)时与卢梭相识相知。卢梭曾收到一封来自狄维尔诺瓦的信,但却发现——

---

① 日内瓦商人,法国流亡者,通过使用手腕与卢梭交上了朋友(尽管卢梭曾试图对他敬而远之),在莫蒂埃时,他经常去拜访卢梭,并陪他一道去散步和采集植物标本,并在此之后一直和卢梭保持着定期的书信往来。

　　这封信显然曾被拆开过,然后又重新封好。这封信是休谟先生转交给我的,他不仅与"骗子"唐奇恩的儿子鬼鬼祟祟、过从甚密,居住在同一家旅馆,而且在巴黎的时候也与我最危险的仇敌有相似的勾当,以至于我不得不对他有所怀疑。如果他不是那种卑鄙小人的话,我会郑重其事地向他赔礼道歉的。在一个我对其语言一窍不通的国家里,多亏了休谟先生的关照和惠助,对此我充满感激。他对我关怀备至,但这于我的名声毫无助益。我不知道究竟出了什么问题,因为在我没来英格兰之前,这里的报纸对我竞相报道,而且言辞间充满敬意,但自从他抵达伦敦之后,报纸的论调就变了,它们要么对我绝口不提,要么尽报道我的一些负面新闻。我所有的事务,包括我所有的往来信件都是他经手的:我寄出的信件总是收不到,而我收到的信函又总是被拆封。再加上其他的一些事情,这让我不得不对他的行为产生怀疑;尽管他对我非常热心。我至今都搞不明白他这样做居心何在,但我禁不住认为他们是沆瀣一气的一丘之貉。

卢梭请狄维尔诺瓦将他的担心转告杜·佩鲁。他们应该加倍小心;切勿联系太过频繁,而且要仔细检查信件,核验封印、日期以及经手人。卢梭还特意想出一个办法,在寄给他的信函上不要署上他的名字:

一位先生

达文波特先生

阿什本伍顿的一位先生

德比郡

　　4月份的第一个星期,卢梭曾就其信函老是被拆一事向巴芙勒夫人大发牢骚。信件要么不能送达目的地,要么被人提前拆看。对于休谟,卢梭含沙射影地说道:"在一个言语不通的国家,初来乍到的人只能任人摆布,因此,若能找到自己能充分信任之人实属幸运;而以我自己的经历看,我好像还没有这份好运。"此后不久,卢梭就将其对于那封伪信的抗议信寄送给《圣詹姆斯纪事报》。

　　对于沃波尔而言,在一种公共人物以相互嘲弄为乐的文化氛围中,普鲁士国王的这封信或许只是一种微不足道的智力游戏。但对于这种文化深恶痛绝的卢梭而言,这封伪信不仅非同小可,而且也是破坏性的。在致一位伦敦书商的信中,卢梭声称:尽管他自己对这封伪信一点也不感兴趣,但是,由于这封伪信的出现,杜·佩鲁专门描述他在纳莎泰尔的不幸遭遇的信件被迫延期出版。卢梭还写道:"我希望伦敦所刮起的这股妖风邪气不会影响到我在这里所歆享的安宁。"

　　如果在面对这些纷扰时卢梭仍然能感到心绪安宁,那么,它也只是这样一种安宁,也即他确信他已经洞悉了事实的全部真相。在其密友——也即最近才将其友谊强加在卢梭身上的德·沃德琳夫人(Mme de Verdelin)——面前,卢梭一五一十、原原本本地将事实真相倾诉而出。

　　我们可以想象一下 1766 年 4 月 9 日那一天的卢梭,当时,他身处万籁俱静的伍顿。屋外,天寒地冻、万木萧索;屋内,家徒四壁,卢梭不得不将羸弱的身躯蜷缩在一起,以抵御刺骨的寒气,此时的他完全沉浸在自己的思绪之中,并在脑海里一遍遍地回放着他与休谟在一起时的一幕幕场景。在他的脚下,温顺的"苏丹"静静地躺在那里,与他形影不离;而在他的肩上,格里姆所辨识出来的那个动物——我们或许可以将其看作是卢梭所养的第二条狗,"它让卢梭一刻也不得安宁"——正狂吠不止。卢梭手中的笔在不规则地滑动着,时而因怒火中烧而颤抖不止,时而因惊恐或惧怕而停笔不前。如此一来,信纸上一片狼藉,满是涂抹的痕迹:不是这里有删节,就是那里有增补,页边的空白处也写满了补入的句子。

　　在信的开头,卢梭先告诉沃德琳夫人:她绝对有必要好好地了解一下这位大卫·休谟,因为是她将他托付给休谟的。"自从我们来到这个我人生地不熟——除了休谟,我谁也不认识——的地方之后,一些对我的全部活动了如指掌之人,总是在私下里诋毁我、败坏我的名声,并且取得了让我瞠目结舌的成功。"

　　卢梭对于休谟的令人不寒而栗的指控从巴黎开始,在那里,对于其所受到的欢迎有种种不实之词:媒体先是错误地暗示他无法在公众中露面。与此同时,各家报纸也纷纷刊登出这样的信息:只有在休谟的庇护下卢梭才能取道法国,而休谟也已为卢梭办好了通行证。那封由达朗贝尔执笔、由休谟的朋友沃波尔广为散播的那封伪信,竟然被认为是真实不诬的。休谟在伦敦所采取的每一个行动都旨在使卢梭和勒·瓦瑟小姐成为众人的笑柄。在短短不到六周的时间内,所有的报纸都前恭后倨,对卢梭的态度来了个180度的大转弯,由最初的大加褒扬转变为后来的冷嘲热讽。而宫廷权贵和公众对于卢梭的态度也随之迅速转变,那些与休谟关系较为密切之人尤为明显。至于休谟自己,在赴英格兰的途中,卢梭就曾向其言明他对于"骗子"唐奇恩的不信任,但事实却证明:在伦敦,唐奇恩的儿子与休谟居然寄居在同一家旅馆。

后来,寄寓在"俪人街"的那一晚,两个女房东——安妮·埃利奥特(Annie Elliot)和佩吉·埃利奥特(Peggy Elliot)——以及仆人们都对卢梭表现出一种憎恨和轻蔑之意。他们对勒·瓦瑟小姐的态度令人憎恶。休谟所遇到的每一个人几乎都用一种倨傲的、恶毒的腔调与卢梭说话。这种情况曾出现不下一百次,也即卢梭一出现,休谟就背转身子,与别人窃窃私语。休谟到底居心何在? 他不敢妄测,但是,卢梭所有的往来信件都由休谟经手。对于拆阅和经手这些信件,休谟总是表现得非常热心。在卢梭所写的信函中,根本就没有几封能送达收信人之手。而在寄给卢梭的信函中,几乎所有的信函都被提前拆阅,而那些有可能有助于卢梭了解其当前处境的信件都被扣压了。

接着,卢梭又文不加点地描述了更多的细节。首先,他描述了休谟在赶赴加莱途中的梦中呓语:"我抓住了让-雅克·卢梭"。其说话时的声调卢梭至今记忆犹新,并让他不寒而栗,浑身起鸡皮疙瘩。接着,卢梭又讲述了导致他们上次碰面时情绪失控的一些事件。

3月18日那一晚,卢梭伏在休谟的书桌上给德·舍农索夫人(Mme de Chenonceaux)写信。休谟很想知道卢梭到底都写了些什么,于是便忍不住从背后偷看。卢梭故意地把信合了起来,这可急坏了休谟,于是他一再央求,摆出一副不看此信誓不罢休的架势,并允诺第二天就帮卢梭把信寄出去。但纳尼汉姆勋爵(Lord Nuneham)恰巧此时登门拜访,当休谟离开房间后,纳尼汉姆勋爵惠允通过法国大使馆的专用邮包帮卢梭把信寄出。卢梭也接受了他的好意。正当纳尼汉姆勋爵拿出其专用印章时,休谟又回到了房间,并自告奋勇地要帮卢梭寄信,其殷殷之情让卢梭很难拒绝。这时一个仆从被叫了进来,纳尼汉姆勋爵把信递给了他,吩咐他将信送交法国大使。卢梭自言自语道:休谟肯定会尾随那个仆从离开房间,果不其然,那个仆从刚刚离开房间,休谟就尾随而去。

最后,卢梭把沃德琳夫人从一个真实的世界带入到一个阴暗的、暗藏杀机的闪灵王国。在晚宴期间,以及在晚宴之后,休谟始终用一种骇人的目光盯着卢梭和勒·瓦瑟,这是任何一个诚实之人都不曾遇到过的骇人目光。而且在卢梭看来,休谟为勒·瓦瑟所准备的房间与"狗窝"无异(他最后将前面的修饰语"肮脏的"给删去了)。等勒·瓦瑟上床安歇之后,他和休谟又坐了一会儿,但相对无言。休谟又用了之前的那种骇人的目光盯着卢梭,尽管卢梭也试图以骇人的目光回敬休谟,但他始终不敢正视这位苏格兰哲学家那让人胆战心惊的目光。卢梭能感觉到其内心恐惧至极,充满了不祥预感。突然间,卢梭悔极而泣,他痛悔自己居然以外在的相貌来评价这样一位大人物——

> 我一面流着眼泪,一面将自己投入他的怀抱,并哭喊道:"不,大卫·休谟不是一个背信弃义之徒;这绝不可能。如果他不是最善良之人,那么他一定是最心狠手辣之徒。"此时,我的休谟仍然是一如既往地平静,他没有表示一丝一毫的同情,也没有变得勃然大怒,抑或要求我对自己的话予以解释,只是回应以屈指可数的几次冷冷的抚摸,他一边拍打着我的后背,一边不停地念叨着:"亲爱的先生,发生什么事啦? 我亲爱的先生!"老实说,与其他的一切事情相比,他的这种反应更让我感到震骇。

与休谟对那一晚的记述相比,卢梭对返程驿车(或邮车)一事只字未提。或许是因为卢梭的愤怒非常简单——他只是对自己被蒙骗一事心怀怨尤。所以,在一个专门讲述心灵恐惧和一个男人操纵另一个男人的哥特式传奇故事中,犯罪事实本身并不重要。

他们各自叙述之间的另一个抵牾之处在于对卢梭道歉的看法上。在休谟的叙述中,卢梭是在为他的愚蠢和不良行为道歉;而在卢梭的叙述中,他之所以道歉,全因考虑到休谟的品性。我们应该相信谁呢? 毫无疑问,卢梭对于休谟的呆板而拘谨的反应的描述比较真实可信,因为它让我们想起休谟在巴黎向两位奴仆展示"苏丹"时那令人尴尬的嗫嚅不言的场景。

然而，尽管向沃德琳夫人大倒苦水，但卢梭并没有向她透露其全部心思。卢梭一直在琢磨"俪人街"那一晚所发生的一切，尤其是休谟在面对卢梭情绪失控时所表现出的那种不为所动的冷漠和淡定。为什么当卢梭说休谟是个"背信弃义之徒"时休谟没有对他的这种说法刨根问底？抑或是对自己的行为做出解释？因为，无论是出于自身的荣誉，还是出于与卢梭的友情，休谟都应该这么做。

在经过深思熟虑之后，卢梭遂于 3 月 22 日从伍顿给休谟寄去了那封信。按照卢梭的想法，这不是一封寻常信。他写此信的目的是想考验一下休谟。在表达了对休谟的感激之情之后，在一段充满爱意的文字中，卢梭敦促休谟维系他们之间的友情：

> 请爱护我吧，因为就我而言，这是因为我亏负您太多，而就您而言，这是因为您已经惠我良多。我深知您这份诚挚友谊的价值，我衷心地希望能赢得您的友谊；与此同时，我也希望能以我的全部友谊回馈于您，并且相信：它也并非毫无价值。

这一段话表面上看起来浅白易懂、直抒胸臆，但实际上，为了推敲这几句话，卢梭可谓煞费苦心。卢梭的策略是向休谟公开地申明他的怀疑，以便给休谟留出最后一次机会，好让他自辩清白。卢梭相信，他之所以公开地对休谟对于他的真实感情进行质疑，实际上是想简单地测试一下休谟：如果休谟觉得上述这段话没有任何不妥，那就说明他问心有愧；如果他觉得这段话非同寻常，并要卢梭予以解释，那么就说明休谟是清白无辜的。

而在休谟的回信中，他首先对在"返程邮车"一事上"蒙骗"卢梭深表歉意，但同时坦言：这件事的始作俑者是达文波特。休谟写道："达文波特先生自己对这件事也极为懊悔，并且在我的建议下，他已经下定决心再也不做这种傻事了。"但是，休谟既没有论及到主要的问题，也没有触及到卢梭的心结。实际上，休谟表现得有些冷淡："无论您退隐何处，我美好的祝愿都伴您左右；但同时又夹杂着些许遗憾，遗憾与您山水远隔！"

在随后的几个星期，卢梭又老调重弹，向其他的一些人——这其中就包括伯爵元帅——重申了他对于休谟的指控。沃德琳夫人告诉卢梭:他对休谟的指控让她极为震惊,让她的血液几近于凝固。自从读了此信,她发现她思绪混乱,无法成眠。她烧了这封信。她从头到尾认真地检视了卢梭对于休谟的所有指控,试图让卢梭的心情平复下来。休谟不可能做出这种伤天害理之事。

伯爵元帅也声称,他自己对卢梭的指控感到极为震惊、让人难以置信,尽管考虑到卢梭过去所遭受到的迫害,他对于卢梭的警觉心有戚戚。与沃德琳夫人一样,伯爵元帅也逐一检视了这些控诉,并极力消除卢梭的担忧。他还建议卢梭"接受"英国国王所赐予的年金,如果英王打算赐予的话。

正如我们所知道的那样,5月2日,英国国王正式答应向卢梭提供一笔年金,而正是这份年金最终引发了卢梭与喜不自胜、浑然不觉的休谟之间的正面冲突。

当通过康威将军获悉国王已经同意授予卢梭一笔年金的消息后,休谟立刻将康威将军的信函转给卢梭,并建议他接受这笔年金。卢梭在于5月12日按时给康威将军回了信。如果卢梭能如大家所预想的那样,只是在回信中表达一下谦恭的谢意的话,那么休谟或许可以稍稍自我庆贺一下。但事与愿违,卢梭的回信充斥着各种虚妄偏执之词。但其意图是显而易见的,那就是:作为一个备受煎熬之人,他恳请康威将军能惠允他延后一些时日再做决定。

在信中,卢梭用非常典雅的语言表达了他对国王和康威将军的谢意。不过,他接着解释道,他近来心绪烦乱,还没有想清楚到底该怎么做:"在经历了这么多不幸之后,我本以为自己已能处变不惊。但还是有一件事是我始料不及的,也是任何品性正直之人所始料不及的。这件事对我有着残酷而致命的影响。"结果,无论是多么紧要的问题,他根本就没有心思去考虑到底该如何行事:

> 我之所以拒不接受国王的恩赐,远非如人们所归罪于我的那样,是出于骄傲或自负,恰恰相反,我向来以能得到英王的恩赐为荣。但最让我感到痛心的是,我不能在众目睽睽之下接受这份恩典。但是,一旦我决定接受这份恩典,我希望能纵情地享受这份恩典所带给我的荣耀,并

在内心中充满对英王陛下和您的善意的感激之情……因此，阁下，容我心情平复之后再做定夺。

看到年金一事即将大功告成——只剩下一些具体的行政手续需要办理，休谟想必大大地松了一口气！为了玉成此事，休谟可没少动用他和康威将军的关系。当年金一事最终尘埃落定时，休谟可能会认为，他所肩负的照顾卢梭义务也该告一段落了。正如休·布莱尔教授在 5 月 13 日的致谢信——在其中，布莱尔感谢休谟为他讲述了关于卢梭的许多逸闻趣事，并称这些逸闻趣事是"为所有朋友所津津乐道的一种消遣"——中所写道的那样："您对他关怀备至、厚爱有加，现在，他离您而去，您想必感到轻松不少吧；因为他的率性和怪异肯定会给您带来不少麻烦。"

可休谟终究未能卸下重负，不仅如此，当他于 5 月 15 日这一天登门拜访康威将军，并看到卢梭写给康威将军的信函时，宛如五雷轰顶。从休谟次日写给巴芙勒夫人的函件中，我们不难想见其当时莫可名状的挫败之情："他还是犯下了我们所能想象得到的最不可理喻、最理应受责备的大放厥词之罪。"

而在致达文波特的信中，休谟对卢梭的怒不可遏之情同样彰明昭著：

这真是咄咄怪事！卢梭先生一方面在您面前表现得性情温顺、诙谐幽默，可另一方面又在康威将军面前将自己描述为一个由于遭受一些最难以逆料的不幸而备受煎熬之人；他甚至说其内心深处无法排解的抑郁让他丧失了思考能力。

与此同时，休谟指出，最让人感到不可思议的是，卢梭还拒绝了英王陛下的惠赐，尽管——

他曾亲自准允康威将军去为他申请年金，并亲自写信给伯爵元帅以期获得他的首肯，而且还授权我将其同意接受年金一事转告康威将军。尽管如此，他似乎根本就没有把国王陛下放在眼里，并把康威将军、伯爵元帅和我玩弄于股掌之间，更为重要的是：对于这种行为，他竟然没有向我表达丝毫的歉意，也从未就这件事向我写过只言片语。

正在气头上的休谟以为卢梭只不过是想修改年金的条款——尤其是想将这件事公之于众。正为政务忙得焦头烂额的康威将军似乎也认可了休谟的这种看法。但是,读过此信的其他人(包括亚当·斯密)则认识到:这只是休谟的一厢情愿。卢梭只是在试图解释他为什么觉得那时不能接受年金。

后面的许多是非恩怨都是因这种误解而起。从给巴芙勒夫人的信中,我们不难看出,休谟似乎已经准备与卢梭摊牌:"我会写信给他,并告诉他:这件事根本就没有回旋的余地……难道这个世界上还有比这更荒唐和更不可理喻的事情吗?就立身处事和社会交往而言,稍好一点的判断力肯定要强于所有这些才赋,而一点好脾气肯定强于这种极端的敏感。"没有什么比这段话的表述更清楚了:这位理性而清明的怀疑主义者无法同情并理解这位多愁善感之人。就此而言,哲学介入了真实的生活。

然而,等到第二天,当怒气冲天的休谟冷静下来之后,他试图让卢梭回心转意,在写给卢梭的信中,休谟申明:他和康威将军都希望卢梭能改变心意,不要再纠缠于"年金"是秘不示人,还是公之于众。休谟还写道:据康威将军与康威夫人的猜测,卢梭之所以会闷闷不乐,全因"普鲁士国王书信"一事。如果真是这样的话,他们希望卢梭能明白:沃波尔先生对给您造成这么大的伤害深感懊悔。"那个无聊的玩笑之作原本打算是秘不示人的,它的刊发纯属意外,完全有违于他的初衷。沃波尔先生曾向我表达过同样的想法。"当然,休谟所做的这种种努力都是徒劳无功的。无论如何,卢梭并没有回复这封信。

把受伤的情感先放置一旁,休谟仍然坚信:卢梭主要想与国王重新议定"年金"的条款。所以,在 6 月 19 日,休谟又给卢梭去了一封信。面对卢梭的沉默,休谟推断:卢梭对"年金"秘不示人这一条款仍心存芥蒂。因此他再次找康威将军商量,看看能否将英王陛下授予卢梭"年金"一事昭告天下。康威将军则表示:如果他确信卢梭肯定会接受国王陛下的恩赐,而英王陛下也肯定不会因为第二次被拒而身陷尴尬的话,他会向国王陛下提及此事。那么,卢梭会尽快地给出同意的答复吗?

但休谟的耐心却在一天天的等待中消磨殆尽。尽管卢梭仍没有回音,但休谟紧接着又于 6 月 21 日用第三人称给卢梭写了一封非常正式的信,并以他将不再插手"年金"一事相威胁:"休谟先生向卢梭先生问好。他……恳请卢梭先生方便时尽快回复休谟先生的上一封来信。因为他很快就会离开伦敦,到那时,休谟先生将再也无法替卢梭先生效劳了。"

　　这封信于 6 月 23 日送达伍顿。其效力可谓立竿见影。在收到信的当天,卢梭便写道:"这是我写给您的最后一封信。"用休谟"书信集"的编者 G. 伯贝克·希尔(G. Birkbeck Hill)的话说:"当休谟正沾沾自喜的时候,当休谟因为想到通过自己所拥有的'充沛的仁善之情'而获得人类所能获得的最高功勋而洋洋自得之时,在 6 月的一天,这位生性和善、幽默风趣的伊壁鸠鲁派哲学家受到了致命一击,其效力也许远甚于任何一位哲学家的哲学。"

三个耳光

一个没有感受过痛苦的人是无法理解痛苦滋味的。

——塞缪尔·约翰逊

在那封写于 6 月 23 日并让休谟惊骇不已的信中,卢梭虽然只写了短短的 300 个法语词,但其语气刚毅坚定、不容辩驳。此时的卢梭已对休谟的所作所为以及自己对其指控的真实性深信不疑:"我相信:我的沉默已足以说明一切,而您的良知也明白我何以沉默。但是,既然您故作糊涂,我只好将其挑明。您的伪装很拙劣。先生,我了解您,我想,对于这一点,您也心知肚明。"

没有什么比一个老水手用一双老于世故的利眼盯着一位婚礼来宾这种场面更引人注目了。

卢梭接着写道:

以前,您我并不相识,也没有任何争吵或争论;当我们只是通过各自的文学声望而彼此有所耳闻的时候,您就迫不及待地将您的朋友们介绍给我,并对我施以援手。正是受您这种慷慨之举的感化,我才毫不犹豫地投入您的怀抱。您把我带到英格兰,表面上是为我寻找一个安身立命的庇护所,实则是想借机羞辱我,将我置于万劫不复之地。您用与您的心灵和天赋相匹配的满腔热情和过人才干投身于这项崇高的事业。其实,成功并不需要多大的努力,因为您生活在觥筹交错的上流社会,而我却退隐山林,茕茕孑立。公众喜好人云亦云、随波逐流,而您则以欺骗众生为乐。但是,我知道有一个人您不会去欺骗,那就是您自己。您可知道,当我第一次对您的计划有所怀疑并将这个不洁的念头强压下去时,我的内心有多么的惶恐和不安吗? 当时我拥抱着您,泪流满面地告诉您道:如果您不是世上最良善之人,那么您必定是最心狠手辣之人。当您反思您见不得人的龌龊之举时,您想必有时会对自己说:您根本就不是什么良善之辈;我怀疑,带着这种想法,您将会前所未有地快乐。

对于您和您的朋友,我一直是悉听尊便,从未加以提防,从而让您的阴谋诡计有了可乘之机。在有生之年,我将自己一世英名毁于您手,我一点也不感到后悔,因为可以肯定:正义终将会对我们做出公平的裁决。对于您此前施于我的种种惠助——您只是把它们作为幌子,以掩饰您的卑劣行径,我深表感谢,同时,也正是因为您的这些惠助,我决定原谅您。我以后再也不会与您通信,也不会接受您作中间人所提供的任何好处,纵使这对我有利。

再见了,先生。我希望您能得到真正的幸福;但是,我们之间再也没有什么好说的了,这是我写给您的最后一封信。

让-雅克·卢梭

三天后,也就是 6 月 26 日,烦乱而怒不可遏的休谟给卢梭去了一封长信,言辞间充满了愤慨。因为休谟一直觉得他对于卢梭总是"关爱有加",并"一直以来都就这份诚挚的友爱之情向您做出了最温柔、最积极的证明,所以,您或许不难判断我读到您的来信时的那种错愕之情。"休谟希望卢梭能为他的指责,特别是卢梭所给他安的"诽谤者"的罪名提供更为具体的事证:

无论是从我这方面考虑,还是从您自身的角度考虑,无论于情于理,还是就人类中的神圣之事而言(或者以上帝的名义),您都应该这样做。我不说作为您的朋友,也不说作为您的恩人,我只是作为一个清白无辜之人,我再说一遍,作为一个清白无辜之人,我有权要求还我清白,并驳斥任何被捏造出来专门针对我的无耻谰言。

三 个 耳 光

休谟并没有直接将信寄给卢梭,而是寄给了身在伍顿的达文波特,这或许是因为他想留下发信的证据。休谟恳请达文波特在将这封信转交给卢梭之前先认真研读一下其内容,并随信附上了卢梭那封雷霆万钧之信的副本。他恳请达文波特在"我的一生中所遇到的最棘手、最关键的事情上给予帮助……如我一样,您一定惊骇于这个人可怕的忘恩负义、凶残和狂暴"。不过,休谟最为关心的还是想知道卢梭口中那个不具名的诽谤者到底是谁,并敦请达文波特站在他这一边,其语调变得极具莎士比亚风格:"如果必要的话,我会邀您出面,基于您对事实和正义的尊重,重申我的要求,并让他意识到他必须答应我的要求。如若不然,他肯定会被视为一个谎言家和诽谤者。"

尽管卢梭的信读起来可能会让人觉得有些忘恩负义,但休谟加之于其头上的"凶残"和"狂暴"这两个修饰词却有些言过其实。真正抓狂的人不是卢梭,而是休谟。颇具戏剧性的是,首先看到休谟这封信的人不是达文波特,而是其代理人沃尔顿先生(Mr Walton,他全权管理达文波特先生的产业),而卢梭当时碰巧也在场(如果这封信从伦敦寄往伍顿需要两天时间的话,那么它到达伍顿的日期应该是 6 月 28 日,而这一天正好是卢梭 54 岁的生日,若果真如此,这封信想必是个颇具爆炸性的礼物)。看到自己那封信的副本之后,卢梭重新把信封好,用快递将其寄给达文波特。在封面的便条上,卢梭写道:这件事说来话长,非三言两语所能道尽:"待见面后我再向您详谈。不过,在展阅此信并对其中的内容仔细思量之后,您自己就会明了这件事的。"

不知不觉间,休谟和卢梭的角色已发生了 180 度的大转弯。休谟确信:卢梭正在策划一个大阴谋,试图败坏他的名声。于是,他的行为举止也变得凶残和狂暴起来,正像他之前所指责于卢梭的那样。

1766 年 6 月 27 日,休谟致信巴黎的霍尔巴赫男爵,紧接着,又于 7 月 1 日修书一封。霍尔巴赫男爵曾在其他沙龙中向那些目瞪口呆的听众介绍过这两封信的主要内容,不过不久之后,这两封信便遗失了。卢梭"书信全集"的主编拉尔夫·利(Ralph Leigh)相信:这些信函的言辞如此暴烈,甚至连"卢梭最坚定的仇敌都感到惶惑不安"。休谟 7 月下旬写给达朗贝尔的两封信也不见了,只有其"摘录"尚流存于世。想必是"好人大卫"的朋友们出于其名节方面的考虑,将这些信件销毁了。在"法国启蒙运动"时期的沙龙中,哲人们绝不允许任何一个理性之人沦为丑陋激情的奴隶。休谟的愤怒,再加上他没能理解主宰"文人共和国"的那种复杂的礼仪——这在巴芙勒夫人的"生活仪轨"中得到了淋漓尽致的展现——促使他违背了法国社交界约定俗成的行为规范。

据艾米莉·苏阿尔(Amélie Suard)——她是休谟作品的法文译者之妻——的说法,当她和她的丈夫正在参加内克尔夫人的沙龙时,有人从霍尔巴赫男爵的沙龙那里行色匆匆地赶过来,并爆料,霍尔巴赫男爵刚收到休谟先生的一封信,信的开头这样写道:"尊敬的男爵阁下,卢梭是一个恶棍。"

休谟收回了他此前对卢梭的所有赞词。让他追悔悔莫及的是,他此前竟然如此厚待这位前日内瓦公民,因为他这是养虎为患(正如霍尔巴赫男爵所曾警告他的那样)。休谟历数了他为了给这位流亡者争取到一笔"年金"而付出的种种努力,并痛斥道:卢梭的指摘实际上就等于向他宣战,而这场战争的第一个信号便是败坏他的名声。不仅如此,休谟还有证据表明:卢梭策划这场战役已有两个月之久,其策略是——先在口头上答应让休谟为他争取年金,然后又公开地一口回绝。这样,卢梭可谓一石二鸟:既讨好了反对党,又在英国国王和英国人民面前败坏了休谟的清誉(休谟的这一指控毫无根据,因为没有证据表明卢梭对伦敦的政治阴谋感兴趣。)

作为休谟的仰慕者以及其作品的译者,美尼爱瑞斯夫人(Mme de Meinières)在其 7 月 7 日致休谟的信中,也表达了她在巴黎听到这个让人痛苦的消息时的困惑和震惊。在信的一开头,她就开宗明义地写道:她不是以一个其生活深受休谟影响的崇拜者的身份,而是以一个普通公民的身份来写这封信的,她渴望在摧毁狂热和无知的过程中哲人和文人们能携手共进。休谟希望霍尔巴赫男爵刊布他的信件吗? 休谟自己打算刊布这些信件吗? 所有的法国人都在凝神静待。说卢梭忘恩负义、狂乱、反复无常和虚荣,没有人怀疑这一点。但是,在这里,她直接引述休谟道:卢梭是有史以来曾让人性蒙羞的最歹毒、最凶暴的恶棍,人们可以这样描述他,谎话连篇、凶残成性、卑劣至极——这是新加的。

显而易见,休谟首先选择跟其法国友人倾诉他的愤怒和痛苦。同样显而易见的是,他优先选择的倾诉对象是卢梭的铁杆反对者霍尔巴赫男爵,而不是卢梭的支持者巴芙勒夫人。休谟一直幻想着有一天能重返巴黎,并住进巴芙勒夫人为他在"神殿"安排的某间公寓里("作为神殿偶像的大祭司",德芳夫人曾这样调侃道)。

不过,休谟也担心这会影响到他在英格兰的清誉。7月1日,休谟致信布莱尔教授,"恳请"他不要将其所写的有关卢梭的书信内容呈示给任何世人,并希望能收回这些信件。实际上,当休谟将卢梭斥为"存活在这个世界上的最龌龊、最凶暴的恶棍,无人堪与其匹! 对于我所写过的关于他的任何溢美之词,我深感羞耻"时,其此前赋予卢梭的称颂之辞显得是多么令人尴尬啊! 从下面的一段话中,我们不难管窥休谟的意图,以及他所意识到的相关危险:"我知道,当我告诉您我恐怕不得不出版一本小册子,从而将我们之间的整个交往过程予以澄清并公之于众时,您肯定会对我深表同情……您知道,与他这样一个天才人物产生任何争端是多么的危险。"休谟对于这次争吵的《详细说明》(*Concise Account*)是在经历了许多波折之后才于数月后面世的。

三天后,休谟也给达文波特寄去了相似的信函,恳请他能否将其写给卢梭的信函的副本寄给他:"如果他不是因为恶意和天才而成为世上最危险之人的话,对我而言,要这些信的副本毫无用处。我不能不对他有所防范。"

休谟想把整个事件公之于众的想法持续发酵。鉴于休谟强大的人脉,卢梭的"手腕"立即成为整个巴黎街谈巷议的话题。在一封致霍尔巴赫男爵的信中——其内容已经在全巴黎传开,休谟言及到要写一本小册子,从而将卢梭的所有"暴行"昭告天下。

在英吉利海峡两岸,休谟的那些震惊不已的朋友们都纷纷现身力挺休谟,但是,他们虽然都对休谟好心反遭恶报深表同情,但却都无一例外地对休谟将他们的争端公之于众的做法不以为然。7月6日,朱莉·德·莱斯皮纳斯(Julie de L'Espinasse)和达朗贝尔给休谟联署了一封信,表明了他们对于此事的关切。在信的一开头,德·莱斯皮纳斯就写道:"卢梭到底对您做了什么不可饶恕的暴行?"他们是从霍尔巴赫男爵那儿听到一些风声。德·莱斯皮纳斯希望休谟能对卢梭的这些暴行作一简明扼要的概述,这既不是出于好奇,也不是对休谟的说法有所怀疑,而是为了帮他对付卢梭的那些盲信之徒,他们中的许多人可是有头有脑的大人物。接着,德·莱斯皮纳斯又把笔交给了早已急不可耐的达朗贝尔。休谟和卢梭之间到底发生了什么？达朗贝尔也急于了解其中的详情，以便能说服公众相信他已经相信了的事实，即卢梭确实冤枉、错怪了休谟。但无论如何，他还是建议休谟在准备将他与卢梭的龃龉公之于众之前还是要三思而后行：因为这种争吵只会让那些狂热者的气势更加嚣张，并给了那些事不关己者一个冠冕堂皇的借口去辱骂文人墨客。

亚当·斯密也持同样的态度，这也符合他一贯的政治现实主义立场。当时尚在巴黎的他也给休谟修书一封。当时，斯密正作为布克莱公爵（the Duke of Buccleuch）的导师，与其学生一道在欧洲游历。在信中，斯密写道："跟您一样，我完全相信卢梭是一个大坏蛋，这里的每一个人也都这么认为；但是，我恳请您不要将卢梭对您所犯的无礼和傲慢公之于众。"通过拒绝国王陛下所授予的年金，卢梭或许可以将休谟置于难堪的境地，让他成为宫廷和大臣们的笑柄。亚当·斯密继续说道，但无论如何，不出三周，"好人大卫"势必将重获世人的尊崇：

> 写文章反驳他，您以为是好办法，其实正中其下怀。在英格兰，他正处于湮没无闻的危险之中，他正想通过激怒一个声名卓著的对手，从而使他再度受到世人的瞩目。到那时，教会、辉格党人、詹姆斯二世党人以及所有英格兰的聪明人都会站在他那一边，这些人乐于诋毁一个苏格兰人，并为拒绝国王年金之人喝彩。

7月7日，休谟最初的倾诉对象霍尔巴赫男爵（他已经把这件事弄得满城皆知）终于亲自给休谟回信。在信中，霍尔巴赫除了对休谟的苦境深表同情，还试图与其他人一道着力平复休谟的不可遏抑的愤激之情——他可是秉持"中庸"之道的典范。

霍尔巴赫指出，休谟并不宜于卷入这种是非。《英国史》的读者们都希望休谟能有更多的历史佳作问世，而不是用什么小册子来教训那位不可救药之徒。现在看似已经尘埃落定，毋庸置疑，休谟应该听从霍尔巴赫男爵及其他一些人的建议，那就是他应该避免这场无休止的文字缠斗。他一定不要因为自己好心没好报而感到苦闷难解。就让那帮无事生非的好事之徒拿这件事嚼舌根好了。当受到卢梭的攻击时,休谟这帮法国朋友的应对之策就是置之不理。当休谟的内心复归平静时,他应该能认可这种判断。他应该牢记这一点:他是大卫·休谟,他声名远播、万人景仰,没有人可以败坏它。然而,尽管大家这么苦口婆心地劝休谟,他仍然决定将这件事公之于众,于是,他便给在《法兰西公报》(*Gazette de France*)工作的苏阿尔先生(Mr Suard)寄去了那本小册子。

在信中,霍尔巴赫还解答了休谟的一个问询。休谟一直在调查卢梭的经济来源,其目的显而易见,那就是向世人证明:这位流亡者并非如其本人所宣扬的那样一贫如洗。为此,休谟还特地请霍尔巴赫男爵去查证卢梭是否从卢森堡公爵那里获得过数千法郎的经济资助。在经过一番调查之后,霍尔巴赫回禀休谟道:他曾从银行家鲁杰蒙的一个朋友处听闻,卢森堡公爵是通过其贴身仆从拉·罗什将钱送给当时尚在莫蒂埃的卢梭。曾有一次,拉·罗什受卢森堡公爵的委托将大约一万路易转交给卢梭,而休谟此前所提及的正是这笔钱。

透过美尼爱瑞夫人,休谟早已得知这件事在巴黎所激起的喧嚷,已将"文人共和国"分立为两大阵营:

> 卢梭的追随者们声称:卢梭以其一贯的桀骜不驯断然拒绝国王陛下赐予的年金一事看起来似乎是一种无礼之举,但也就仅此而已。而另一边,您的朋友们则坚信,卢梭拒绝年金一事造成了严重的后果,而他之所以这么做是怀着不可告人的目的……您的支持者必然会胜出。

难道休谟的目的仅仅是其支持者胜出吗?他会让流言蜚语在一个他半年之前还享有巨大声望的城市里肆意流传吗?卢梭的支持者们会善罢甘休吗?休谟的支持者们会忍气吞声、坐视不管吗?事实上,让休谟陷入骑虎难下的两难境地的还远不止这些理性算计。

此时的休谟不仅满腔怒火,而且也对卢梭的阴谋心怀忧惧。他告诉达文波特:卢梭一直"在找机会回绝国王陛下所赐予的年金,并伺机与我发生冲突,这样他就可以将其过去欠我的恩情一笔勾销"。

隐居于伍顿的卢梭也一直在关注此事。应其勃然大怒的恩主的一再催促,卢梭终于于 7 月 10 日给休谟回了信,并在信中详陈了其对于休谟的指控。

在信的一开头,卢梭就申明他生病了,无法写信。但是,由于休谟坚持要一个解释,所以他不得不提笔写了这封信。紧接着,卢梭就用 63 段的大篇幅来铺陈其对于休谟的控诉。虽然在给沃德琳夫人的信中,卢梭已经初试身手,但为了写这封言辞激烈的抨击信,卢梭必定字斟句酌,花了不少心血。待其最终成稿时,其文风之典丽,已与初稿的粗粝相去甚远。

从一开始,卢梭就极力将自己塑造成一个与世无争之人,并暗示,他从未像休谟那样卷入平素的政治活动。他的世界是情感和自知的世界,这个世界使他毋需为自己的指控寻找法律证据。正基于此,对于休谟让他说出其控告者的名字的要求,卢梭可以理直气壮地回答道:"先生,这位控告者是这个世界上唯一一个我应该接受其不利于您的证词之人,这个人就是您自己。"

卢梭从其出走瑞士开始说起。直到述及沃德琳夫人为止,卢梭的整个叙述都是按照正常的时间顺序铺陈的,但到述及休谟时,卢梭的文风为之一变,通篇只用"第三人称"来称呼休谟:"我从休谟先生那里收到一封信……""我去巴黎与休谟先生会合……"这或许是因为卢梭本打算将这封信寄给其他人——可能是康威将军,但不管怎么说,这种文学手法是强有力的,因为它在将他们之间的关系切割得一干二净的同时,还将休谟置于读者和卢梭自己的枪口之下。

与此同时,其篇章结构的安排还体现了一个小说家的眼光。在信的中间部分,尽管卢梭曾打乱时间顺序提及在奔赴英国的路上休谟在晚间所喊出来的那"令人毛骨悚然的一句话",但是,几乎直到信的终了,卢梭才说出这句话,旨在给休谟以致命一击。此后,"我留住了让-雅克·卢梭(*Je tiens J. J. Rousseau*)"不断成为卢梭控诉休谟的杀手锏:

> 他现在使我陷入的生死攸关的险境,不由得使我想起我前面曾提及到的那句话,我曾听到他一遍遍地念叨这句话,只是当时我还不曾真正明了它们的力量……没有哪一夜"我留住了卢梭"这句话不曾在我的耳畔响起,就好像这句话刚刚从他的嘴里吐出。是的,休谟先生,您留

住了我,但您所留住的只是我外在的一些东西……您以我的名誉,也许以我的安全留住了我……是的,休谟先生,您以这一生的所有纽带留住我,但不是因我的德性和勇气而留住我……

卢梭还用他那炉火纯青的写作艺术对休谟进行了戏剧化的嘲讽。他用比喻的手法记述了他如何三次"扇"其恩主的耳光,但休谟却毫无知觉。当时的人们认为,通过运用这种笔法,卢梭成功地以最灵动的笔触对休谟实施了最大的嘲弄。当代最受欢迎的小说家、戏剧家和诗人让-弗朗索瓦·马蒙泰尔(Jean-François Marmontel)就曾对卢梭"这种嘲讽伎俩"所蕴含着的"崇高的傲慢"推崇备至。

按照卢梭的记述,在普鲁士国王之信在伦敦刊行后,他就不再给休谟写信了,并且于逆境中移住他地,这是他"扇"在休谟脸上的第一个耳光。当他在4月7日致《圣詹姆斯纪事报》的信中声称这封伪信的作者虽然身在巴黎,但"却在伦敦有帮凶,这才是真正让他寒心的地方"时,这是他"扇"向休谟的第二个耳光。这个帮凶指的就是休谟,不过他的庇护人却自欺欺人地深信:卢梭之所以深受这封伪信的折磨,全是他的虚荣心在作祟,"不管是不是虚荣心在作祟,我被这件事搞得焦头烂额、痛苦不堪。这他是知道的,但他从没写过只言片语来安慰我"。当卢梭就"年金"一事直接回复康威将军(不是直接拒绝,而是虚与委蛇),而不是与作为中间人的休谟联系时,这是他扇向休谟的第三个耳光:"这是我扇在我的恩主脸上的第三个耳光,如果他没有觉察,这肯定是他的问题。他已经麻木了。"

在这个长篇控诉信的结尾,卢梭思考了这样一种可能性:也即站在错误一方的是他,而不是休谟。我们很容易在法庭上听到这种强有力的申诉:

您让我渴望成为那种可鄙之人。是的,不难想见我将沦入的那种状态:卑躬屈膝地拜倒在您的脚下,哭喊着乞求您的怜悯,并且为此万死不辞;在世人面前公布我自己的卑劣,并对您的种种美德致以最崇高的敬意。对于我的心灵而言,在经历了您所将我置于的那种窒息和死亡状态之后,这将是一种生机勃勃、欢愉的状态。如果休谟是清白的,那么他就应该自证清白;如果休谟有罪,那么我们将永世不再相见。

这种行文风格足以让休谟感到惊骇，这一点也不让人感到惊讶。休谟自己的文风典丽、简洁、凝练；休谟的文字毫无浮华之气，其理论著述论证平实，毫无矫揉造作之感——塞缪尔·约翰逊就曾指摘休谟迷恋理性，他曾对鲍斯威尔说道："他以文风平易为荣。"就铺陈史事而言，休谟天赋超群：他不仅具有让读者为之动容的能力，而且还能产生某些亦庄亦谐的喜剧效果。但就修辞力量、诗学天赋和戏剧感而言，休谟则很难望卢梭之项背。

就整体而言，这封控诉信所产生的效果是哥特式的，因为隐藏在幕后的敌人正不动声色地设计陷害清白无辜之人，而看似无害的行为却暗藏杀机。当捧读此信时，休谟或许会对其中荒诞离奇的戏剧情节哑然失笑，或许会为其昔日友人的痛苦而潸然泪下。他或许会在想起约翰·洛克就一个疯子的推理和一个傻子的推理所做的著名区分，他或许会据此认为：卢梭要么是一个疯子，要么是一个傻子。因为洛克曾说，傻子是依据正确的前提做出了错误的推理，而疯子则是依据荒诞的前提做出了正确的推理。但是，两人不可思议的是，在盛怒之下，休谟居然选择去驳斥卢梭的指控，并在这场为了使自己免遭欧洲最富影响力、最雄辩的作家的戕害而先发制人的战争中向公众揭发了"12个谎言"。

十二个谎言

对于那些用大脑思考的人来说，这个世界是一幕喜剧，而对那些用心感受的人来说，这个世界是一幕悲剧。

——霍拉斯·沃波尔

对于一个哲学家和历史学家来说，人类的疯癫、痴愚和邪恶只应是生活中素常之事。

——大卫·休谟

休谟或许不相信来世，但他却担心身后之名。在 7 月 15 日至 25 日间写给美尼爱瑞夫人的一封详尽的长信中——因为美尼爱瑞夫人想知道休谟是否打算让霍尔巴赫将这封信公之于众，休谟详细地解释了其"不打算将这件事隐瞒下去的诸多原因"：

　　　　我知道卢梭目前正奋笔疾书，我有理由认为他正打算对我和伏尔泰大肆攻讦。他本人已告诉我，他正在写他的"回忆录"，在其中，他会对其自身的品性、其朋友的品性以及其敌人的品性做出同等公正的评价。鉴于我如此不可思议地从前一种人（他的朋友）摇身一变为后一种人（他的敌人），可以想见，我必然会成为他笔下之鬼。

　　休谟继续写道：然而，卢梭这封内容详尽的控告信——"这封信是卢梭迫于达文波特的压力才写的"——的到来却最终让他宽了心。卢梭有可能刊印这封信这件事最终——

　　　　打消了我所有的顾虑。这封信实际上会成为加之于我身上的一篇高调颂词，因为任何人都能分清：哪些是他亲口承认的事实，哪些又是其癫狂和恶意所捏造出来的幻想。他甚至说，如果我所有的惠助都出

209

于诚心,那么,我的所作所为可谓超凡入圣,如果我所有的惠助都只是出于反对他的阴谋,那么,我的所作所为就禽兽不如。我承认,在收到这封疯狂的来信之前,我对这件事还有点担心,但现在我已相当释然。

此时的休谟或许相当释然,但在其将整个故事转述给美尼爱瑞夫人时,却做了不少显见的修饰。而卢梭如何攻讦休谟在伦敦也一度成为人们茶余饭后的谈资。在一封于 7 月 18 日发自伦敦的信中,加里克复述了这种说法:卢梭称休谟为"黑心人、无赖"。

尽管休谟声称当他得知卢梭这封控告信后如释重负,但事实上,他一直在关注卢梭刊印这封控告信的可能性。所以,在 7 月 15 日致休·布莱尔的信中,休谟声称:卢梭的无所不用其极的谴责绝对属于"一种丧心病狂。这封信很适合制成一本不错的 18 便士的小册子。我估计他有意发表它"。而在同一天给达文波特的信中,休谟提高了小册子的价格,也许是出于对达文波特富有的尊敬:其价格由 18 便士变成了两先令,但仍属于是"一种丧心病狂"。而且休谟还向卢梭的房东(达文波特)提出了尖酸刻薄的建议:

> 在他被关进疯人院之前,或在他与您吵翻并跑走之前,您要继续对他行慷慨之举。如果他表现出任何要给我写一封悔过信的意向,您可以从中鼓励。我之所以让您这样做,并不是因为我认为这封悔过信对我有什么意义,而是因为它可以放松他的精神并使他得到安宁。

休谟致布莱尔和达文波特的信的重要性在于:它揭示出了休谟的担心,也即身在伍顿的卢梭正在酝酿他那本颇具杀伤力的小册子。应该做出何种回应? 休谟正在等待达朗贝尔的指导性意见。一旦他就卢梭控诉信中的指摘做出回应,他是否应该严阵以待、静候卢梭的攻击? 就本性而言,休谟痛恶与人争吵,特别是在大庭广众之下。而另一方面,卢梭正在奋笔疾书,其中免不了要对休谟进行大肆攻讦。不仅如此,卢梭还正在为撰写其"回忆录"做准备,在其中,休谟势必会成为卢梭大书特书的对象。假如这些"回忆录"于休谟百年之后出版,抑或于卢梭百年之后出版,那又将是什么样的一种情形呢?

一方面由于卢梭身处孤寂偏远的伍顿,而另一方面,也由于身处喧闹的莱斯特区的休谟也正在思量着如何回复卢梭。所以,直到 7 月 22 日,休谟才给卢梭回信。

但让人感到奇怪的是,在回信中,休谟只针对卢梭的一条指控——这条指控涉及卢梭赶往斯塔福德郡的头一天晚上所发生的那个戏剧性事件——进行了答辩。在反驳的过程中,休谟再次将其与返程邮车事件联系在一起。休谟一方面极力为达文波特的谎言辩解,另一方面则坚称他根本就没有参与此事。在休谟对那天晚上所发生之事的复述中,卢梭先是沉默,然后是泪水涟涟和情绪失控。休谟辩护道:不管怎么说,他们两人中肯定有一个在撒谎,因为他们两人的陈述截然相反:"您也许会认为,由于这是我们两个人的私事,没有任何证人,故而问题的关键就在于到底是您的话可信还是我的话可信。"但休谟却找到了三个证据:其一,卢梭的一封信证实了休谟的说法。其二,休谟次日就将此事告知了达文波特,"以防将来再出现类似的善意欺骗"。其三,因为他觉得这件事"颇能增加你的荣耀",所以也就将它告知了几位朋友,其中就包括巴芙勒夫人。

在信的结尾,休谟以一种不容妥协的笔触写道——他的陈述是前后一致、合乎理性的,而相比之下,卢梭的陈述则明显违背常识:

> 大体上,我要补充的是,大约一个月前,当我想到,在经历了重重磨难,并通过最孜孜不倦的忧劳之后,我终于为您提供了超乎我最乐观的预期之外的安宁、荣耀和财富时,我曾感受到一种罕有的快乐。但很快,当我发现您随意并主动地抛弃所有这些好处,并公然地成为您自身的安宁、财富和荣耀的敌人时,我就感到一种极度的不安。经此之后,如果说您是我的敌人,我一点也不会感到惊讶。再见了,永远!

尽管休谟的语调洋溢着胜利的欣悦,但休谟的信还是难以令人信服,并再一次引发人们对于其诚信的怀疑。在控告信中,卢梭对返程邮车一事只字未提。他唯一关心的只是休谟那让其感到"难以言表之恐惧"的盯着他看的眼神。此外,如果休谟所说的能证实其说法的卢梭的那封信就是卢梭于 3 月 22 日从伍顿寄出的那封信——在这封信里,卢梭试图通过向休谟提供机会让其对"背叛者"这个词做出回应,从而来考验休谟——的话,那么休谟就大错特错了。卢梭确实曾就返程邮车一事指摘过休谟,但无论如何,这件事都与休谟对那一晚的描述扯不上边,更不用说证实了。至于那封述及"俪人街"那个情绪失控、泪眼婆娑的夜晚的致巴芙勒夫人的信,休谟除了想证明卢梭"极端的敏感和好心肠"外,其主要的目的似乎是在向巴芙勒夫人以及他允许巴芙勒夫人代为转告的其他夫人们邀功。

休谟似乎并不想就此罢手。在认真审读了卢梭的这封控告信后,休谟找出了其中的 12 个谎言,而这又是休谟的"旁注"中最让人感兴趣的部分。我们可以从位于温莎的"皇家图书馆"的一个复本中读到休谟的这些字体纤细、用词考究的"旁注"。而这些"旁注"也构成了此后印行于世的《简要说明》的核心内容。

对于休谟而言,每一个细节都必须交代清楚。在揭露阴谋的过程中,卢梭常常赋予最最微不足道的琐事以最具杀伤力的指证价值。没有什么事情是偶然的或不重要的。在这里,可以借用 T. S. 艾略特的一句话,即"最微不足道的细节中往往隐藏着最为神秘的意图"。唯有通过逐一驳斥这些微不足道的细节,休谟方能驳倒卢梭的话——也即休谟试图施行阴谋诡计陷害他。

"第一个谎言"寓于卢梭的第二句话之中。卢梭在信中说:休谟本可以很早就要他就其对休谟心生龃龉一事说明理由,但他不想这么做。所以卢梭就继续保持沉默。对此,休谟反击道:"卢梭先生从来就不曾给过我向其索要解释的任何机会。如果他曾对我有过其信中所充斥的那些邪恶而荒谬的怀疑的话,那么,每当我们在一起的时候,他总是隐而不露。"但是,休谟的这种说法并不确切,因为在"俪人街"的那一晚,卢梭确曾脱口说出这样的话:"休谟不是背信弃义之徒。"

"第二和第三个谎言"关涉到卢梭的抱怨。卢梭曾抱怨说:在抵达伦敦之后,他曾遭到过一位绅士——卢梭没有言及他的姓名——及其兄弟的粗暴对待。而另一个谎言则源于卢梭公开宣称休谟曾以一种可疑的方式对其阿谀逢迎。卢梭还举了一个很能说明问题的例子。"我只需提及一件事,每当想起这件事我总会哑然失笑,那就是每次我去看他,他总会煞有其事地在他的案头摆上一本《新爱洛漪丝》,就好像我对他的鉴赏品位一无所知一样,我有理由相信：在全世界的所有书籍之中，《新爱洛漪丝》必定是他最讨嫌的书籍之一。"而休谟则回击道："对于我给予卢梭的各种礼遇，卢梭从未表示过反对；不仅如此，实际上，对于我的各种行为，卢梭一直相当满意。因此这又是一个谎言。"

重要的是，对于休谟的阿谀逢迎，卢梭继续指控道："我有时候真希望他能待我以真正的朋友之道，而不是说些粗劣的、言不由衷的赞辞，但是，在他的话语中，我从未发现真正的友情，即便是他在别人面前说起我时也是如此。"

接着，话题又转到卢梭动身前往伍顿的头一天晚上所发生的事情。按照卢梭的说法，他当时曾脱口而出这样的话："不，不，大卫·休谟绝不会是背信弃义之徒，如果他不是世上最良善之人，那么他必定是世上最心狠手辣之徒"。对此，休谟评论道："这是第四个谎言，这也是卢梭的所有谎言中极尽深思熟虑、精心谋划之能事的谎言。"

下一个谎言源于如下场景：身在伍顿的卢梭"内心备受煎熬，充满了最残忍的不确定感，不知道应该如何看待他本应爱戴的那个人"，于是，他就给休谟写了那封诱捕信："如果他有罪，那么他就会发现这封信是再自然不过了；如果他是清白无辜的话，他一定会觉得这封信太过悖谬。""这是第五个谎言：可参见卢梭写于 3 月 22 日的这封信，尤其是第 13 页，从中，我们所读到的只是卢梭不加掩饰的感激之情，根本就没有一丁点怀疑我的迹象。"

卢梭很想知道他这封信到底会在休谟那里产生什么样的效果。"没有"。休谟完全没有察觉到卢梭内心的纠结和痛苦。这是可以预期的。"因为当一个人敢于冒险当着另一个人的面宣称：我禁不住相信你是一个背信弃义之徒时，他已经没有兴趣去追问你为什么要做一个背信弃义之徒。也许他一辈子都不会有这份兴趣。从这一点上我们不难对这个人做出判断"。休谟的辩驳十分简明扼要："这是在重复第四个谎言；我们权且将其称为第六个谎言。"

第七个谎言是卢梭声称：休谟曾就其职业、经济来源、熟人以及熟人的姓名、社会地位和居住地等情况盘问过其女管家，而这显然都不是一个朋友应该盘问……"而更为居心叵测的是，他居然分别向我们俩问了同样的问题"。卢梭觉得,就一位哲人而言,这种下三滥的卑劣行径有失身份。而休谟对此的回应则是:"这是第七个谎言。我和他的女管家平生只见过一次面。她初次造访时,我们见面的时间总共也不超过半小时。除了卢梭,我根本不可能与她谈论其他的任何话题。"(但是,我们都知道,休谟一直在打探卢梭真正的经济状况,所以,让我们感到好奇的是:他都向卢梭的女管家询问了什么样的问题?)

第八个和第九个谎言涉及书信的延期出版:一个是卢梭自己述及其蒙莫朗西之生活的书信,一个是杜·佩鲁专论卢梭所受到的迫害的书信。卢梭一直坚称正是由于休谟疏于照管,这些信的出版才由于那封伪信的出现而被迫延宕。面对这样的指责,休谟激愤地写道:"一派胡言!一派胡言!"

在详查了其他的许多证据——包括那封伪信——之后,卢梭得出了这样的结论:其仇敌们正准备对他发起致命一击。而就在此时,6月5日至7日的《圣詹姆斯纪事报》刊登了一封署名为"V. T. h. S. W"的信,该信将批判的矛头直指卢梭,质问他:为何他家的大门永远只向权贵敞开,而将穷人逐之在外。对此,卢梭回应道:"如果说以前我只是有一点点怀疑的话,那么,在看完这封信之后,我顿时一切都明白了,因为除了休谟,再也没有第二个人知道信中所描述的那些事实了,尽管这些东西有些夸张,但却是事实。"而休谟的反驳则不那么令人信服:"无论是刊载前,还是刊载后,我都从未看到过那封信。我甚至怀疑那封信是否真的存在,它也许只是卢梭的一种臆断。我所打交道的熟人中也不曾有谁看到或听说过那封信。"值得注意的是,休谟的最后一句话根本就站不住脚,它让休谟辩驳之词的可信度大打折扣。在休谟所认识的熟人中,怎么可能没有一个人知晓这场词锋犀利、妙趣横生的笔战?因为《圣詹姆斯纪事报》毕竟是一家大报!沃尔波怎么可能不知晓此事呢?他当时可是与休谟交往密切。

第十个谎言同样源于《圣詹姆斯纪事报》所刊登的这封信。这封信声称卢梭曾非常冷淡地接待了其在日内瓦之外的唯一亲戚。卢梭认为这位亲戚就是指他的堂兄。卢梭相信:一定是休谟向外界透露的信息,因为其堂兄的"生活圈只限于生意人",他从未与文人打过交道。而休谟则反驳道:"这是第十个谎言:卢梭接待其堂兄时我并不在场。我只是事后在白金汉街的露台上瞥见过他们。"(但是,果真如此的话,那么这封信的作者——据推测是沃波尔——又是从何处获悉所有这些细节的呢?）

第十一个谎言是第四个谎言的重复。而第十二个谎言则再度指向在驶往英国的渡轮上休谟在睡梦中所说的那句可怖的话:"我留住了卢梭"。按照卢梭的描述,他当时惊恐不已,花了好大一会功夫才缓过神来,并对自己的过度反应自嘲了一番。针对这段描述,休谟写道:"我毫不犹豫地把它看作第十二个谎言,而且是最不靠谱的一个谎言。"（在这个问题上,休谟似乎抛弃了所有的逻辑:如果他果真睡着了的话,那么他又何以知道卢梭是在撒谎呢?）

第十二个谎言并非专指某件事,而是指休谟在细读卢梭的书信时随手在页边空白处所做的各种旁注。在其书信中,卢梭曾罗列了不利于休谟的各种事证:诸如拉姆齐的画像,他和达文波特的关系,缺席大英博物馆的晚宴,送往卢梭位于白金汉大街的居住地的膳食以及年轻的唐奇恩在"俪人街"的出现。休谟恳请读者们原谅他不得不逐条批驳这些愚笨至极且琐碎无聊的指控。

对于卢梭而言,随着普鲁士国王书信的面世,以及"年金"一事的渐次展开,这项专门针对他的阴谋最终展露无遗。唯到此时,他才恍然大悟:他被诱骗到英国来,并落入"一位背信弃义之不良友人的魔掌……这让我太过敏感的心灵充满了无尽的悲痛"。而休谟则回应道:"毫无疑问,这个不良友人正是我。但是,请问我都做了什么背信弃义之事呢? 我究竟对卢梭先生造成了什么样的伤害,或者说我究竟能对卢梭先生造成什么样的伤害? 假如我真的想陷害卢梭,我怎么会如此尽心尽力地帮助他呢?"当冒用普鲁士国王之名的那封伪信在巴黎和伦敦传开之后,其出版已是不可避免。从沃波尔的信中我们不难看出,休谟与这封伪信确实毫无瓜葛。

休谟还得应对卢梭的最高指控:事实的真相是,有人挖了陷阱让他往里跳,而所有的证据都指向休谟,他就是幕后主使。那封质疑卢梭对其堂兄冷漠相待的信同时还指出:卢梭在结交朋友方面总是喜欢朝三暮四。卢梭认为,一定是休谟向该作者提供的信息,不仅如此,休谟一定还想让卢梭意识到这一点。但是,休谟为什么要这么做呢?

没有什么比这更为清楚了。他试图将我的忿怒激发到无以复加的地步,这样他就可以随时给我以致命一击。他知道,要想使我犯错误,唯有将我激怒,让我失去理智。我们现在到了一个关键性的时刻,它将表明他的判断是否正确。

正如拉尔夫·利(Ralph Leigh)所评点的那样,尽管人们会觉得卢梭所说完全不合逻辑,但我们仍不得不佩服他让其对手为他的愚行背黑锅的能力。

卢梭口中的"关键时刻"是指英王授予卢梭"年金"一事,以及休谟施展自己的"手腕"让康威将军确信:正是由于"年金"的保密条款(也即英王授予卢梭"年金"一事秘而不宣),卢梭才拒不接受。这就是"他所有辛劳的目的……他已把我视为一个冷酷无情之人,一个忘恩负义的怪物。但他想做的不仅于此。他认为他的计划天衣无缝、无懈可击。他需要一个解释,他会有的,这就是解释。"

不难理解,卢梭的这种变幻无常的论辩策略肯定会让休谟感到无所适从,休谟写道:"我怎么可能知道他这些莫名其妙、子虚乌有的猜疑呢?达文波特先生——在见识过卢梭先生的人中,他是我唯一的熟人——向我保证:他对卢梭的这些猜疑完全一无所知。"

在卢梭看来,休谟所布下的圈套歹毒而细密;卢梭简直无处可遁(我们可以把它看作是对休谟聪明才智的变相称赞)。如果卢梭知悉了休谟的背信弃义之举,那么,卢梭在拒绝接受其帮助的同时,也势必会让自己深陷泥沼,成为众人心目中一个不知好歹的恶棍。于是,为了达成让卢梭颜面尽失的夙愿,休谟遂打着友谊的幌子将其诳骗至英国。

休谟对此没有做出任何评论。毫无疑问,休谟觉得这本是子虚乌有之事,根本就不值得辩驳。

但是,贯穿于卢梭离奇而阴郁之想象的,是一阕休谟无法听到的凄凉悲歌。它倾诉着卢梭的悲苦和无助,因为他发现:他在休谟那里根本就找不到真正的友谊,不仅如此,休谟对于他的痛苦根本就无动于衷。

对于休谟而言,尚待考虑的是:他下一步将采取何种行动?休谟坚信他已经将卢梭驳得体无完肤。但他应该将其出版吗?如果出版的话,又是出于何种目的呢?

穷追猛打

你不可能让一只蝴蝶蜕变成一只雄鹰……在我看来,这已经足够了:所有的文人都弃他而去,不仅如此,对他的最大惩罚便是彻底将其遗忘。

——伏尔泰评让-雅克·卢梭

要想成就任何有用的事业,最必不可少的一个品质就是谨慎。

——大卫·休谟

在决定如何更好地应对卢梭方面，休谟面临两个相互关联的问题。一方面，他必须决定是否将其对于这次争吵的说明刊行于世；另一方面，他还要力争获得其名尊位显的巴黎和伦敦友人的理解和支持。休谟似乎根本就没有打算与其备受折磨的前控告人(卢梭)冰释前嫌、重修旧好，也许休谟亲自去一趟伍顿，涕泗纵横地拥抱卢梭，然后再信誓旦旦地重申一下他们的友谊就能做到这一点。

　　卢梭想必已经料到休谟不会善罢甘休。1766 年 7 月中旬，一位年轻的瑞士友人弗朗索瓦·康恩德(François Coindet)——他在银行家雅克·内克尔(Jacques Necker)的手下工作，并曾协助过《新爱洛漪丝》的插图绘制工作——就曾警告卢梭道：他的仇敌们正在巴黎散布谣言，对他进行恶意中伤。不仅如此，弗朗索瓦·康恩德还特意提到了休谟写给霍尔巴赫的那两封言辞激烈的信，并向卢梭透露，休谟有意将其对于这次争吵的观点刊行于世。

　　与此同时，作为其刊印准备工作的一部分，休谟现在又转向其最亲密的巴黎友人巴芙勒夫人，并在时隔两个月之后于 7 月 15 日给她去了一封信。在信中，休谟悲叹道："这是他的一个深思熟虑、沉着冷静的计划，意在刺痛我。"休谟希望，在这件烦人且棘手的事情上，他能得到巴芙勒夫人的"安慰和建议"：

　　我应该如几位朋友(特别是赫特福德勋爵和康威将军)所建议的那样,将整个情况公之于众吗?如果是那样,我将彻底毁了这个不幸的人(没有证据表明休谟曾收到过这种建议——笔者)。每个人肯定都会背弃这个如此伪善、如此忘恩负义、如此歹毒、如此险恶之人。我真不知道到那时他有何颜面面对世人,这种情形必定会将他逼入疯狂和绝望之境。

休谟继续写道,他实在下不了这个狠心。但另一方面:

　　对我而言,完全保持沉默又是极其危险的。目前,他正在写一本书,在其中,他很可能会用一些恶毒的谎言攻击我……因此,我目前打算将整件事的来龙去脉以一封致康威将军的信的形式写下来……

　　休谟还解释道,他已经把整个事情的来龙去脉告知了伦敦的朋友,并且还将"其中的一些线索写信告知了霍尔巴赫男爵"。不仅如此,他还委托霍尔巴赫男爵"亲自"去核查银行家鲁杰蒙的账册,因为"我知道,唯有插入这个故事,才能达到我的目的"。接着,休谟又开始责怪巴芙勒夫人"总是忘记"他曾托她亲自去调查卢梭的经济状况一事。"或许您已经调查过了,但为了不让我对我的好朋友心生嫌恶,您将这个问题隐瞒了"。
　　卢梭的攻击似乎已经蒙蔽了这位心怀悲悯、不偏不倚的历史学家的心智。直到现在,休谟依然向巴芙勒夫人隐瞒了如下事实,即他已经委托霍尔巴赫去着手调查卢梭的经济来源。而说他曾写信告知霍尔巴赫他和卢梭发生冲突的"一些线索",则根本就无法呈示他那封信的残忍意旨。
　　也许休谟已经预料到巴芙勒夫人得知真相之后的愠怒。毕竟,她一直视自己为休谟的红颜知己,但休谟第一个求助的却是霍尔巴赫。但不管怎么说,休谟试图以这种方式来误导巴芙勒夫人是非常幼稚的。实际上,考虑到其交际圈的广博和鱼龙混杂,考虑到其所享有的崇高地位,巴芙勒夫人没有听说霍尔巴赫之往来信件的可能性是微乎其微的。事实上,巴芙勒夫人曾向朱莉·莱斯皮纳斯抱怨道:休谟一直将她蒙在鼓里。假如休谟曾将这件事告知她,她也会像霍尔巴赫一样守口如瓶。
　　休谟现在的策略是把全部精力瞄准在那群已对其对手(卢梭)深感厌恶

和不信任的巴黎文人身上。他将其与卢梭发生龃龉的过程原原本本地告诉了达朗贝尔。

在7月的第三个星期,随着休谟所有的巴黎友人都汇聚到莱斯皮纳斯小姐的家中,巴黎成为休谟反对卢梭之役的大本营。而他们之所以汇聚一堂,全因达朗贝尔刚刚收到休谟的最新指示,即休谟打算将其对于此次争吵的说明寄给少数几个经过精挑细选的人士。作为理性至上的提倡者,也作为休谟思想上的志同道合者,这群杰出的启蒙思想家组成了一个专门的顾问班子,杜尔阁、莫尔莱神父(Abbé André Morellet)[①]、马蒙泰尔都是其成员。他们个个都焦急地观察着事态的最新进展,并积极地为休谟出谋划策。

达朗贝尔向坐卧不安的休谟汇报了他们最初的结论,所有人——包括他自己和朱莉·莱斯皮纳斯——现在都认为:必须将这件事公之于众。如果事情没有闹到人尽皆知的田地,如果休谟当初不曾以如此生动鲜活的方式四处抱怨,他们会继续建议休谟谨慎行事。但是,现在,既然公众已经对这场争吵高度关注,而且事态还在进一步的恶化,所以休谟应该当机立断,尽早地把事实真相呈现在公众面前。

但是,坦白地讲,休谟写给霍尔巴赫的那封措辞激烈的信带给人们的震惊至今仍余波未平。顾问班子所给出的建议是一致的、明确的:那就是"行文务求节制、简洁、详尽"。与此同时,休谟还须强调:他之所以选择在这个时候将其刊行于世,是为了给卢梭一个自辩的机会。然后,休谟就应该进入具体细节,但只限于记述纯粹的事实,不应该在其中羼杂任何怨恨、人身攻击,甚至不应该对卢梭的性格和著述进行品藻。他一定不要老是重复这样的事实——他对卢梭是如何地仁至义尽;因为这是人尽皆知的事实,无需赘言。

达朗贝尔还补充道,据传,卢梭怀疑休谟与那封伪信脱不了干系。对于那封伪信,达朗贝尔是持反对态度的,因为折磨一个从未伤害过你的不幸之人实属残忍。因此,休谟有必要证明自己与这件人所不齿之事无关(达朗贝尔也确信休谟与这件事无关)。紧接着,达朗贝尔又建议休谟不要仅仅只送五六份复本给其铁杆支持者。因为这样的做法看似机巧权诈,不仅有失他的身份,而且对卢梭也不公平。

[①] 18世纪法国的启蒙经济学家,健谈者,作家,1727—1819。尽管身为一名神职人员,但他在霍尔巴赫沙龙上结交了一批持无神论主张的哲人,并成为他们中的一员。

休谟接受了这个建议,他向沃波尔询问了普鲁士国王书信一事的全部细节:"尽管我无意发表,但我正在收集所有相关的原始材料,并准备用精当的叙述将它们连辍起来。"正如我们所看到的那样,7 月 26 日,沃波尔一从阿林顿街(Arlington Street)回来,就立马致信休谟,以证明休谟的确与那封伪信无关。对于自己的所作所为,沃波尔毫无悔意,并补充道:他打心底里瞧不起卢梭这个"江湖骗子"。

不过,并不是所有的人都支持休谟将其发表。

7 月 22 日,在与其情人孔蒂亲王在巴黎以南 220 公里的一个名叫波格思莱丝奥克(Pougues-Les-eaux)的地方泡温泉的同时,巴芙勒夫人给休谟写了一封值得纪念的信。在信中,巴芙勒夫人向休谟提出了她对于这件事的真知灼见,尽管语带愤慨,但却展现出惊人的洞察力。没有什么指导比巴芙勒夫人的建议更好的,当然,也没有什么指导比巴芙勒夫人的建议更不受休谟欢迎了。

达朗贝尔曾将休谟最新的信函拿给巴芙勒夫人看:

> 我承认这让我非常震惊,也让我痛苦至极。什么? 您居然让达朗贝尔不仅将您对于卢梭行为的说明转告您巴黎的朋友,而且还将您对于卢梭行为的说明转告伏尔泰。我知道您与伏尔泰交情甚浅,而且对他的哲学信条也心知肚明。

与此同时,对于休谟委托霍尔巴赫调查卢梭经济状况一事,巴芙勒夫人也进行了猛烈的抨击:

> 您委托霍尔巴赫重新调查卢梭的经济状况,这到底是何居心? 的确,从表面上看,您似乎无意写任何东西来攻击这个不幸之人。在成为他的保护人之后,你就不应该再成为他的非难者。

据巴芙勒夫人记载,她曾与亚当·斯密讨论过此事。他们一致认为,休谟误读了卢梭那封婉拒"年金"之信。斯密建议,休谟应该再认真读读这封信:

在我们看来,他不是拒绝接受年金,也不是想让英王陛下将这件事公之于众。他只是希望能将授予年金一事缓一缓,直至他那颗被剧烈的悲痛折磨得千疮百孔的心重获宁静。他本来就性情古怪,而通过败坏他的心灵并彻底颠覆他的理性,您的错误——他认为您是故意的——势必会将他进一步推向不幸的深渊。

即便如此,休谟也应该通过及时收手,通过对卢梭给予"温厚的同情"来展示他的大度。

休谟现在处境窘迫。巴芙勒夫人告诉休谟:其语言之暴烈,其主张之严苛,其赋予霍尔巴赫将其告知世人的自由,其巴黎友人们在处理这件事情上的兴师动众,其要拿出卢梭设计陷害他的罪证的允诺,所有这一切都使"说明"的出版势在必行。而颇为悖谬的是,由于休谟在这件事情上的举措有失温厚,其名声已岌岌可危,甚至比卢梭有过之而无不及。休谟已经由一个无辜的受伤者变成了一个邪恶的攻击者。巴芙勒夫人还指出,休谟的一些朋友已经开始为他担心。

巴芙勒夫人口中一些朋友可能是指杜尔阁。休谟的这帮巴黎友人在莱斯皮纳斯小姐家的聚会让这位开明的政治家感到不安。自 7 月 23 日起,他一连给休谟修书数封,并在信中一再表达了他的疑虑,同时还非常策略性地向休谟提供了另一种解决方案,这个方案反映出杜尔阁高超的劝诫艺术。杜尔阁声称,他最初的想法也是不要出版"说明",但是现在,在综合权衡各种情况之后,他认可了众人的意见。因为在卢梭那一帮死党的眼中,休谟已经成为一名控告者,这样,他就必须证明自己对卢梭的指责不是空穴来风,而是有据可查。卢梭对休谟的指控因为太过荒诞,所以没有人会信以为真。而休谟出版其"说明"的唯一理由是意在表明:其对于的卢梭反指控——诸如称卢梭邪恶、卑劣和残忍——是有理有据的。如果休谟有证据表明卢梭翻云覆雨,那么他就应该将这些证据拿出来,尽管扳倒一个极具天赋之人让人心生遗憾。但是,伪君子的面具必须被撕下,而真相也必须得到澄清。

"如果休谟有证据……",但休谟真的有证据吗? 他可能拥有何种证据呢? 杜尔阁发现,休谟的所谓"证据"是相当贫弱的,故而含蓄地建议休谟还是退一步为好。仅过了四天,杜尔阁又给休谟修书一封,因为他对于休谟的举措越发存疑。据杜尔阁推测,卢梭大发雷霆的真正原因是沃波尔所借用的休谟的那句玩笑话(普鲁士国王可以提供卢梭所需要的所有迫害),以及随后在伦敦报纸上刊登的那些书信。不难想象,由于在乡村过着一种形影相吊的生活,卢梭的想象力被点燃了。而休谟和康威将军对于其关于年金之信的误读似乎证明了休谟的背信弃义。因此,杜尔阁总结道,卢梭的这些行为尽管暴烈、鲁莽和肆无忌惮,但并不是事先预谋好的,也无歹意。

但是,盛怒蒙蔽了休谟的心智,使他看不到其他的任何可能性:他无论如何都要揭穿卢梭。如果说在 7 月份他还只是在征询意见的话,那么到了 8 月份,休谟已经打定主意。而难题在于如何在刊印"说明"的同时,还能维系其作为"好人大卫"的良好声誉,维系那些曾建议他不要刊行"说明"的朋友们的信任。

8 月 4 日,在给杜尔阁的回信中,休谟诘问道:"当您必须承认,即便是揽蛇入怀也要比与他打交道更为安全时,对于这样的人,您该怎么称呼他呢?"

休谟完全不认可这样的观点,即他和卢梭之所以闹到今天这步田地,他本人也负有不可推卸的责任。到 9 月底,休谟依然心气难平,于是又给杜尔阁寄去了一封言辞粗暴、语气生硬的信,并在信中指责杜尔阁"偏袒"卢梭。针对卢梭的"印章"("为真理而献身"),休谟继续写道:

> 您或许会说,实际上,他并不配享我所赋予他的那些恶名。因为他很可能并不是在心平气和的时候蓄意与我为敌并对我造谣中伤,他的所作所为只是由于其性情的乖张和阴郁使然。可并不止于此,这还由于其心灵的邪恶和傲慢;还有,为了逞其恶意,他置所有的真理和荣誉于不顾;还有,他的凶恶不仅只指向他的恩人……我真的相信他是这个世界上最邪恶、最卑鄙龌龊之人。

在信的末尾,休谟还特意使用了一个粗暴的比喻,以批驳杜尔阁的看法,即卢梭致休谟的信并没有给休谟造成任何伤害,而休谟对卢梭的抱怨却对卢梭的人品造成了无法弥补的伤害:"对此的回应就类似于一个刺客朝我开了一枪,但没打中我,而我为了防止他再开枪,却将他一枪毙命。伤害落

224

在率先攻击别人的人身上总是幸运的。"当我们看到休谟最后由大声责骂卢梭转向这样一种理性且敏锐的探讨——也即探讨到底是征收土地税为好，还是征收消费税为好——时，我们不禁大大地松了一口气。

现在，由于应激于卢梭的那封长信（在其具体指控中，休谟找到了 12 个谎言），"文人共和国"的"顾问班子"的态度也出现了 180 度的大转弯。当休谟把这封控告信的大致内容寄至巴黎后，其巴黎友人的反应是：他们觉得现在还不是出版"说明"的合适时机。看到卢梭的指控信如休谟所宣称的那样荒唐和悖谬，"顾问班子"终于放下心来。8 月 4 日，达朗贝尔写信宽慰休谟道：当看到卢梭的指控信后，其第一反应便是尊崇其修辞，但第二反应便是耸耸肩，一笑置之。他觉得卢梭是一个疯子，而且是一个危险的疯子，精神病院是最适合他待的地方。不管怎么说，卢梭只想成为人们争相谈论的焦点，为此他愿意付出任何代价，而确保不让这件事情发生，便是一个人所能施加于卢梭的最大的惩罚。最后，达朗贝尔还补充道：请将卢梭的那封控告信以及他们之间的所有通信都复印一份寄给他；这是一份稀奇的藏品，值得珍藏。

达朗贝尔同时还决定：现在该是他将这件事——其与冒用普鲁士国王之名所写的那封伪信毫无瓜葛——直接告知卢梭的时候了。他写了一张短笺，并请休谟"隔着栅栏将这封短笺扔给那个野兽"，而休谟并没有将这封短笺寄给卢梭。

休谟现在试图通过将决定权委诸别人之手来解决是否要出版这个难题。他用两个包裹将所有这些文档都寄给了权势煊赫的财政大臣让-查尔斯·特鲁丹·德·孟蒂格尼（Jean-Charles Trudaine de Montigny），请求他认真审读这些文档，并提出宝贵意见。随后，休谟又给达朗贝尔寄了一份。休谟还在信内附上了"一小段可以将这些信件连掇起来的说明文字"，并称将由其法国朋友全权决定该如何处理这些文档："我现在实在不知道该如何处理这些文档。"而对休谟而言，出此下策实属情非得已，一方面，他不想得罪那些反对将"说明"刊印于世的巴黎友人，另一方面，他也想证明：他之所以想刊印"说明"，只是想给卢梭一点颜色看，而并非旨在对他打击报复。在给德·孟蒂格尼的信中，休谟坦言，其道德品性正在受到人们的质疑，其良好的道德形象有毁于一旦之虞，虽然这一点在巴黎尤为显见，但"在伦敦，人们也认为刊印'说明'实属多此一举"。但是,即便不刊印这些文档,他也希望有尽可能多的人能读到它,而且他也非常愿意洗耳恭听来自各方面意见……

休谟首先从特鲁丹·德·孟蒂格尼城堡(château)的一个名叫德·圣-毛尔夫人(Mme de Saint Maur)的客人那里收到了反馈意见。当德·孟蒂格尼收到休谟所寄来的那两包文档后,德·圣-毛尔夫人以及其他的五位客人便开始通宵达旦地披阅这些文档,并对休谟和卢梭之间关系以这样一种"怪诞的方式收场"心怀抱憾(德·孟蒂格尼先生也早早地退朝还家,以便次日披阅这些文档)。没有人怀疑襟怀坦荡的休谟。但他们也一致认为将这些文档刊印于世是徒劳且无益的。从另一个意义上说,出版这些文档也是徒劳无益的,因为过不了多久,"文人共和国"的每位公民都将过目这些文档。

如果说此前巴黎的知识和社会圈几乎一边倒地站在休谟这一边的话,那么,现在,在看过卢梭这一边的控词之后,他们得出了这样的结论:休谟对于卢梭荒唐可笑的指控未免反应过当。这或许是因为人们对这位饱受痛苦的日内瓦人起了恻隐之心。甚至像霍尔巴赫这样出了名的冒失人也变得谨慎起来:如果休谟迫不得已打破沉默,那么他应只限于陈述事实,并展示其证据。休谟的同胞伯爵元帅也呼吁休谟保持克制:"您最好保持沉默,这样做不仅较为人道,而且也展现了您作为'好人大卫'的本色。"9月,达朗贝尔写信告知休谟,他已经拜读了那两大包文档,卢梭的指控未能让他改变心意。

与此同时,休谟还将这些文档呈递给国王和王后殿下①,或者如他本人在8月底致德·巴邦塔尼夫人所写的那样:

> 国王和女王殿下表达了要披阅这些文档的强烈愿望,而我不得不将其交到他们手中。他们满怀热忱地拜读了这些文档,其所秉持的意见与众人无异。国王的意见让我下定决心:除非迫不得已——遭到对手的攻击,否则,我不会将这些文档公之于众,而如果他还算明智的话,他就不应该攻击我。

---

① 温莎宫皇家档案中的那份复本的封面上有这样的手迹:"……1767年寄呈国王"。

"让我下定决心……不会将这些文件公之于众"这句话显得非常突兀，因为他之前已经将出版与否的决断权交给了其法国支持者。

休谟现在已经离开伦敦，回到其位于爱丁堡詹姆斯宅邸的家。9月2日，在其返回苏格兰的途中，休谟给达文波特写了一封说辞迥异的信。休谟向达文波特坦露：他把这些文档复印了三份，一份寄存在巴黎的一位可靠人之手，一份放在赫特福德伯爵那里，一份留由自己保管。"这些文稿将被保密保存，直到卢梭攻击我为止——我每天都在坐等这一时刻的到来……在欧洲，没有哪一个人不认为他现在非疯即恶，抑或两者兼而有之。如果公众的声音不是易于很快就风流云散的话，我本不需再行辩护。"尽管如此，休谟还是请达文波特能一如既往地照顾这位命运多舛的流亡者："尽管他对我做了许多凶暴之事，但是，当看到他被全世界抛弃时，我还是会感到很难过。"

所以，显而易见的是，"说明"的出版已被无限期地拖延下来。但是，如果休谟仍执意要将其出版的话，那全因卢梭的一个高妙的反唇相讥。

8月2日，卢梭致信巴黎的出版商皮埃尔·盖(Pierre Guy)。这封信清楚地表明：卢梭现在仍深受其"受迫害妄想症"的折磨。而正是这封信给休谟提供了一个其所需要的借口。

在信中，卢梭告诉盖：对于巴黎的喧嚣，他已有所耳闻。对此，他感到一股锥心之痛，就如万箭穿心一般。然而，对于这个反对他的多头联盟，赤手空拳、形只影单的他却无力回击。即便他粉碎了一个诽谤之词，还会有更多的诽谤在等着他。与其这样，他还不如听之任之，将其是非功过交由公众裁断，而他也将在平静和安宁中了此一生。不仅如此，卢梭在信中还写道："他们说休谟先生称我是世间最卑劣之人，一个恶棍，如果我知道如何回敬这种话，那我就成了名副其实的恶棍了。"最后，卢梭用一段才华横溢、激动人心、对比鲜明的段落就他和休谟之间的故事做了总结。这是两个男人之间的龃龉，其中的一个男人在近乎违背另一个男人意愿的情况下将其带到英国；他们中的一个人身患病恙、举目无亲、因语言不通而形影相吊，过着青灯黄卷的隐居生活；而另一个人则活跃、游走于上流社会，朋友多是权门贵胄，而且与新闻界交情匪浅。不仅如此，后者还与前者不共戴天的死敌沆瀣一气。他听说休谟打算将他们之间的龃龉刊布于世。那就让他出版吧！但他至少要信守事实。

尽管卢梭禁止皮埃尔·盖将这封信公之于众，但天下没有不透风的墙，不久，这封信的内容便流传开来。有谣言说这是卢梭在跟休谟公开叫板，看他敢不敢将其"解释"付梓。而休谟也于8月中旬从霍尔巴赫那里听到了这个谣言。

9月份，卢梭那封控诉信的英文摘译出现在《伦敦纪事报》（London Chronicle）和《劳埃德晚邮报》（Lloyd's Evening）上。《伦敦纪事报》还同时刊登了早些时候的一份报道，报道的"题头"标明是"8月26日巴黎电"：

> 卢梭先生给这个城市（巴黎）里的好几个人致信，其中的一位是一名书商。在信中，卢梭坦承：他不是不知道巴黎有一个以休谟先生为首的专门针对他的团伙，但是，正如其曾经所威胁的那样，他不相信其敌人胆敢将他们之间的通信刊行于世，因为，正是凭藉这些信函，卢梭才让这位英格兰哲学家品尝到了挫败的滋味。尽管如此，我们仍不敢贸然指责休谟先生。

但真正的挑战来自于公共领域。9月7日，霍尔巴赫告诉休谟：卢梭的许多狂热支持者现在都把休谟的沉默理解为心中有愧，故而公开的辩护实属必要。不过，他仍然建议休谟要行文节制，只陈述事实和证据。而《文学公报》（Gazette littéraire）的编辑们也毛遂自荐，自愿充当休谟著述的发行人：他不能找到比这更好的帮手了。杜尔阁也写信建议休谟将其付梓，但同样敦促他只需述及事实。"您越是节制，卢梭就显得越坏。"

9月9日，在给斯密的信中，休谟拜托他转告达朗贝尔，为了符合"巴黎人的口味"，达朗贝尔可以自行对文稿进行任何编订。10月6日，在斯密捎口信后不到一个月，达朗贝尔就写信告知"好人大卫"：其夙愿已经达成。

达朗贝尔写道，他已将文稿的编订工作交付《文学公报》的编辑让-巴贝斯特·安东尼·苏阿尔（Jean-Báptiste Antoine Suard）。苏阿尔不仅翻译了这些文稿，而且还依照休谟的指示对文稿的内容做了一些修改。按照休谟的意愿，苏阿尔还特意加了一个"序言"，申明：休谟本不愿将其与卢梭的龃龉公之于众，但是出于一些不得已的原因，他现在不得不将其付梓。文稿将在8至10天内以休谟朋友——但不包括达朗贝尔，因为他也是这场争吵的参与者之一——的名义出版。在文稿的后面,还附有达朗贝尔的一则声明,称他对于沃波尔的那封信一无所知,尽管当初休谟如果能把这封最初的澄清信直接寄给卢梭会更好。而巴芙勒夫人和沃德琳夫人都不希望自己名列其中。

于是,这篇《说明》①就出炉了。

尽管达朗贝尔置身事外,但他自己现在的抨击目标是沃波尔的那封假借普鲁士国王之名讥讽卢梭的伪信。他这样做,不仅是想证明自己的清白,而且也是想教训一下沃波尔,因为他去嘲笑一个与他素无杯葛之人。达朗贝尔告诉休谟,沃波尔应该感到终身歉疚。

在编辑文稿的时候,苏阿尔自作主张,删去了达朗贝尔塞进文本的对于卢梭的一些比较尖锐的评论;但却并没有将达朗贝尔对于沃波尔"精神游戏"的批评性言论删去。

不过,在"题铭"问题上,苏阿尔和达朗贝尔产生了分歧。到底是该引述塔西佗的话呢,还是塞内加的话呢?作为编辑的苏阿尔决定两者都不采用,但在正文的末尾插入了塞理卡的一段话,这段话出自《论恩惠》第7卷第29章。这种选择颇耐人寻味:

> 我浪费了一次善举。但是,我们能说我们浪费了我们所认为的神圣之事吗?一次善举就是一件圣事。即便善行所获得的只是恶报,它也是一种良好的投资。当受惠者不是我们所希望的那种知恩图报之人时,让我们依然保持本色,而不要变成为他那样的人。

细读之下,我们不难发现,这段话不仅向深受伤害的休谟提供了某种慰藉,也向睚眦必报的休谟提出了某种人道的责备——善行本身就是其酬报。这段话似乎也折射出休谟的文友对卢梭的荒诞行为和休谟自己的过激反应所怀有的矛盾心情。

据达朗贝尔称,在欧洲的所有首府中,休谟和卢梭之间的冲突在伦敦所引起的反响最小。从英格兰回来的旅行者也证实了这一点。尽管休谟早前

---

① 全名较长,为 *Exposé succinct de la contestation qui s'est élevée entre M. Hume et M. Rousseau avec des pièces justificatives*。

曾承认出版"说明"实属迫不得已,但他于该年 10 月就与其出版商威廉·史翠寒落实了出版其英文版的相关事宜。休谟坚持在法文版刊行之后再出英文版,因为他曾授权法国友人对文稿进行修订。他还会将书信的原稿交由"大英博物馆"保管,而这是休谟对卢梭嘲笑他不敢将其刊行于世的回应("大英博物馆"拒绝了这一请求)。当然,这其中也不乏经济方面的考虑:"整个文稿足可编成一本内容相当可观的小册子。我想公众的好奇心一定会给这本小册子带来可观的销量。"

事实上,休谟对于法语版的满意度并没有维系多久。不久之后,休谟就指示史翠寒在尽可能地利用英文书信原稿的基础上重新编订,并于 11 月中旬以《对大卫·休谟与让-雅克·卢梭之间纷争的一种详实的说明》为题刊行于世。而其副标题则标明:它是以"争吵期间休谟和卢梭之间的往来书信为基础的,同时还囊括了沃波尔和达朗贝尔的相关书信"。

而在《说明》的结尾,休谟还引述了"许多朋友"对于这件事情的看法,而这在某种意义上也预见了 21 世纪的公共关系。有人指责卢梭虚荣、好卖弄;而有些人则以更具同情心的眼光来看待卢梭,把卢梭视为同情和悲悯的对象;而其他的人则认为,尽管盛气凌人的傲气和忘恩负义是卢梭性格的主调,但是,"他的大脑只要受到一丁点的摇摆,其判断力便迷失了方向,就像一叶孤舟,在激情和情绪之潮的挟裹下四处乱撞"。不过,还有一些人相信,卢梭"介于清明理性和完全疯狂之间"。

休谟告诉《说明》的读者:他持后一种观点,并补充道,他甚至怀疑以前的卢梭是否比现在更具判断力。"有一句老话:天才和疯子只有一步之遥。即使是在他写给我的那些癫狂的书信中,我们仍可清晰地发现其一贯的天赋和滔滔雄辩所留下来的明显印记。"

现在,《说明》终于如休谟所愿出版了,但休谟还能维系其朋友对他的支持吗?

爱屋及乌

我们的声誉、人品以及名字都载负着非比寻常的重量和意义。

——大卫·休谟

闻名遐迩的让-雅克·卢梭……家喻户晓的历史学家……满城皆知的两人之反目。

——1820年出版的《休谟书信集》的"引言"

这的确符合休谟的一贯作派,也即一直对外宣称其之所以出版《说明》,实属违心之举,他是迫不得已而为之。

10 月 30 日,已从伦敦回到爱丁堡的休谟在给霍拉斯·沃波尔的信中写道:

> 我于几天前收到一封达朗贝尔先生的来信,并由此信得知:依照我已授予他们的相宜行事的裁决权,他和其他的巴黎友人已决定将我叙及与卢梭决裂之原委的那篇文字付梓……我的巴黎友人要为这篇文字写一个"序言",意在表明:我本不愿将其付梓,只是他们在迫不得已的情况下才强求我同意的。显而易见的是,我的对手已经发出了许多信函,在全欧洲对我大肆污蔑,说他写给我的那封信令我如此惊惶,以致不篡改的话我就不敢将其呈示给世人。这些信件很可能会起作用,而我的沉默也很可能被看作是做贼心虚。

11 月份,休谟再一次向沃波尔强调:他出版《说明》实属无奈,并非心甘情愿:"哪怕有一个人附和我的意见,我都会继续拒绝将其付梓。"

但颇具讽刺意味的是,沃波尔就是这样的人(也即主张不要将《说明》付梓),正如他在收到那本小册子后立即向休谟旗帜鲜明地指出来的那样。这本小册子的出版着实让沃波尔吃惊不小,毕竟在离开伦敦动身前往爱丁堡之前,休谟一直是反对出版《说明》的。不仅如此,它还忤逆了休谟一帮好友的意愿,更不用说有违于休谟的本性了。在信中,沃波尔写道:实际上——

> 对于您这么容易就改变心意,我以及所有希望您一切如意的朋友们都深感遗憾……您说,他们告诉你,卢梭向全欧洲寄发了许多污蔑您的信函。上帝啊! 我亲爱的朋友,您怎么能去在意这些浮夸之言呢? 看见你们整日里打嘴仗,整个欧洲都在幸灾乐祸,他们只是拿你们的事做消遣。

在其他地方,休谟的声明似乎也没起到多大作用。面对《说明》的出版,人们更多地是感到震惊和遗憾。11月,休谟的庇护人赫特福德勋爵给他寄来了一纸短笺,感谢休谟给身在巴黎的他寄去了《说明》的复件:"您不会想到,我一直在等您的《说明》,但没想到的是,待我看到它时,此地的人们似乎已经人手一册了……但是,更让我感到吃惊的是,我发现,当您告诉我时,《说明》正在刊印。尽管如此,待我私下觐见国王陛下时,我会转告您所说的这些原因的。"赫特福德的这封短笺更加证实了我们对于休谟此种说法——赫特福德和康威曾建议他将《说明》付梓——的怀疑。实际上,这位前大使(赫特福德)似乎曾这样告诉国王:休谟不会将其付梓。

与此同时,伏尔泰却正在为找到这样一个千载难逢的羞辱卢梭的机会而心中窃喜。格里姆于11月1日记述道:"伏尔泰先生已经公开发表了致休谟先生的一封信,在其中,他对可怜的让-雅克·卢梭发出了致命一击。这封信在巴黎取得了巨大的成功,它对卢梭所造成的伤害可能远远大于休谟的那本小册子。"(这封信后来又发表于伦敦)在信中,伏尔泰写道:"如果卢梭真的需要饱腹之食,人们应该朝粪堆给他扔去一大块面包,因为粪堆是他的寄身之所,正是在那里,卢梭用他的利齿恶狠狠地咬向人类。但是,人们还是有必要揭开他的真面目,以免人们在喂养他的时候反遭其噬。"与休谟力图赢得乔治三世的支持相同,伏尔泰也曾试图拉拢卢梭忠实的崇拜者——腓特烈大帝,但徒劳无功。腓特烈大帝在信中写道:"您问我是如何看待卢梭的? 我认为他是一个值得同情的不幸之人……唯有那些卑劣之徒才会落井下石。"

虽然并没有完全置身事外,但此时正在伍顿旁观整个事态发展的卢梭应该自我庆贺一番:休谟终于露出了他的真面目;而他,一个流亡者,正在以极其高贵的耐心忍受着各种痛苦的折磨。他们尽可以做其所想做,说其所想说,而他只是在静候死亡的降临。至于那位大阴谋家,在 11 月中旬致一位朋友的信中,卢梭写道:"至于我自己,我对休谟先生已无话可说,只是我发现,作为一个好人,他未免太过无礼,而身为一名哲学家,他又未免太过聒噪。"

在不列颠,尽管人们普遍对休谟持同情态度,而对卢梭心怀愤慨,但人们的看法远非一致。休谟的《说明》在报章杂志上广为流传。是年的 11 月份,各大报纸如《君子杂志》、《伦敦杂志》、《圣詹姆斯纪事报》、《伦敦纪事报》和《每月评论》对休谟的《说明》做了长篇摘录。在给休谟的信中,古典学者、政治家罗伯特·伍德(Robert Wood)① 写道:"您很难想象,此地(伦敦)民众对您是何等爱戴,对卢梭又是何等的嫌恶。"

《每月评论》的那篇文章就好像是一块夹心三明治,内容芜杂,它一方面对皮特晋升贵族一事"冷嘲热讽",另一方面又对创办一个面向所有人的免费大学的计划"说三道四"。最后,它宣称,之所以对要对《说明》进行报道,只为了满足近来风闻过"两位受人敬重的天才人物近来的争吵"的读者的好奇心。尽管它向读者承诺只陈述事实,但仍情不自禁地做了几句评论:"证据已清楚地表明:休谟先生已对卢梭仁至义尽;而至于后者的行径,可谓丧尽天良。

所以《每月评论》决定不刊登卢梭那长达 50 页的控告信,尽管其编辑对卢梭并无敌意。问题在于卢梭"极端的敏感使他容易横生猜疑,即便是对其最好的朋友也是如此"。但不管怎么说,面对卢梭,人们所应该做的不是谴责,而是"对这个不幸之人的怜悯和同情。无论置身何种境况,其古怪的脾气和与众不同的心理禀赋必定会使他闷闷不乐"。

---

① 罗伯特·伍德与休谟交情匪浅,休谟之所以能获任赴巴黎就任大使秘书一职,罗伯特·伍德功不可没。

在这次事件中，没有人可以免受责难，《每月评论》的编辑们毫不留情地对沃波尔进行了谴责。在整件事情当中，沃波尔所扮演的角色——

> 看上去既有违于人道主义，也不合礼仪。通过那句判断不佳的俏皮话，他将卢梭置于公众的嘲弄之下。当他发现这给一位可怜的、并未伤害过他的不幸之人带来极大的困扰的时候，他非但没有表达过对此事的歉疚，反而发文向全世界宣称：他对于卢梭有一种深深的鄙视，并将卢梭描述为一个遭人唾弃之人。

沃波尔的所作所为完全是有辱其身份。

而卢梭在不列颠也不乏拥趸。出生于苏黎世的画家亨利·菲斯利（Henry Fuseli）发表了一篇题为《为卢梭先生辩护——对休谟先生、伏尔泰先生以及其同伙恶意诽谤的批驳》的论战文章。《每月评论》将其贬斥为"一篇厚颜无耻的宵小之作。其作者在不了解事情真相的情况下就介入这场论战，实属莽撞"。

在仔细读过《说明》之后，不少读者都纷纷向报纸投稿，起而捍卫卢梭，但他们大多使用笔名，诸如"Emilius"（埃米留斯）、"Crito"（克里同）、"A. Bystander"（旁观者）等。在 11 月 27 至 29 日那一期的《圣詹姆斯纪事报》上，刊登了一封来自一位"正统、好客的英国老人"的信，在信中，他训斥休谟道："如果他真把卢梭当作朋友，那么，他的哲学和冷静可能会让他将卢梭视为一个犯了大过失之人；而这要远比给卢梭安上许多卑劣的动机要光彩得多，休谟的这些举动表明：在盛怒之下，就其本质而言，一个哲学家并不比一个贫贱的宗教盲信者更为高贵。"以"A. O. H. O. E"为笔名的一位读者也在信中指责沃波尔是"一位无礼且野蛮的家伙……卢梭先生是一位深受迫害且命运多舛的异乡人。我既不认识卢梭，也不认识休谟，更不认识沃波尔，但是，出于人道，我衷心希望可怜的卢梭不要再颠沛流离了，而是在这里安度余生。"而其他的几位读者也都纷纷起而捍卫卢梭，指斥人们对这位流亡者缺乏应有的待客之道和尊重，而这将让整个英国为之蒙羞。而在 12 月 9 日至 11 日这一期的《圣詹姆斯纪事报》上，还刊登了一首专门声援卢梭的英文诗歌：

卢梭,请挺起您的脊梁!

尽管面对着伏尔泰的恶意,

达朗贝尔迷信般的傲慢,

沃波尔癫狂的放肆,

休谟卑劣的背信弃义,

这些绝击不倒您;

夜幕下,各种鬼魅啸聚

妄图伺机伤人

但正义和真理终将驱散这些魅影

而理性之光也终将带来光明

不列颠将伸出温暖的双臂拥抱这位流亡者

而自觉的美德也将让他受伤的心灵复归平静。

　　而紧接着,在下一期的《圣詹姆斯纪事报》上,又出现了专门针对这首诗的戏仿之作。在其中,卢梭又以同样的方式被奚落了一番。除了在报章杂志上相互攻讦,还有一个读者则来信质问:我们能指望从这些自然神论者和异端身上获得什么呢? 不过,总体而言,读者们所关注的还是这件事本身,而不是像休谟那样十分在意事情的结果。

　　尽管休谟所受到的指责和辱骂并不比卢梭少,但在 1767 年 2 月的信函中,休谟告诉巴芙勒夫人:此间有——

　　　　与这件事有关的大量的、公开发表的戏谑之作。但是,所有的报道都在刺谑这个郁郁寡欢之人。甚至有人就此事创作了一幅雕版画:卢梭被画成一个新近在丛林中捕捉到的野人;而我则被画成一位尽心尽职地照看这个野人的农夫,我提供一些燕麦给那位野人吃,但它却愠怒地拒绝了;而伏尔泰和达朗贝尔则正在后面鞭打着他,而霍拉斯·沃波尔则正在吹奏着纸制的喇叭。这些想法并不完全荒谬。①

---

　　①　这幅插图刊登在 1767 年 1 月这一期的《广而告之》(*Public Advertiser*)上。鲍斯威尔后来在其"日志"中声明:这幅漫画的创意来自于他。

　　而在英吉利海峡的对岸——这是休谟《说明》的主要销售市场,由于对休谟在处理这件事情上的手腕和动机的日益增多的质疑,人们对于卢梭的义愤之情反而得到了一定程度的缓和。此外,休谟也忽略了或者说误判了这件事的复杂性,他原本以为,对于法国文人而言,这只不过是一次简单的站队,即到底是加入卢梭支持者的阵营,还是加入卢梭反对者的阵营。

　　杜尔阁的礼仪感就明显地受到了冒犯。是年的 9 月,杜尔阁对卢梭的控告表达出了他的同情。在他看来,这种控告与其说是邪恶的,不如说是癫狂的。他告诉休谟:"您写给他的信伤害了他,可他写给您的信却并没有伤害到您。"杜尔阁还写道,让休谟的一些法国朋友深感惋惜的是,此事发生后,休谟并没有给卢梭去过一封信,而只是忙于与其巴黎朋友交涉。

　　杜尔阁所含蓄地表达出来的异议并非特例。10 月,格里姆也拿起笔,对休谟和卢梭之间的争吵进行了一番嘲笑,称它无疑给"无所事事之人"提供了"茶余饭后的最佳谈资"。格里姆还写道:即便是欧洲两大强国之间的战争也不会在巴黎制造这么大的动静,尽管在伦敦,由于人们的愚蠢,他们都把目光更多地投向了内阁的改组和皮特之升任查塔姆伯爵(Earl of Chatham)。格里姆继续写道:

　　　　我不明白这本小册子的"序言"为何要这么写,也即在将此事公之于众的过程中,休谟先生只是屈从于其朋友们的意愿,就其内心而言,他其实是极不情愿将其付梓的。毫无疑问,"序言"所称的朋友是指休谟的英国朋友。因为据我所知,休谟的许多法国朋友都写信劝阻他不要将他们之间的争吵公之于众。事实上,如果您是迫不得已才在公众面前为自己辩护的话,我会由衷地同情您;但如果您只是在给自己的这么一个决定找借口,我觉得您愚蠢至极。

　　紧接着,格里姆就叙述了他自己九年前与卢梭的决裂:那件事甚至比休谟所遇到的这件事"更显荒谬"。格里姆声称,在他的一生中,唯有这次与卢梭恩断义绝他没有感到一丝一毫的后悔。尽管如此,他还是对卢梭礼敬有

加,因为不这样的话,他会感到有违他的本性。所以他能够自信满满地说,如果他是休谟,他会怎样做:

> 当收到 6 月 23 日那封温和而坦诚的信时,由于如此出人意料,我,肥硕的大卫·休谟,首先会使劲地揉揉眼睛;然后再久久地凝视着这封信,就像在那个可怕的、永生难忘的日子里我盯着让-雅克那样;但一旦等我缓过神来,我会将这封信放进口袋,永不再提。等到第二天,我还会写信给我的朋友让-雅克,感谢他肯这么高看我,同时也感谢他没有对我的服务和悉心照料心生厌烦。然后,我还会祝愿他在其辉煌的一生中能够夜夜睡个安稳觉……

但不管是在那一天所写的信,还是其他任何时候所写的信,凡是与公众无关的,格里姆都不会将其拿出来发表。他写道:凡是对此事有所理解之人,都会"对这位不幸的让-雅克",对其"疯癫而备受痛苦折磨的"的一生"抱有深深的同情"。正是在这一点上,格里姆以非凡的洞察力补充道:"他在哪里能宁静地了此一生呢?看起来显而易见的是,与他形影不离的那个伙伴永不会让他有一刻的安宁。"在巴黎,各种替卢梭辩护的书信或是小册子也层出不穷,但就像格里姆所说的那样:这样的文章实在"让人讨厌,它们全都出自一些籍籍无名的宵小之手,他们之所以写这些文章,仅仅是为了消磨时间,甚至仅仅是为了混口饭吃。没有一个人的言论持之有据"。

如果休谟曾希望《说明》的出版将会为他赢得绝大多数公众的支持,那么他肯定会深感失望。卢梭作为一名艺术家和一个男人的品性,其作为一个遭通缉的流亡者的身份,其在普鲁士国王书信一事中所受到的伤害,以及休谟的冷漠和过度的反应,对于所有这一切,读者都是心知肚明的。即使是在他们写信批评卢梭的时候,他们也总是倾向于在双方身上找问题。当然,不可否认的是,休谟成功地保持了人们对于这件事情的高度关注。

但是,这件事还是在休谟的人际关系方面产生了严重后果。休谟与其挚友巴芙勒夫人的关系濒临破裂。在 7 月 22 日发自波格思莱丝奥克的那封信中,巴芙勒夫人告诉休谟:他首先选择与霍尔巴赫而不是与她商量这件事,已经严重地损害了他们之间的友情。公众舆论普遍认为:通过向外散播休谟对卢梭的抱怨,通过煽动休谟的愤慨之情,霍尔巴赫实际上是在害休谟。休谟为什么不能用一种光明正大的方式来报复卢梭呢? 休谟为什么不能用其卓越的才智、用其美德的耀眼光辉去感化卢梭呢?

巴芙勒夫人承认,卢梭的那封控告信实属凶暴。但是,作为永不可消除的污点,卢梭所做的这件蠢事将会使他终生备受煎熬。她接着写道:"但不管怎么说,请不要相信他是一个诡计多端、谎话连篇之人;也不要相信他是一个骗子或一个无赖。尽管其怒气毫无理由,但它却是真实的,我对此深信不疑。"所以,卢梭绝不可能以事先预谋好的方式来伤害和侮辱休谟。

随后,巴芙勒夫人就中辍了这封信的写作,并在接下来的三天里赶了64里格的路程风尘仆仆地从波格思莱丝奥克返回巴黎。尽管她从未曾在任何场合公开表明过,但她给大家的印象似乎是——正是出于对休谟情绪失控的担忧,她才迫不及赶回巴黎,以便可以近距离地了解事情的真相。尽管巴芙勒夫人一直提倡宽宏大度和温和节制的处事风格,但当她再次拿起笔时,她对休谟的"担忧"已转变成"暴怒"。她再也不会给休谟提建议了:"您是如此地固执己见、如此地怒气冲天,以至于根本就听不进我的意见!"带着深深的失望,巴芙勒夫人向休谟指出:巴黎的许多人只是乐于看到其行为与常人无异。在这个问题上,若不是出于良心和友谊,她根本就不想再置一词。

巴芙勒夫人向来把践踏礼仪规则视为粗鄙之举,因此她也不会轻易地放过卢梭。7 月 27 日,她致信卢梭,严厉谴责他寄给休谟的那封不光彩的信:她还从未看到过有哪封信如此有辱斯文。他所有的朋友无不深感错愕,以至于无话可说。在写了这么一封有失身份的书信之后,人们还能替他说些什么呢? 说休谟是一个背信弃义之人,这完全是无稽之谈。退一步说,即便休谟真的是背信弃义之人,卢梭的行为也过于草率和鲁莽,因为他既没能证明其猜疑合情合理,也没有征询过任何一个巴黎朋友的意见。卢梭永远都不应该忘记休谟所曾给予他的切切实实的帮助。为了提醒卢梭,巴芙勒夫人还引述了卢梭自己的一句话:"即便在曾经的友人形同陌路之后,友谊的纽带也理应得到人们的尊重"。孔蒂亲王、卢森堡公爵和德·巴芙勒夫人都希望卢梭能给出一个合理的解释——他不应该再拖延下去——"您至少应该让我们知道该如何为您辩解,即便我们不可能彻底为您开罪"。

直到一个月后,卢梭才以刻薄而好斗的语言对巴芙勒夫人的指摘进行了批驳:是休谟迫使他做这一番自辩的,于是,他就详述了事情的真相。这不是怀疑,而是事实;这不是判定休谟的人品,而是评价休谟的作为。考虑到他所遭受的磨难和背叛,在致休谟的信中,他已经足够温和谦恭了!而休谟呢?"尽管他给我的回信显得言辞得体,态度谦恭。然而当他写信给霍尔巴赫以及其他人时,其所使用的措辞则大相径庭。他不断地向巴黎、法国、各大报纸和整个欧洲爆料,而且以一种我自叹弗如、而且永远也说不出口的语言。"是的,即便友谊的纽带已经破裂,它也理应得到人们的尊重。但是,如果从一开始就不存在友谊的纽带,那就应该另当别论了。如果休谟的帮助"一半是事实,一半是作秀(如休谟自己所承认的那样),如果这些帮助只是用来隐藏其最恶毒计谋的圈套,那么,我实在看不出有任何理由要对他感恩戴德"。

巴芙勒夫人没有回复。或许她已经认识到卢梭对于休谟的一些苛责是合情合理的,但是,她的沉默一定让卢梭深感伤心。而让卢梭没有想到的是,更沉重的打击接踵而至,它来自其第二个父亲,伯爵元帅。

这位年事已高的伯爵也对其"儿子"卢梭的行为深感震惊,此后,他们俩之间的关系也变得日渐疏远。这让卢梭倍感苦恼和烦乱。在 1766 年的圣诞节即将来临之际,卢梭向元帅伯爵提出了热忱的恳求。而在卢梭所遭受到的所有不幸中,这无疑是最不幸的。卢梭恳请伯爵至少每月给他去一封信,好让他知道其一切安好。如果伯爵元帅执意要坚持其"残忍的决定",卢梭将一死了之。

与此同时,8 月 12 日,休谟终于对巴芙勒夫人的猛烈抨击做出了回应。在信的开头,休谟首先表达了自己的歉意:"对您的批评,我虚心接受,并对您的指正和告诫致以谢忱,一如我一直以来对您的礼貌和惠助所做的那样。"然后休谟就开始向巴芙勒夫人解释他为何没在第一时间将他与卢梭发生龃龉的事告知她。因为他一直认为巴芙勒夫人当时距巴黎有 100 里格的路程:

卢梭与休谟

　　我确曾写信给霍尔巴赫男爵,既没有要求他保守秘密,也没有指望他能保守秘密。但是,我曾认为,与其他传闻一样,这件事不几天就会传到十个人的耳朵;而在一两个星期之内,就会有二三十个人对它有所风闻;那么它至少需要三个月的时间才能传到远在波格思(Pougues)的您的耳中。我万万没有想到的是,一件仅告诉过一个私人朋友的私事,会在转瞬间传遍了整个法兰西王国。

　　但从一开始,休谟的主要顾虑就是卢梭即将面世的"回忆录"。如果休谟再保持沉默的话,天晓得他的敌人(卢梭)还会捏造出其他的什么谎言!

　　这标志着休谟与巴芙勒夫人亲密关系的结束(这或许正中休谟的下怀),尽管他们之间亲密关系的真正告吹发生在第二年,因为那时的巴芙勒夫人发现:即便休谟重返法国,他也不打算住进她特意为他安排的位于"神殿"的那套宽敞明亮、舒适漂亮的公寓。巴芙勒夫人的信变得越来越尖酸刻薄,以致休谟忍不住将其弃之一旁。尽管此后他们之间仍时有书信往来,但巴芙勒夫人很快就发现,休谟的信越来越让人气恼。

　　休谟和沃波尔的关系也同样受到了这件事的影响。沃波尔此时正在为他提供给休谟的声明在《说明》中被不当利用而深感不悦。于是,沃波尔遂于1767年9月13日在巴黎的报纸上撰文,该篇文章不仅表达了他对这场争吵的看法,而且还澄清了一些事实,并详细地描述了他在这场争吵中所扮演的角色。沃波尔声称,他过去之所以愿意向休谟提供一纸声明,一方面是为了证明休谟与那封伪信无关,但另一方面也是想借此机会表明了他对于休谟刊行《说明》的强烈反对。但休谟却对他的声明做了选择性的引用:

　　　　我不得不遗憾地说,在这件事情上,休谟先生的做法有失厚道。在那封信中,我一开篇就嘲笑休谟那帮希望将《说明》付梓的博学多识的朋友。就像我告诉休谟的那样,他那帮朋友之所以怂恿他将《说明》出版,只是为了泄私愤。但我与卢梭并无任何私人恩怨,我只是嘲笑他的矫揉造作,但即便如此,我还是会尽力帮助他。我尤其鄙视迂腐的学究和做作的哲学家之间的这种幼稚的争吵。因此,在信的开篇,我就劝休谟不要出版《说明》。我哪里会想到休谟先生会对我这封信断章取义，并在没有征得我同意的情况下就将其付梓！

在伦敦，重印的法语版《说明》很快就销售一空，而到了11月中旬，750册的英译本也已投向市场。但这并未影响到公众对于卢梭的喜爱。在作曲家、风琴演奏家和音乐史家查尔斯·伯尔尼博士（Charles Burney）的亲自操刀下，卢梭的歌剧《乡村卜师》被翻译成英语并以《狡猾之人》之名公开发行。而11月底，在《狡猾之人》基础上改编的歌剧在德鲁里巷戏院上演，并获得了良好的反响，尽管在第二天晚上的演出中，休谟的一帮苏格兰籍支持者涌入剧院寻衅滋事，并引发了英格兰观众的愤慨。但即便如此，《狡猾之人》还是上演了12场之多，如果不是领唱的女高音生病，上演的场次可能会更多。

1767年2月，作为康威将军的副国务大臣，休谟重新回到外交界。在威斯敏斯特，在任职近一年之后，罗金厄姆被解职，并且在此后再也没有获得过皇室的亲宠。1766年7月，皮特接任了他的职位，并以查塔姆伯爵（Earl of Chatham）的身份跻身上院。英王乔治三世急于留用康威，并告诉康威：这届政府的存续完全仰赖于他对于下院的掌控。到了1766年的年底，乔治三世对康威的赏识之情更是溢于言表："我确信，就替我打理政务而言，您的热忱在任何时候都是可信赖的，因为除了造福于民，我别无他求。"（怪不得当初康威提议授予卢梭"年金"时，乔治三世二话没说就答应了）因此，在波沃尔的恳请下，康威将军留任国务大臣一职，并且一直做到格拉夫顿（Grafton）卸任（格拉夫顿在皮特之后任首相一职）。

而邀请休谟出任副国务大臣一职的是赫特福德伯爵。他知道休谟已下定决心不再出任公职，但在沃波尔的建议下，他还是请赫特福德夫人出面劝休谟回心转意。1767年3月1日，休谟向巴芙勒夫人透露了他即将重返政坛的消息。他本想婉拒这份工作，"但我发现，要拒绝待我情深义重的朋友们的盛情邀请，我实在开不了口"。他根本就不会陷入名缰利锁。恰恰相反，"就目前而言，我感觉自己好像是被放逐到一个陌生的国度。我的意思是说，与我和您在巴黎一道度过的时光迥然不同，而像是身处威斯特法利亚或者立陶宛，或者世界上我想也想不到的其他地方"。

卢梭与休谟

　　如果这是休谟的真心话,那么他和他的对手(卢梭)至少还有一些共通之处。身处偏远的斯塔福德郡,卢梭和他的女管家勒·瓦瑟正觉得:伍顿已成为这个世界上他们最不喜欢的地方,尽管在刚开始,它看起来似乎是他们理想的隐居之所。

世外桃源中的朋友

我现在正在从事一项史无前例的工作。

——让-雅克·卢梭《忏悔录》

真正的离群索居可能是我们人类所能承受的最大惩罚。

——大卫·休谟

远离各种纷扰,远眺斯塔福德郡的苍茫乡野,身处伍顿的卢梭清楚地意识到:其创作生涯正处在一个生死攸关的关口。他已经永远地退出了文坛:

> 作者、授权和作品,以及文坛中那让人喜极而泣的无上荣光,所有这些都是我不再参与并竭力遗忘的另一个世界的愚妄⋯⋯很不幸的是,在过去的 15 年里,我品尝到了身为一个文人的阴郁和落落寡欢,尽管我从未沾染上文人的任何恶习,无论是嫉妒、猜疑,还是两面三刀抑或口出狂言,都不曾侵蚀我的心灵。我觉得,在这个世界上,再也没有什么迫害和不幸是我所没有经历过的了,我要毅然决然地放弃写作生涯,一如我当初毅然决然地踏入这个行当。

在致巴芙勒夫人的信中,因为他觉得在其退出文坛这件事上,巴芙勒夫人总是对他唠叨个不休,卢梭再次重申了其退出文坛的消息:

> 我希望在每件事情上都能遵从您的意愿,可是看在上帝的分上,请不要再提及写书这件事了,最好连那些写书之人也不要提及。与必要的数目相比,我们现在的道德伦理书籍之冗余何止百倍,但我们并没有因之而变得更加富有德性。您担心由遁世幽居而带来的闲散和无聊会

对我产生不利影响。夫人,您错了。即便身处熙熙攘攘的闹市,我内心之无聊和闲散一点也不亚于离群索居的生活。

伍顿虽然荒僻,但在卢梭的心目中却不啻为一个世外桃源。在抵达伍顿后不久致德·鲁兹夫人(Mme de Luze)的信中,卢梭对"伍顿庄园"这样描述道:

> 伍顿庄园坐落在一片山谷的谷底,这片谷地既是人烟繁盛的栖居地,又是绿草茵茵的牧场。在这里,人们总是可以听到潺潺流水,原来是一条小溪从邻近的山区蜿蜒而下,并从伍顿庄园的侧面缓缓流过,从窗户和阳台放眼望去,其千折百回和飞流悬瀑的跌宕风姿尽收眼底,让人美不胜收、目不暇接。山谷中,一排排整齐的岩石和林木随处可见,人们不难在其间发现一些绝佳的休憩之地。在离小溪稍远的一些地方,我们可以信马由缰地在河堤上散步。由于有林木可以遮风蔽雨,因此,即便是在最恶劣的天气之下,我也可以心无旁骛地在满是绵羊和兔子的山岩下采集植物标本。

在天气晴好的时候,卢梭会沿着多芬河(River Dove),穿过滩涂,在四周满是险峻的峡谷和湍急的瀑布的石灰岩山地上漫步,有时甚至达数英里之遥。此间乃英国风景佳秀之地,盛产榛树、山楂树、白桦树和柳树。夏天,空气中弥漫着金银花和玫瑰花沁人心脾的芬芳。而在那些地势险峻的溪谷中,要么遍地都是白蜡木,要么长满了各种低矮的灌木和牧草。也许,在散步之余,卢梭还为这里的植物群落增加了新品种,因为他是一个植物收集家。正如19世纪早期此地的一位向导所说的那样:"这位性情多变、反复无常的卢梭先生在这一带播种了一些稀奇古怪的外来花卉。"

可以这么说,卢梭同时生活在两个截然不同的世界之中。在其中的一个世界,卢梭面对的是赤裸裸的背叛和阴谋,并一直受到其同伴——也即格里姆所看到的第二条狗,"它总是让卢梭不得安宁"——的纠缠;而在另一个世界中,卢梭却过着一种他长久以来所追求的那种徜徉在大自然中安闲而幸福的生活,它远离城市的污秽、竞争、轻浮和虚伪,在卢梭看来,大都市总是乌烟瘴气。

让卢梭感到格外开心的是,在其散步的时候,他绝少能碰到其他人。即便是碰到人,如果愿意,他也可以退缩在语言屏障的背后。有一次,艾拉斯顿村(Ellaston village)的牧师特意早早地静候在路边,以迎接这位流亡者。而卢梭也以愉悦的笔触向休谟汇报了这次尴尬的、相向无言的偶遇:"由于看到我只对他讲法语,而他也不想用英语与我交谈,所以整个谈话过程中我们几乎是相对无言。"卢梭还告诉休谟:即便他通晓英语,他也只会跟当地的居民说法语,尽管这些村民们对法语一窍不通(事实上,卢梭看起来还是能读懂英语的,因为他经常读休谟和达文波特用英语写给他的信)。而在与达文波特的仆人们打交道时,卢梭总是说:"勒·瓦瑟可以作我的翻译,她的手势要比我的英语管用得多。"

尽管卢梭与当地居民的接触并不多,但当地关于他的传说倒不少。当地曾传言:一些人将卢梭误认为是一个被逐出疆土的落魄国王。还有传言说他老是夜间在"织女山"(Weaver Hills)一带漫步("当众仙女纷纷现身时")。而附近的斯坦顿(Stanton)有一个铅锌矿场,据说卢梭与那里的工人甚为相熟。而其账册也表明:卢梭曾于1766年8月捐钱给矿场的工人,考虑到其对于接受别人馈赠所秉持的那模棱两可的态度,这无疑是一件有趣的举动。

1804年,为了收集当地居民关于卢梭的记忆,社会历史学家威廉·休伊特(William Howitt)专程赶到伍顿,并在《名胜探访》(*Visits to Remarkable Places*)中对当地的一些老人记忆中的陈年旧事做了记载。这些老人操着浓重的斯塔福德口音说道:

> 哦,你是说卢梭呀!我不仅认识他,而且还很熟。我一天能碰见他好几次,他每天都会戴着那顶滑稽的皮帽,穿着那件厚重的、满是补丁的长袍。对了,还有一位女士,他们都叫她赛鲁夫人(Madam Zell),但至于她是不是他的妻子我就不知道了。

不过威廉·休伊特给出了勒·瓦瑟会说英语的唯一证据。有一次,在遭到其丈夫(指卢梭)的殴打之后,那位女管家(指勒·瓦瑟)哭天抢地地大叫起来,循着哭声前来劝架的村民注意到:"赛鲁夫人情绪异常激动,并用其仅会的几个英语单词对着一帮年轻女子喊道——'绝不要结婚! 绝不要结婚! 你们看看! 你们看看!'"

关于卢梭,当地还流传着这样一则轶事:有一天当卢梭外出时,一个男人走上前询问他是否是一位植物学家。这个人就是大名鼎鼎的伊拉斯谟·达尔文(Erasmus Darwin),他不仅是一位杰出的医学家、科学家和教育家,而且还是"工业革命"的旗手和"月球探险协会"——它是由开明的科学思想家所结成的一个学术团体——的领军人物。与此同时,他还是发明"物种进化"理论的查尔斯·达尔文的祖父。显然,伊拉斯谟·达尔文事先已经知晓了卢梭的必经之地。而当卢梭意识到他和伊拉斯谟·达尔文的这次碰面绝非偶然时,他立马变得警觉起来,以至于达尔文再也没有机会靠近他。

远离了背叛和阴谋,卢梭现在的生活充满了欢笑、社交和光辉力。尽管与休谟无论如何也亲近不起来,但卢梭却与伍顿的一位邻居相处甚欢,这位邻居名叫伯纳德·格伦维尔(Bernard Granville)①,当时已有 67 岁的高龄,他生性严苛、沉默寡言,而且看上去有点性情乖戾。伯纳德·格伦维尔和这位感情丰富的日内瓦人之间的交情既让人动容,又让人感到别扭,不过一开始卢梭并不看好这段交情,认为它不过是一般的肤泛之交:"我平日只跟这位我唯一可与之聊天的邻居聊一些鸡毛蒜皮的琐屑之事,因为只有他会说法语。"

伯纳德·格伦维尔住在离"伍顿庄园"只有两英里的卡尔维奇修道院(Calwich Abbey),这是他于 40 年前买下的一处宅邸。它坐落在一个溪谷中,离多芬河仅有两百码之遥,故而屡遭受洪灾。

由于家境殷实,故而格伦维尔得以把大量的时间和金钱投入到各式花园的兴建和修葺上。比如,他曾在湖心处修建了一个草木葱茏的湖心岛,并在湖心岛和湖堤之间架起一座精巧别致的小桥。而其宅邸的前方就是一处草

---

① 卡尔维奇修道院(Calwich Abbey)的所有人,1699—1775,他于 1738 年购买了此修道院。卢梭在"伍顿"时的邻居。一位温文尔雅、彬彬有礼的老鳏夫,为人沉默寡言,醉心于音乐和园艺。能操一口流利的法语,和卢梭一直保持着良好的友谊。玛丽·迪兰尼(Mary Delany)的哥哥和玛丽·迪维斯(Mary Dewes)的叔叔。

地保龄球场。按照格伦维尔的妹妹玛丽·迪兰尼夫人(Mrs Mary Delany)的说法,这片地产"可以说冠绝一时"。

格伦维尔的另一个爱好就是音乐(在这一点上他与卢梭有同好)。他有一间专门的琴房,里面摆有一架作曲家乔治·弗雷德里克·亨德尔(George Frideric Handel)专门为他挑选的风琴,亨德尔是玛丽·迪兰尼夫人在伦敦时的一位邻居。

埃德蒙·伯克曾这样评价玛丽·迪兰尼夫人:"她是一位真正伟大的时髦人物,她不仅是当代的时髦人物,而且是所有时代的时髦人物。"尽管她当时已有 66 岁的高龄,但仍明眸皓齿,再加上一头蓬松而卷曲的头发,更显得活力四射。她不仅心灵高贵,而且还有高深的文化和艺术修养,这一切都为她赢得了极高的声望。甚至连乔治三世和夏洛特女王(Queen Charlotte)都奉她为座上宾。

经格伦维尔的引荐,卢梭还有幸结识了格伦维尔其他的家庭成员。在其众多的侄儿和侄女中,格伦维尔最宠爱的是另一个玛丽。她生于 1746 年。这位玛丽经常造访卡尔维奇,是格伦维尔家的常客,特别是在其母亲——也就是格伦维尔的姐姐安妮·迪维斯(Anne Dewes)——于 1761 年去世之后。她自小接受传统教育,学习舞蹈、仪态、女红和法语,故而有足够的自信用法语给卢梭写信。

很显然,卢梭对玛丽非常慈爱,在信中称她为"小邻居"——也即他可爱的小邻居。对于其叔叔的这位饮誉国际的高邻对于她的关注,这位芳龄 20、还有些孩子气的姑娘看上去还能应付裕如。有一次,她给"苏丹"绣了一个项圈,而卢梭也专门回复了一封殷勤而不失诙谐的便笺以示酬谢:"我的小邻居,在我的一生中,你第一次让我心生不平并感到妒忌,每次看到你特意为'苏丹'赶制的项圈,我都会妒火中烧,于是,我情不自禁地从它那里窃取了首先佩戴它的权利。"

尽管卢梭对于年轻玛丽的好感并没有逾越父辈的慈爱之情,但他对于玛丽的这份仅有的亲近感也足以让玛丽·迪兰尼夫人倍感不安。玛丽·迪兰尼夫人对卢梭的作品并不熟悉,因为正如她所说:"我尽量不去读卢梭先生的著作,因为其著述中的一些细节或许会让我心生偏见。"但她还是对卢梭的影响颇感不安:"至于卢梭先生,你对他太崇敬了! 毫无疑问,他的作品自成一格、浑然天成,但是,如果能铲除掉混杂在其作品中的那些浮华不实的错误情感(正如人们所告诉我的那样),那么,其作品不仅能愉悦人心,而且还富有道德教益。"

玛丽·迪兰尼夫人曾成功地说服了一位富有的爱尔兰贵妇,基尔代尔侯爵夫人(the Marchioness of Kildare),使她放弃了接近卢梭的打算。尽管基尔代尔侯爵夫人也没有读过卢梭的《爱弥儿》,不过,在玛丽·迪兰尼夫人成功地说服她改变心意之前,她一直觉得:这位教育改革家或许是其长子最为理想的家庭教师。

整个冬天,除了卢梭以外,卡尔维奇很少有客人造访。不过从6月份开始,外来的访客就开始络绎不绝,他们都是冲着此地的美景来的:那妙趣横生的林间漫步、那新鲜洁净的空气,还有格伦维尔的人造景观,所有这一切都让人们流连忘返、乐不思蜀。这些客人中就包括阿什本的布鲁克·布斯比(Brooke Boothby)和波特兰公爵夫人玛格丽特·卡文迪什·本廷克(Margaret Cavendish Bentinck, the Duchess of Portland)①。

公爵夫人是玛丽·迪兰尼夫人的密友,也是一位杰出的女性。身为第二代波特兰公爵的遗孀,她不仅才智超群,而且对收藏拥有浓厚的兴趣,她的藏品无所不包,从"文物古玩"到"博物志",从波特兰的花瓶到海贝(她可是个名副其实的"蜗牛杀手"——经她"手刃"的蜗牛多达上千只)。但她真正的喜好却是植物学,在那个时代所有杰出的植物学家当中,她无人不识。

即便公爵夫人对伦敦社交圈中人们对于卢梭的訾议有所耳闻,但这看起来并没有对她产生多大的影响。在她看来,卢梭只是一个正常人,尽管衣着怪异,但却对植物学无比痴迷。她们曾一道到皮克山区(the Peak District)考察,从那以后,卢梭时不时地会将自己吹嘘为"波特兰公爵夫人的植物采集专家(*Herborise de lan duchesse de Portland*)"。在通信中,他们总是不忘相互恭维,公爵夫人还曾给她的这位瑞士友人寄赠各式各样的种子和植

---

① 第二代牛津伯爵之女。其丈夫是第二代波特兰公爵,1762年成为寡妇,1715—1785。她对博物学和艺术品(包括当时久负盛名的波特兰花瓶)有着无法满足的收集欲,不过她最大的爱好还是植物学,和英国当时许多著名的植物学家都认识。她是卢梭在伍顿的邻居伯纳德·格伦维尔的妹妹玛丽·德兰尼(Mary Delany)的一位挚友,并经常与卢梭一道外出采集植物标本。

物,包括 1766 年 8 月给他寄送的"一大簇生长在高地上的野豌豆"。1766 年
9 月 3 日,卢梭回信致谢道:"如果我之前从未喜欢过植物学的话,那么,从
公爵夫人给我寄送植物的那一刻起,我就深深地爱上了它。"自然界给卢梭
的心灵带来了一份"弥足珍贵的安宁"。植物学有助于智慧的提升、美德的
涵化,并"以花为束带来规约激情"。卢梭言辞之优雅,让公爵夫人深为
陶醉。

寄居在"伍顿山庄"的卢梭少有烦心事,凡是在那里见过卢梭的人。都
觉得他看上去容光焕发。达文波特会时不时在"伍顿山庄"现身,而此时卢
梭就会在一旁打杂,帮他打扫卫生和修剪树木。曾经有一两次,达文波特还
把他最宠爱的孙女菲比(Phoebe)和孙子戴维斯(Davies)带到伍顿。达文波
特和卢梭常常在一起弈棋,尽管这位老绅士根本就不是卢梭的对手。每当
此时,卢梭就会好心地打趣道:达文波特是故意输给他的。

是年的 8 月,卢梭和勒·瓦瑟造访了达文波特位于柴郡的"达文波特山
庄"。而布鲁克·布斯比也时常会到伍顿造访卢梭。在布斯比的心目中,其
与卢梭的相遇意义非同小可,以至于在德比郡的约瑟夫·怀特(Joseph
Wright)为其创作的肖像画中,我们可以看到:他正在捧读一本卢梭的著述。
当时的布鲁克·布斯风华正茂,有二十五六岁的样子。他曾就读于卡昂
(Caen)的一所军事院校,因此他的法语非常流利。

然而,日复一日、经常陪伴在卢梭身边的却是达文波特的仆人们,让卢
梭感到高兴的是,自己不需要与他们交流。负责照顾卢梭及其女管家日常
所需的是达文波特的管家本杰明·沃尔顿(Benjamin Walton)、约翰·考珀
(John Cowper)和守夜人塞缪尔·菲恩(Samuel Finne)。同时还有一位就是
达文波特几近失明的、已有 90 多岁高龄的前乳母。勒·瓦瑟和这位乳母势
同水火,经常为一些小事争吵不休。

那么,除了植物学、地方性的社交生活,以及为了对抗那些试图摧毁他
的阴谋者而采取反制措施外,这位流亡者还有什么事情可做呢?

卢梭依然对日内瓦政治保有浓厚的兴趣,并一如既往地支持为人民
谋求权利和幸福的"代表"——卢梭称其为"自由党"。而他们的对手则谴
责他们的斗争乃是对日内瓦城团结稳定的一种威胁。法国则支持日内瓦
现有的政治格局(实际上是一种寡头政治),并日益加强了对它的封锁。

身处伍顿的卢梭以各种形式不断地向其处于水深火热之中的同胞提供道义上和经济上的支持。1766 年 1 月,卢梭在给弗朗索瓦-亨利·德伊沃劳伊斯(François-Henri d'Ivernois)的信中极力赞美"自由党",认为他们在这场斗争中所展现出来的英勇和大义凛然可与为高卢人所杀的罗马元老院的元老们相媲美。

　　然而,当卢梭一旦适应了斯塔福德郡的生活之后,他再一次拾起他最擅长的笔,尽管卢梭当初曾对巴芙勒夫人的好意——也即强调他应该继续其写作生涯——嗤之以鼻。达文波特在给休谟的信中写道:他发现他的房客(指卢梭)"近来一直埋首于写作,从其案头所积纸张的分量看,这应当是一部大作"(对休谟而言,这可不是一个好消息)。

　　在天气渐暖之后,卢梭比较喜欢去的一个消闲去处便是离"伍顿庄园"不远的一排橡树的浓荫之下,这排橡树又以"二十橡树"驰名于当地。而另一个好去处是一个马蹄形的小洞穴。洞穴大约有 6 平方米,由坚固的砂石建成,与"伍顿庄园"的主屋相邻。由于洞穴的木质门廊又窄又矮,即便像卢梭这样的瘦小之人也不得不屈身通过。洞穴内部除了设有一个石凳,墙角处还有一个壁炉,而墙壁上则开有一扇很小的窗户,窗户正对着一条直达主屋地下室的过道。正是在这里,卢梭创作出了这本被今人视为文学史上一块里程碑的自传体著述。我们可以借用卢梭的传记作家约翰·莫利(John Morley)在评价《社会契约论》时所说过的一句话来评价这本书:它是作为一个行动而不是作为一本书而名垂青史的。

　　"在写《忏悔录》第一部分的时候,我的内心充满了喜悦和满足,安闲自得",卢梭曾这样写道。的确,在其自传《忏悔录》的前半部分,温煦的生活插曲和对过往的幸福追忆随处可见。尽管,正如我们所熟知的那样,卢梭的早年生活充满了各种伤痛和折磨,对于这些伤痛和折磨,卢梭曾特意挑选出来加以详述,其形式几近自虐:"我不得不追忆的所有这些记忆都给我带来了新鲜的享受。我总是带着新生的愉悦不断地去重温这些陈年往事。直到我不再有一丁点的厌烦情绪、直到我对它们感到满意为止,我才会停止对我的描述进行修订。"

　　在来伍顿之前,卢梭已经开始了《忏悔录》的创作,并在离开伍顿之后的 1770 年将其完成。但《忏悔录》的"第一卷"是他在英格兰期间创作完成的。

在这一卷当中,卢梭带领读者们重温了其自童年始直至他于 1742 年远赴巴黎这一段人生历程。这一卷共有六章,与更为阴郁的"第二卷"相同。由于休谟的巨大恐惧,这本"自传"在述及到卢梭动身去斯特拉斯堡之后便戛然而止。而专门留待叙述其此后人生历程的"第三卷"却从未下笔(尽管在《忏悔录》的第一部分,卢梭曾提及他"几天前"曾造访达文波特,而在那里所发生的一些事情提醒他要像一个孩童那样学习算术)。

在《忏悔录》中,卢梭最后的想法是将他在将作品读给五位贵族(他特意点出了这五位贵族的名字)听后所做的一番表白记录下来。他向他们发誓他所写的内容句句属实。任何质疑《忏悔录》之真实性之人必定心中有鬼;任何人,只要在他审查了卢梭的生平之后仍然相信卢梭是一个无耻之徒,那么这个人就应该被吊死。因此,在最后的判决中,这个日内瓦钟表匠的儿子在最高的荣誉法庭上将自己判定为正当的。

卢梭的这本自传之所以以"忏悔录"为名,显然是旨在向圣·奥古斯丁的《忏悔录》致敬,但卢梭的《忏悔录》更具颠覆性,因为仅仅通过"内省"——不需要诉诸上帝,人们便可以真切地认识一个人的品性。

即便是在面世两个世纪之后,卢梭的这本"回忆录"("我的心灵史")仍在不断地重刊,并让许多专家学者和传记作家们为之倾倒。人们普遍认为,它的面世具有划时代的意义:有人说,它预示了"公"、"私"之间区分的解体,它宣告了一个自我忏悔时代的降临,在这样一个时代里,宣告自己有罪本身成为一种美德,因为它有助于净化人们的灵魂,减少犯罪的发生;有人说,它开启了一条自重之路,而这将不可避免地导致这样一种情况的出现,即人们自愿地在电视真人秀节目中展示真实的自我;有人说,它开始了一条通向特殊主义并摒弃普世价值的道路,它宣示了一种崭新的文化,在其中,人们更看重情感的真实,而非外在的证据;有人说,它开创性地强调了童年时代的重要意义,童年时代不仅是奠定我们生命旨趣的重要阶段,同时也对我们的品性塑造有着至关重要的影响。

《忏悔录》赋予"情感诚实"的社会和道德优先性是至关重要的,尽管《忏悔录》同样存在着很强的自辩的成分。当然,《忏悔录》存在着许多事实错误。学者们已经发现:卢梭常常将时间、地点以及事件的先后顺序弄错。不过,就总体而言,这些错疵都无关紧要,尽管有时候这样的错疵不免会对我们对一件事情的判断产生误导。比如，卢梭曾说他在 8 岁的时候第一次受到体罚，而这次体罚所给他带来的"快感"让他"渴望再次受罚"。而事实上，他当时不是 8 岁，而是 11 岁（带有青年期那种特有的骚动）——如果我们能知道这一点，我们对于这个场景的认识和理解或许会有所改变。考虑到在记述其早年生活时，卢梭全凭记忆，故而出现一些错误一点也不让人感到惊讶。如果他很少犯错误，这反倒让人啧啧称奇。

真正让卢梭的支持者们——譬如巴芙勒夫人——感到勃然大怒和悲恸欲绝的显然是《忏悔录》对于作者本人以及其笔下的各色人物厚颜无耻、赤裸裸的描写。尽管这一脉的自传可以追溯到圣·奥古斯丁，但我们必须谨记：在圣·奥古斯丁那个时代，作为一种真正文学样式的自传还没有确立起来。尽管 18 世纪是一个"自传"大爆炸的伟大时代，但"自传"这个词是在 1797 年《每月评论》上的一篇文章中被第一次使用。而第一个宣告其作品之"独特性"的正是卢梭自己。《忏悔录》一开篇，卢梭就写道："我现在从事的是一项前无古人、后无来者的事业。我要把一个人的真实面目赤裸裸地展示在世人面前。这个人就是我自己。"

在《忏悔录》中，卢梭还写道：他要把自己的一生展示给世人看。卢梭在《忏悔录》中声明："无论我的行为是邪恶的、可鄙的，还是善良的、慷慨的、高贵的，我都要如实地展示给世人看。"他确实做到了这一点。在《忏悔录》中，他向世人历数了他所干过的坏事，诸如偷盗、遭到强奸，逛妓院、在都灵偷窥妇女。不仅如此，他同时还向世人袒露了他所犯下的许多人都觉得不可原谅的道德之"罪"，即他狠心地将其五个孩子遗弃在巴黎孤儿院。

卢梭的这本《忏悔录》并非全都激动人心。事实上，它一厢情愿地认为，除了卢梭自己，其他的所有人都会对其生活中的这些琐碎单调的细节，其每日的衣食住行，其与朋友之间的分分合合，以及其感情上的跌宕起伏感兴趣。《忏悔录》甫一面世，《每月评论》就发表文章对其大加鞭笞，称卢梭是"一个虚荣和傲慢之人，由于受到这种虚荣心和傲慢的蒙蔽，卢梭竟至于认为，全人类都会洗耳恭听他讲述与他有关的那些最琐碎、最无趣、最粗鲁、最让人反感之事，因为他们关注大名鼎鼎的卢梭。"

《忏悔录》中某些段落不可避免地让人产生一种似曾相识之感，在其中，卢梭并不仅仅是在书写他自己,而是在书写人类,在书写人类的全部道德、情感以及生理复杂性。正是这种坚持不懈的完整性,使《忏悔录》得以进入经典之林,并成为后世争相效仿的典范。《忏悔录》处处闪耀着智慧的光芒和洞见。它时而温情万种,时而悲恸欲绝,时而尖酸泼辣、时而诗情画意。其中既有初试云雨之情的紧张和惶惑,又有发自肺腑的开心和喜悦;其中既有戏剧性的事件,也不乏各种蜚语流言;在其中,卢梭既展示了其勇敢慷慨的一面,也展现了其懦弱怨怼的一面。有些时候甚至都不知道读者到底是该哭还是该笑? 在描述德·瓦瑟琳夫人(Mme de Vercellis)之死时,卢梭这样写道:"到最后,她已说不出话来,处于死亡的巨大痛苦之中,突然间,她放了一个响屁。只见她转过身来,用仅存的一点力气大声说:'很好,一个女人能放屁说明她还没有死。'这是她生前说出的最后一句话。"(卢梭在书中还记载,她是一个能干和富有见识的女人,"她死的时候俨然像一位哲学家"。)

这正如卢梭自己在《忏悔录》里承认的那样:

> 我爱忙些无所谓的小事,什么都做一做,却什么都做不完,我爱随兴之所至东奔西走,我爱实施改变计划。我爱盯住一个苍蝇看它的一切动作,我恨不得搬起一块岩石,看看底下到底有些什么东西,我爱满腔热忱地捡起一个十年才能完成的工作,而十分钟后又毫不惋惜地把它丢掉。总之,我爱整天东摸摸,西看看,既无次序,又不持续,一切都只凭一刹那的高兴。

尽管如此,卢梭在这里的坦诚相见并没能让其读者摆脱其梦魇般的世界,这是一个截然不同的世界:在其中,他再也不能够心无旁骛地专注于野豌豆研究;在其中,他再也无法与其"小邻居"进行心灵相契的沟通。在《忏悔录》的"第二卷",在友谊的表象之下,潜藏着见不得人的阴谋和背叛,在一种貌似真实的追忆当中,一种阴郁之情和不祥之兆油然而生,并在读者的心中激发出一股幽暗阴森的哥特式情绪。在这样的一个世界里,面对着其仇敌们的阴谋诡计,这位无辜的叙述者是多么的无助呀! 正如卢梭在第十章(当时他正准备搬到蒙莫朗西森林)所写道的那样:"我的眷恋之情反而使我的对手们有了打击我的无数把柄,而那渗透进我隐退处的微弱之光只让我看到了隐藏在我背后的那些秘密的黑暗。"

如果说伍顿给这位颠沛流离的流亡者带来了田园牧歌之乐和世外桃源般的安宁,那么它的粗朴之美并不能给卢梭提供一个远离黑暗的庇护所。

吾疯癫的哲学家今逃往何方？

如果世间人能有卢梭先生十分之一的善良，那么，我们生活于其中的世界将会变得更加美好、更加和平。

——理查德·达文波特

在向上帝祈祷时，我通常只说一句很短的祷文，那就是："我的主啊！让我的仇敌们变得荒唐可笑吧！"上帝应允了我。

——伏尔泰论让-雅克·卢梭

这已是卢梭在斯塔福德郡度过的第二个寒春。薄雾和淅沥的春雨让"伍顿山庄"显得更加与世隔绝。而与卢梭关系最要好的两个英国人达文波特和格伦维尔也都离开了这个地方：格兰威尔去了巴思（Bath），而达文波特则去了伦敦。卢梭的"女管家"（指勒·瓦瑟）也变得越来越暴躁。不仅伍顿潮湿的天气让她身染病恙，而且对于这位前巴黎厨娘而言，伍顿的生活也太孤寂了，简直像坐牢一般，这让她痛苦不堪。而她与达文波特仆人们之间的无尽争吵更是强化了这种阴郁的孤独感。勒·瓦瑟声称：她发现达文波特那位 90 多岁高龄的前乳母往他们的饭里倒煤渣。就这样，她和这位乳母便从早吵到晚，口角不断。

　　新年伊始，在这乍暖还寒的时节，卢梭已经公开表达出其急于离开的愿望。2 月初，卢梭就与达文波特商量如何售卖他的藏书，而在 3 月 12 日，在达文波特的帮助下，卢梭将其全部藏书都卖给了一个名叫文森特-路易斯·杜腾斯（Vincent-Louis Dutens）的圣公会牧师。作为巴芙勒夫人的朋友，文森特-路易斯·杜腾斯可不是一位普通的法国人，他常年受雇于英国大使馆。而作为回报，杜腾斯给予卢梭一笔价值十英镑的年金。

　　3 月中旬，卢梭一直在考虑移居伦敦或奇斯维克的可能性。这于勒·瓦瑟的健康有利。卢梭曾对杜腾斯评论道：他宁愿落入地狱厉鬼的魔掌，也不愿和英国仆从打交道。在伦敦或在市郊，他们可以花点钱雇用一位会说英语的法国人或瑞士人为他们跑跑腿。唯有如此,他们才能过上和平而独立的生活。

在致达文波特的一封信中,卢梭曾提醒他的房东:他占用其房子已一年有余,他由衷地感谢达文波特的热情款待,并请求达文波特帮助他移居他处。卢梭的打算是,除了将必要的"衣服"打包托运,其他的所有物什都留在伍顿,以免搬来搬去反而不安全。

而达文波特则唯恐卢梭搬走,故而极力挽留。于是,他又向卢梭提供了其位于柴郡凯维里(Calvely)的另一处房产。不仅其面积要比伍顿庄园大两倍,而且还有一个很大的花园,其"气候特别宜人",对恢复勒·瓦瑟的健康十分有利。不过,如果卢梭执意要搬往伦敦,他也很乐意效劳,帮他在那里寻找住处。但是,到了3月底,达文波特再次挽留卢梭和勒·瓦瑟,希望他们能继续呆在乡下:"看在上帝的分上,我真心希望您和勒·瓦瑟小姐能搬到凯维里。"不过卢梭最终还是婉言谢绝了。因为他想有一个真正属于自己的家。至于勒·瓦瑟,她的身体状况还在进一步地恶化(考虑到她糟糕的生存状况,这一点也不让人感到奇怪),她也希望搬往伦敦,因为在那里她至少有聊天的伴儿。勒·瓦瑟的要求合情合理,毕竟,为了追随卢梭,她已经抛弃了家庭和朋友。

达文波特同时还征询卢梭的意见,问他是否愿意重新启动"年金"的申请。卢梭应允了:如果这种惠赐只是出于国王陛下及其臣僚们的本意,他会毫不迟疑地欣然接受;但是,如果它只是源于别人的恳请,他会断然拒绝。不过,卢梭绝无从知道的是,当达文波特请康威将军出面玉成此事时,康威将军曾专门征询过休谟的意见。休谟认可了这项提议。正像休谟在信中告知布莱尔的那样:他"力劝康威将军行此善举"。

尽管康威将军当时正被查塔姆行政当局的低级政治搞得焦头烂额——他一方面要主持制定对美洲殖民地的政策,另一方面还要审议国会对"东印度公司"及其收入启动调查一事的相关动议,但他还是成功地为卢梭争取到了一笔年金。康威将军于1767年3月18日正式通知达文波特:国王已经同意赐予卢梭一笔价值100英镑的年金(但恰在此时,达文波特却于不经意间触及到卢梭的"痛处",因为他告诉卢梭,休谟已被任命为康威的副国务大臣)。在给达文波特的信中,康威写道:

我发现陛下很爽快地答应了我的申请，无论是卢梭先前的拒绝，还是此后所发生的一些不愉快的事情，都丝毫没有影响到陛下意在惠助卢梭的慷慨之心。因此，劳烦您告诉卢梭先生，能为他这样的一位杰出人物的安逸和满足尽一份力，我深感荣幸。

在给高尚的康威将军提出此种建议时，"好人大卫"不得不将对卢梭的私人恩怨抛在一边，尽管在他对这件事的记述中，到处都弥漫着对于卢梭的敌意。休谟不仅夸大了自己在为卢梭重新申请到年金一事中所发挥的作用，而且还向其朋友传递错误的信息，即"国王陛下对卢梭怀有很深的成见"；卢梭在申请年金一事上的反复无常证实了"我此前的所有怀疑"——卢梭认为，仅凭自己的影响，他已足以能从英王那里获得年金；"卢梭之所以要与我起争执，只是为了使自己免于这种令人羞耻的重负——也即我有恩于他。因此，与一些人的揣度相比，他的动机要更加险恶。"

休谟看来还不知道早在1月份的时候，时任英国首相的格拉夫顿公爵就已下令免除了由法国进口过来的卢梭作品的关税，正如达文波特向卢梭所汇报的那样："格拉夫顿公爵下令，这项命令自宣布之日起即刻执行，他希望通过这种不成敬意的优待，可以向卢梭先生表达国王陛下对他的敬意。"

在将喜获年金的消息告知卢梭时，达文波特认为，最好对休谟在其中所发挥的作用只字不提。他告诉卢梭，这份年金只是出自国王陛下及其臣僚们的本意。

达文波特的判断是对的。此时的卢梭依然对休谟的"阴谋"耿耿于怀。是年2月，在一封致布鲁克·布斯比（Brooke Boothby）的信函中，卢梭曾提及"休谟先生的背信弃义"和"他那些不为人所知的阴谋"。当时，布鲁克·布斯比正在马赛，卢梭请他"将一小枝开着花的橄榄树枝夹在书中寄给他"，并称这将"给他带来极大的愉悦，因为它所具有的寓意"。什么寓意呢？难道卢梭认为自己身处被叛徒出卖的蒙难之地吗？

此时的卢梭仍然渴望他心目中的那种友谊，并对其与伯爵元帅关系的破裂哀恸不已，因为他认为这都是因为"好人大卫"和"骗子"唐奇恩之子从中挑拨离间。3月中旬，卢梭向伯爵元帅抱怨道：伯爵从来就没有言明他到底做错了什么。无论如何，那个该受指责的人并不是真正的卢梭，卢梭这样写道。一定是有人在栽赃嫁祸。

对"真正的"友谊而言，达文波特的"亲切"只是一种贫乏的替代品。卢梭曾对杜·佩鲁悲叹道："尽管达文波特满腔热忱地帮助我，可他从未向我敞开心扉，也从未对我的真情流露做出任何回应。在我的一生中，我还从未看到过如此含蓄、如此沉默寡言、如此神秘的一个人。我相信他是一位绅士，但他是大卫·休谟的知己。我所知道的也就是这些。"能向他提供这种透明、纯粹、全部之爱的唯有与他形影不离的"苏丹"。但与此同时，卢梭还能听到另一只狗在他心中咆哮。

在卢梭的脑海中，阴谋者及其幕后黑手的幻影一直驱之不去。在杜·佩鲁的一封信被误投给卢梭的堂兄，并在转到卢梭的手里时已被拆封后，卢梭遂于 1767 年 4 月写信告诉杜·佩鲁：他"亲爱堂兄"已与其仇敌狼狈为奸。到处都是挖好的陷阱，只等着他往里跳："啊！命运，啊！我的朋友，请为我祈祷吧！我本不该承受如此多的不幸，它快要把我压垮了。"为了窃取他的手稿，他的敌人们已派出了各路密探；因此妥善地保管好这些手稿便成了当务之急。尽管他自己一直处在那些谨防其逃跑之人的严密监视之下，尽管他所有的邮件都受到了严格的监控，但上苍却将杜·佩鲁的一个朋友派到卢梭的身边。这个人不仅派了一位信使为卢梭整理手稿，而且还将这些文稿送交到杜·佩鲁手中。

这位秉承天意的人物就是让-弗朗索瓦·马克西米连·塞加特（Jean-François-Maximilien Cerjat）。他原本住在林肯郡的劳斯（Louth in Lincoln-shire）——它是一个商业小镇，镇上有一个很大的染坊。1767 年 1 月，他又搬至阿什伯恩地区。颇为神奇的是，休谟一封信中的一句话表明：他已听闻卢梭正打算搬到林肯郡和一个朋友一起住，或许卢梭的担心也并非全都是子虚乌有。

就在这个时候，达文波特写信向卢梭允诺，待和他的女儿在沃里克郡（Warwickshire）过完"复活节"后，他就会去伍顿看望卢梭。他还解释道，这意味着他最早将于 4 月 26 日抵达伍顿。而在"附言"中，达文波特还提到，他怀疑他的一封信寄丢了。而卢梭却对此产生了误解，他还以为达文波特是在为丢信一事责怪他。

事实上，在辞别女儿之后，达文波特并没有直接去伍顿，而是辗转去了其位于柴郡的老宅——"达文波特山庄"，并于 4 月 27 日抵达那里。他本打算在那呆上两天就动身去伍顿，但却不期想由于痛风病发作（他甚至不能下床走路）而将行程拖延了下来。作为补偿，达文波特邀请卢梭和勒·瓦瑟到"达文波特山庄"小住数日：他将会派一辆四轮马车去接他们。但是，直到 5 月 4 日，达文波特才动笔写信相邀。而在这段时间里，他没有对自己未能如约赶赴伍顿做出任何解释。

　　而此时的卢梭则去意已决。或许，他现在已将达文波特列为敌人。而一个更为合理的解释是，最终促成卢梭做出这个决定的是勒·瓦瑟和达文波特的前乳母之间再一次爆发冲突。当卢梭正盼望达文波特能早点过来恢复秩序的时候，他们与这些仆人的关系却彻底闹崩了，毫无挽回的余地。十天后，在给其侄女玛丽·迪维斯（Mary Dewes）①的信中，伯纳德·格伦维尔似乎有这样的印象：是达文波特的那帮仆人将卢梭和勒·瓦瑟赶走的，格伦维尔甚至点出了作为罪魁祸首的那个坏女人的名字：

　　　　卢梭先生已于上周离开了伍顿前往伦敦，但我认为，他本打算夏天到奇斯威克去避暑的。无奈达文波特先生的管家考珀夫人（Mrs Cowper）对卢梭太过无礼，从而最终导致卢梭突然离开，对我而言，这实在是一个巨大的损失；他要是能来卡尔维奇并在此长住，我倒是求之不得，但这似乎不太可能。如果你有机会看到他的话，请代我转告他，对于失去他这样的一位邻居，我是多么的痛心和遗憾……

　　正是与仆人们的龃龉最终导致了卢梭的突然离开，而这一点由卢梭于 4 月 30 日写给达文波特的信中可见一斑。尽管信的开篇有点兴师问罪的味道，但也绝非像外界所传言的那样言辞激烈。

　　卢梭首先责备达文波特不应该纵容其家仆去虐待两位来自异国他乡的客人。作为房主，他应该知道"伍顿山庄"所发生的一切，因为这关乎他的清誉，即他对异乡人是否热情好客。如果他确实不知道，那是他的失误；如果他知道但却听之任之，这就不仅仅是失误这么简单了。

―――――――――――

　　① 伯纳德·格伦维尔及其妹妹玛丽·迪兰尼（Mary Delany）的侄女。在"卡尔维其修道院"邂逅卢梭后，便迷上了卢梭。

但达文波特最不可原谅的错误是他竟然将其允诺——会去伍顿看望卢梭——忘得一干二净,他自己躲在"达文波特山庄"逍遥自在,完全没有考虑到正在苦苦等候的卢梭的感受。这让卢梭感到难以容忍:

> 阁下,我明天将离开贵府……我知道有许多人正伺机加害我,我也知道我无力保护自己。我现在只想勇敢地、体面地走完我余下的人生旅程。想打击我很容易,但想诋毁我却绝非易事。正是这种信念激励着我不畏凶险、迎难而上。

当然最终促成卢梭写这封信还有一个实际因素。那就是他们少数几件家具,再加上卢梭出售版画和书籍所得,足以维持他们自12月份以来的生活开销。卢梭还衷心地感谢达文波特的热情款待,并说,如果他们就此诀别的话,那么,他将带走这份永难磨灭、弥足珍贵的记忆:"对于离开伍顿山庄,我必将深感遗憾,但最让我感到遗憾的莫过于我虽有幸结识一位和蔼可亲的房东,却未能和他结为挚友。"

卢梭离开之仓促,由其"附言"可见一斑。在"附言"中,卢梭交代,他未来得及带走的物什有:三个装得满满的、并附有钥匙的大皮箱;给杜腾斯的书放在"小房间的衣柜里",其中有些是满不值钱的书,而有些书则弥足珍贵;还有一些植物标本和乐谱,菲比·达文波特(Phoebe Davenport)"将会发现它们非常棒,如果她想在这两门艺术上有所造诣的话。我希望她不要把我忘了"。最后,他还不忘告诉达文波特:他已将他的书放在衣柜里。

随后,卢梭、勒·瓦瑟和"苏丹"就轻车简从,带着仅够的盘缠,即支付给邮差、客栈老板和车夫的费用,踏上了横跨整个英格兰中部、足有150英里长的漫长征程。一路上,他们先是穿过东米德兰(East Midlands)的平原,然后直奔林肯郡的沼泽地。让阿什伯恩的邮差深感纳闷的是:卢梭先生为什么不等其房东理查德·达文波特回来之后再和他好好商量一下这趟远赴异乡的艰辛之旅呢? 显然,这是不能发生的。

在动身之前,卢梭便将几件长袍分送给了当地的穷人。休谟和达文波特都认为,卢梭之所以不再穿他的阿美尼亚服,或许是不想在旅途中被人认出。他换上了"一件旧式的法国长袍"。或许,在脱下其流亡期间一直穿着的亚美尼亚服时，卢梭同时还意在告别过去。后来，在给布莱尔的信中，休谟还禁不住要对此嘲笑一番：谁说他没有带任何行李？他带了，因为他毕竟带上了勒·瓦瑟。

与此同时，还不知道卢梭已离开伍顿的休谟于5月2日写信给达文波特，向其汇报卢梭年金一事的最新进展："我希望他能心平气和地坐享英王陛下的这份恩赐。"而在随后的回信中，达文波特详细地叙述了卢梭离开时一些细节，并招来了休谟的如下反应："我要说的是，对于今日之结局，我一点也不感到惊讶……所以，看起来您也成了一个背信弃义之徒；难道您也在睡梦中说了什么见不得人的话了吗？"随后，休谟写信告诉巴芙勒夫人，卢梭指责达文波特与休谟一道设计陷害他——就这一点而言，休谟有点罔顾事实。

格伦维尔认为卢梭此行的目的地是伦敦，当然有此想法的不止他一个人，达文波特也这样认为。在发现卢梭离开伍顿后，达文波特曾向与卢梭有业务往来的伦敦银行家和位于苏豪（Soho）的瑞士教堂的牧师（为了赈济日内瓦，卢梭曾向他捐过善款）打听他的下落。休谟告诉达文波特：即便卢梭已经抵达伦敦，"我估计他也不敢出现在任何一个可能会碰见我的地方"。

在1767年5月的那几天里，卢梭音讯杳无。自卢梭5月1日离开伍顿以来，人们首次获知他的信息是通过一封非同寻常的信笺，也即卢梭于"1767年5月5日"致大法官卡姆登勋爵（the Lord Chancellor，Lord Camden）的一封信，该信写于"林肯郡的斯波尔丁"。在信中，卢梭恳请这位大法官向他提供保护。他告诉卡姆登，由于考虑到只身前行的危险，他目前正滞留在斯波尔丁，他希望大法官能派一个官方向导将他护送至多佛，而费用则由他自己负担。而卡姆登则委托自己的秘书回复道，邮差完全可以将他护送至多佛，根本就不需要采取额外的保护措施。

既然横跨英格兰的行程已经让卢梭感到风声鹤唳、不堪重负。那么，他为什么还要千里迢迢地来到斯波尔丁呢？

从以下的两个重要事实中，我们或许不难推测卢梭此行的目的，以及他选择这条线路的原因。一个事实是：卢梭曾打算将他的手稿托付给让-弗朗索瓦·塞加特，而赛加特的家正位于斯波尔丁以北的劳斯（Louth）。而另一个事实是：位于劳斯和斯波尔丁之间的正是波士顿港（port of Boston）。

因此,事情的大致经过很可能是这样的:离开伍顿之后,卢梭先是直奔劳斯,此行的目的要么是想将手稿亲手交付给塞加特,要么是想从塞加特那里取回文稿(如果他此前已经将文稿交付给塞加特的话)。然后,卢梭又从劳斯赶往波士顿。但等到了波士顿,卢梭却发现,这里根本就没有开往法国的船只。于是,卢梭便得出这样的结论,其仇敌已经阻断了他的去路,只等他落入已经设计好的陷阱。只是在这种情况下,卢梭才决定改道前往多佛,于是,在南下的途中,在人烟繁盛的斯波尔丁,待惊魂甫定之后,卢梭便致信大法官要求官方派人护送。

1767 年的斯波尔丁尚是一个贸易中心,是玉米、油菜籽等出口商品,以及木材等各式进口商品的集散地。尽管是个贸易中心,但斯波尔丁那时的人口尚不足三千。威兰河(river Welland)穿城而过。那一年,由于暴雨来袭,河水曾一度暴涨。

在穿过一块平坦的沼泽地并掠过一处处水磨(它们正在抽周围农田的水)之后,卢梭、勒·瓦瑟和"苏丹"终于进入斯波尔丁,并投宿于白鹿旅馆(White Hart)。两个世纪前,苏格兰的玛丽女王曾投宿于此——这可不是一个好兆头。

就在不久前,离此地不远的彼得伯勒(Peterborough)的一对母女刚刚被烧死,因为人们认为她们是女巫,并给当地带来了坏天气。由此我们不难想象,一位瘦小、黝黑的瑞士人以及其法国管家婆的突然出现,必然会在斯波尔丁的居民中间引起敌视!不过,地方的乡绅们却也并不是对外部世界一无所知。为了提升谈话艺术,他们常常去参见"绅士协会"(Gentlemen's Society)——它曾鼓动其成员涉猎"遍布每个知识领域"——的活动。如果卢梭曾有幸受邀参加"绅士协会"的活动,他或许会在他们新近购买的书籍中发现休谟的《英国史》。

对"绅士协会"的成员而言,卢梭的到来想必是一个不小的轰动;而这条消息也很快传到伦敦。这个"绅士协会"的主席约翰·迪恩汉姆(John Dinham),时年 39 岁,是斯波尔丁教区的牧师。他曾先后受教于伊顿公学和剑桥大学,是一个嗜书如命的书痴,而且交际甚广。作为一个有家室的男人,他总是戴着一个上面雕有其妻子微型画像的戒指。他还是威廉·菲茨赫伯特(William Fitzherbert)的一位挚友,威廉·菲茨赫伯特曾任英国的国会议员（现在是贸易大臣），卢梭最初就是通过他才认识达文波特的。他也曾在帮助卢梭申请年金一事上出过力。

1767 年年末，在给亚当·斯密的信中，休谟描述了迪恩汉姆和菲茨赫伯特之间的一段对话，在其中，这位牧师向菲茨赫伯特描述了"他每天都会与卢梭呆上几个小时；卢梭性格开朗、愉快、从容大方，总是自得其乐，很少怨天尤人"。而休谟则给达文波特描述了一个截然不同的卢梭，自从卢梭不辞而别后，达文波特一直在苦苦寻找其下落。

达文波特费了好几天的功夫才最终将卢梭的行踪确定下来。直到 5 月 11 日，卢梭才致信达文波特。在信中，卢梭勉勉强强地表达了他对于达文波特的感激之情，尽管言语中仍带有其一贯的率直和诚实："与其寄您篱下，我宁愿选择自由。但与其他任何形式的囚禁相比，我宁愿寄您篱下。然而与我当前所处的可怕的和不堪忍受的处境相比，我宁愿被囚禁。"

由于邮政部门的耽搁，达文波特直到 5 月 18 日才收到来自卢梭的这封信。直到此时，达文波特对于卢梭的仁义和同情之心仍丝毫未减。在回信中，达文波特表达了他对于卢梭这种说法——将伍顿比作监牢——的惊讶，然后又告诉其昔日的房客：他准备派一个男孩送 20 基尼过去。这样卢梭就可以租辆马车赶回伍顿。"尽管我从未去过斯波尔丁，但我总是将其视为全英格兰最可怕、最讨嫌的地方之一……所以，看在上帝的分上，请尽早从那里返回伍顿吧！"就在同一天，达文波特还不忘告知休谟，卢梭终于重新露面了："读到他那封言辞悲切的信，我深受感动……在信中，除了倾诉他的不幸、病痛和苦恼，可怜的卢梭什么也没有说；总之，他自认为是这个世界上最不幸之人。"

事实上，从其 5 月 16 日写给达文波特的信看，休谟早已发现了卢梭的行踪。他写道，达文波特或许已经从菲茨赫伯特那里听闻：他那位"疯癫的哲学家"已在斯波尔丁露面，并从那里给大法官卡姆登勋爵写了一封言辞夸张的信。"总之，在疯疯癫癫了很长一段时间之后，他现在彻底疯了；您的恩施、康威将军的恩施，更不用说我的恩施，再加入英国完全缺少迫害，所有这一切都让他无法忍受。"休谟的这句话——"缺少迫害"——引起了卢梭书信的编者拉尔夫·利(Ralph Leigh)的注意："这不免让人们想起普鲁士国王之信中的那句话。"

此后不久,卢梭写给大法官卡姆登勋爵的那封言辞悲切的信的具体内容也见之于报端,而这再一次激发了公众对于卢梭行迹的关注。5 月 16 日至 19 日这一期的《伦敦纪事报》刊登了如下报道:

> 卢梭先生现在好像藏身于林肯郡的斯波尔丁。正是从那里,他给大法官卡姆登勋爵写了一封非同寻常的信,要求派一位信差到那里护送他安全抵达多佛,并说他之所以提出这种请求实属迫不得已。而这也是他对这个国家所提出的最后一个要求,并决定此后再也不踏入英国半步。

卢梭一共在斯波尔丁滞留了九天。除了附近的一个赛马场和一个星期二市场(只有三个店铺,而且其中的两个只有姜饼可售)外,小镇上再也没有其他娱乐了。

由于已将长袍送给伍顿的邻居,卢梭不得已又定做了一件蓝外套。作为法国贵族曾经的座上宾,卢梭现在又成为当地的外科医生和"绅士协会"的图书管理员埃德蒙·杰斯奥(Edmund Jessop)的新宠。杰斯奥用拉丁文写了一封言辞华丽的长信,表达了他想就卢梭的一部著作与其展开讨论的热愿,尽管这部著作受到了许多人的非议和诟病,但杰斯奥认为它仍值得人们的肯定和推许。卢梭思量了一番之后,给杰斯奥回了一封语中带刺的信:

> 先生,您不仅将我称为文人,而且还用一种文绉绉的语言与我探讨文学话题。您献给我的夸赞之词是如此的阿谀和浮夸,以至于倒感觉像语带讥刺,尽管您本意是想用这种逢迎之词来讨好我。但是,先生,在所有这些问题上您都搞错了。我不是一个文人。尽管我曾一度身为文人——这实在是我的大不幸,但我现在早已不是一个文人了。

接着他又继续写道:

> 再多的溢美之词也无法讨得我的欢心……您自称是一位外科医生。如果您跟我谈植物学,谈当地所生长的植物的话,我本来还是可以与您交流交流的。

第二天,卢梭、瓦瑟和"苏丹"就离开斯波尔丁直奔多佛。他再也等不下去了。由于所带的盘缠已不敷所用,卢梭不得不将其银质餐具变卖掉,以凑足路费。

所幸的是,如果路上不耽搁,他们只需两天时间即可抵达多佛。当时有一种被戏称为"飞器"(The Flying Machine)的马车,它一周之内可以在波士顿和多佛之间跑两个来回。它先是从波士顿的一个客栈出发,然后在斯波尔丁稍停片刻,然后再跑上99.9英里的路程,在穿过彼得伯勒之后,便直达位于伦敦市中心天恩寺街(Gracechurch Street)的翔鹰客栈(the Spread Eagle inn)。而从那里出发,沿着海滨,只需一天的时间便可直达多佛,这是一条直道,沿途经过达特福德(Dartford)、罗切斯特(Rochester)、施廷伯恩(Sittingbourne)、坎特伯雷(Canterbury)。

5月18日前后,卢梭于多佛写了两封信,一封致达文波特,一封致康威将军。信首的字迹非常小,只是随着书信的展开,字体才逐渐变大。

在信中,卢梭告诉达文波特,当他面朝大海时,他才意识到,他现在是自由的,没有任何人可以阻挡他横渡英吉利海峡。他甚至考虑过重返伍顿,直至他于偶然间看到一篇报刊文章(关于他离开伍顿的报道),他才被迫放弃了这个念头。由于认定是达文波特向报纸提供的讯息,所以卢梭对他进行了严厉的指摘。卢梭再度重申了他的信念,即便友情不再,我们对曾经的友人仍负有一种不可推卸的义务。

报章杂志确实加速了卢梭的"出逃"。在当时的报纸上,人们不时可以看见一些意在讽刺挖苦卢梭的诗谣,比如刊登在《劳埃德晚邮报》(Lloyd's Evening Post)上的一首诗谣就称卢梭亵渎上帝。而《伦敦纪事报》则指责卢梭对"作为其恩人和挚友的……聪慧的休谟"恩将仇报,尽管休谟曾将他领入这片自由之地。卢梭的骄傲自大、反复无常和忘恩负义与其"不世出的非凡才赋形成了鲜明的反差"。《绅士杂志》则言及卢梭以一种唐突的方式与达文波特不辞而别,不仅如此,卢梭还"以最尖酸刻薄的字眼"来数落他的恩人。至于这些报纸到底是从哪里获知这些信息,我们尚不得而知。但肯定不是出自饱受痛风之苦的达文波特。

在给康威将军长达七页篇幅的信中,卢梭重述了那个专门针对他的阴谋,并补充道,这个阴谋计划得如此缜密周详,而涉及的人事又是如此之广,以至于他不得不怀疑整个国家(指英国)都难逃干系。也许他们这么做的目的只是想阻止他出版其"回忆录"。不过他相信,在这件事情上,康威将军是清白无辜的,康威将军只是受到了卢梭仇敌的蒙蔽。他警告康威将军,英国任何暗杀他的尝试都是徒劳的。因为,作为一位声名卓著之士(对于那些想谋杀他的人而言,这一点很不幸),他——卢梭的死亡和失踪必然会导致彻底的追查。因此他提议,如果准允他安全地离开这个国家,作为回报,他保证他将放弃"回忆录"的写作,不仅如此,他将永不再提及他在英国所遭受到的种种不幸。而且,他要么不再谈休谟,要么在谈论休谟时语带敬意。

卢梭的这个提议最让人感兴趣的一个方面是:他该如何去解释他先前对于休谟的种种指责呢?这确实是一种挑战。从中隐约可见一丝真知灼见。他或许会将这些归诸自己的坏脾气,归诸由其不幸所招致的不信任感和冒犯所产生的影响。卢梭承认,"对于许多不公正的猜疑,他本人难辞其咎"。所有这些话都是用第三人称陈述的,比如,"他"如何放弃其"回忆录"的写作,以及"他"将解释"他的"各种指控。唯有在对自己的不公正猜疑做出忏悔时,卢梭才使用了"第一人称",这赋予其忏悔以一种悲切的真实性。

康威将军曾将卢梭的这封信呈示给休谟看,并认为(休谟称):这封信"不是出自一位疯子之手",而是出自"一位怪人之手"。休谟随后告诉达文波特:"卢梭说全英国都对他抱有偏见。然而,至于为什么会这样,他说他至今也弄不明白其中的缘由,除了他对我的所作所为,他承认,他的这些作为或许应该受到谴责。"而在给杜尔阁的信中,休谟则直接引述了卢梭的原话,不过有趣的是,他居然省略了"不公正的猜疑"这句话,这应该不是无心之失吧!

事实上,卢梭和瓦瑟已经订好了回法国的船票,尽管由于强风,他们的船仍滞留在港口。在多佛,这已不是什么稀奇事。在多佛,由于起航的船只首先要经过一道道闸门,然后还穿过一段狭长的咽喉地带。只要暴风雨与小潮同时出现,港口里的船只便无法起航。

在这长达48小时的时间内里,卢梭一直在思忖自己的处境。他站在一个小丘上,对着拥挤的人流发表演讲,尽管人们根本不知道他在说什么。关于他的离开,更是众说纷纭。其中的一个版本是:当他和一个当地人共进晚餐时,他突然怀疑这个人是遵照康威将军的指示来羁押他的,于是,卢梭便匆忙上船。另一个版本是：5 月 21 日，当在住处就餐时，卢梭怀疑其中的一盘欧芹是毒芹（尽管作为一名植物学家，卢梭应该对芹菜很熟悉），于是，他便从房间里冲了出来，直奔渡船而去，并藏身于一间客舱。现在，卢梭不再信任任何人，甚至包括他的女管家勒·瓦瑟。那日晚上，他们终于如愿启程，并于翌日凌晨抵达法国。

虽然卢梭处境凄凉，但休谟仍不依不饶。1767 年 10 月的第一周，在给亚当·斯密的信中，休谟详细叙述了卢梭的"逃亡"过程，并总结道：

> 由此您不难看出，他就是这么一个人：古怪、做作、邪恶、虚荣、焦躁，还有那么一点点疯狂。他总是抱怨身体不好，可是，在他这把年纪的小个子中，我很少见到有比他更强健的了。他之所以对呆在英格兰感到厌倦，是因为他在这里既不受迫害，也得不到特殊的关爱，而且他意识到，他在这里已经原形毕露。因此，他下定决心要离开英国，但没有借口，他不得不凭空捏造出许多荒谬之词，一派胡言，就连他自己这般信口开河之人也无法相信……上述主要品质，再加上忘恩负义、残忍暴戾、谎话连篇，无须说巧舌如簧和指鹿为马，构成了他的全部品性。

休谟还带着难以抑制的欣喜之情向斯密描述其在巴黎的朋友以及巴黎民众如何对卢梭避之不及：

> 通过向每个人承认他对我所犯下的过错，他力图借此挽回他的信誉，但徒劳无功……他会获得一时的满足，因为近来之事，他又会成为人们茶余饭后的话题，而这一点正是他最最冀望的，但其代价却是遭到世人永远的鄙弃和遗忘。

然而，就在卢梭再度踏上法国国土的那一天，休谟提笔给其法国友人写信，与他们商量这出大戏应该如何落幕。休谟看似很关心卢梭的命运，但却提出了一个十分阴险的建议，即卢梭已经精神失常，因而可以免受法律的制裁。

在对巴芙勒夫人的信中，休谟提出了这样的忠告：如果她听闻卢梭被捕,她或许可以"利用(她的)声望,通过将他的真实情况——一个真正的、彻头彻尾的疯子——告知世人,尽力让他恢复自由。他应该成为人们同情的对象,他不会对任何人构成危险"。而在致杜尔阁的信中,尽管休谟对卢梭的"不辞而别"给出了相当不利的解释,但又向杜尔阁建议道:"如果卢梭能在一个精明而谨慎的监护人的看管之下在一个安全而僻静的隐修地定居下来,他有足够的钱财维持其全部生活开销……"接着,休谟又补充道:"卢梭的女管家也有必要随侍左右。尽管我发现,当他们在一块生活的时候,达文波特先生对她的品行颇有微词。"但至少达文波特的信函并不支持休谟的这种说法。

在回信中,杜尔阁巧妙地避开了休谟的提议(给卢梭找一块隐休之地,并派人严加看管),并以"四两拨千斤"的笔触打趣道:与其此前的忘恩负义相比,卢梭现在的疯癫状态也许更为可取。接着,杜尔阁又列出了那些愿意帮助卢梭之人的名单,其中包括巴芙勒夫人、孔蒂亲王、德·蒙蒂格尼(de Montigny)和德·马尔泽布尔。另外,他也不认为法国人竟然蒙昧到要逮捕卢梭的地步。

因此,随着休谟再度卷入拯救卢梭的计划,这件事情似乎又从终点回到了起点。但是,由于休谟受到一些不可原谅之情绪的左右——如他歪曲事实,如他断言卢梭已经精神失常,最后的这次"帮助"看起来更多的是出于"报复",而不是出于"仁善之心"。

暴风雨之后

神圣的人啊！是您教会我认清自己。

——马克西米利安·罗伯斯庇尔

卢梭是个疯子,但却影响巨大;休谟理智健全,但却应者
寥寥。

——伯特兰·罗素

当卢梭于 5 月 20 日在加莱上岸时,巴黎"高等法院"(*parlement*)会对他发出的"逮捕令"依然有效。在孔蒂亲王的善意提醒下,卢梭接受了他的盛情邀请,在孔蒂亲王位于日索尔(Gisors)附近的城堡里住了下来。日索尔是诺曼底地区的一个中世纪城市,四周有要塞(要塞始建于 11 世纪)拱卫。在那里,卢梭过起了隐名埋姓的生活,并取名"雷诺"(Renou)。

　　此时的卢梭仍然在赶写他的"回忆录",并不时承受着"受迫害妄想症"的折磨。在"回忆录"第二卷的结尾,卢梭暗示:当他离开瑞士之时,等待在他前面的是噩梦般的生活。想必他这里是暗指巴芙勒夫人和沃德琳夫人,他这样回忆道:"我以为我正在赶往柏林,但实际上却是直奔英国而去,这两位一直试图控制我的夫人,在费尽心机将我从瑞士驱赶出来之后——因为在瑞士,她们无法掌控我,现在终于如愿以偿地将我送到她们的朋友(大卫·休谟)手中。"

　　这是一段难得的安宁期。6 月中旬,休谟眼中的这位"十足的疯子"给达文波特写了一封言辞文雅、礼数周全的信,感谢达文波特为他所做的一切,并请他结清账目,同时把他的邮件和行李寄给他的银行家。他希望有一天能在法国与达文波特相见。

　　在 7 月 4 日的回信中,达文波特声称已经将卢梭所交代的事情办妥,并补充道:"我唯一感到不快的是,您说是我将您离开伍顿的消息捅给报纸。

但我愿以自己的名誉担保,我从未干过这样的事,无论是直接地还是间接地。"伍顿的房子一直在为卢梭留着,他随时可以重返英格兰。而达文波特说他的外孙女菲比则坚称:"她再也不会踏入伍顿半步,因为她知道您已经不住在那里了"。他还表示,"再也没有什么比收到您的来信更让我感到开心的了,这种喜悦甚至超乎您的想象。凡是我能为您效劳的,请不吝吩咐。"几天后,已经赶回伍顿的达文波特又给卢梭去了一封信。他已经应卢梭之请结清了账目,发现他还欠卢梭 21 英镑 9 便士,他已经将这笔钱寄给了鲁杰蒙(Rougement)。自从卢梭离开之后,"伍顿山庄"显得"格外地冷清"。而菲比也对卢梭的乐谱表达了诚挚的谢意,但"她更希望您能亲自弹奏这些乐曲"。在信中,达文波特还表达了他对勒·瓦瑟的敬意,他说道:他特别要感谢勒·瓦瑟,因为"十分幸运的是,我每天都能体验到她对于我的恩惠"。这可能是指应达文波特之请,勒·瓦瑟曾专门给他织了一双袜子。

就这样,卢梭和达文波特之间一直进行着这种温情脉脉的通信,就好像卢梭在伍顿度过的那段时间并没有发生任何不快。卢梭认为,菲比具有"成为全英格兰最可爱、最迷人之女人"的潜质。但是,正如他向所有的监护人建议的那样,卢梭建议达文波特让菲比走出家庭,并在大自然中接受教育。

就达文波特而言,当他说他想念卢梭的时候,我们可以从中感受到一种深深的遗憾。

1768 年夏,由于怀疑其家仆是休谟派来的卧底,卢梭在孔蒂亲王的帮助下逃离了城堡。然后,经由"神殿"来到了里昂和格勒诺布尔(Grenoble)——他的"妈妈"华伦夫人就安葬于此。1768 年 4 月 29 日,卢梭终于在离里昂不远的布尔昆(Bourgoin)与相伴二十三载的忠实伴侣勒·瓦瑟喜结连理,旨在给勒·瓦瑟一个正式名分。直到结婚仪式举行的前两分钟,勒·瓦瑟对此仍一无所知。在简短的致辞中,卢梭解释了他之所以做出这个决定的原因,也即旨在回报勒·瓦瑟长期以来的付出。此后,勒·瓦瑟就对卢梭以"老公"相称,幸福之情溢于言表。不过,结婚还不到一年,卢梭就开始抱怨:勒·瓦瑟已经习惯了他的阴郁情绪,他们之间有时一整天也说不上一句话。

卢梭一直在认真地考虑达文波特的邀请(也即重返伍顿),但是,由于担心沃波尔会再次设计陷害他,卢梭最终还是打消了这个念头。与此同时,卢梭依然保持着此前的习惯，漫无目的地闲游，采集植物标本。1769 年，有一次，他和"三位绅士"结伴而行，却不料天公不作美，风云突变，从而使这次"出游"演变为一场灾难："我们中的一位绅士被狗咬伤，而'苏丹'也被另一条狗咬个半死：他失踪了，我还以为它已伤重而死，抑或成了恶狼的盘中餐。但让我绝对想不到的是，当我回到家时，却发现它的伤口已近乎痊愈了，而且显得格外的安静……"。

1770 年，重回巴黎的卢梭开始重操旧业，以给人抄乐谱为生。而在此期间，应一群流亡法国的波兰贵族之请，卢梭开始着手起草《波兰政府论》（*Considerations on the Government of Poland*）（于卢梭辞世后的 1782 年出版）。与其他的拜访者一样，布鲁克·布思比（Brooke Boothby）也曾专门登门拜访过身在巴黎的卢梭："有一天，我竟不知天高地厚地试图与他理论一下他那荒诞不经的想法——他处处遭到迫害，于是，我便冒失地问：'我算不算他的迫害者呢？'只见他眼冒怒火、怒不可遏地说道：'你别逼我'。"不过布思比还算是勇气可嘉，他还向卢梭提起乔治三世所赐年金一事。尽管这笔"年金"已获批准，但卢梭却从没有吩咐过该如何将这笔年金支付给他。所以这件事一直悬在那里。而卢梭对此的回应则是：正如他之前所申明的那样，鉴于他在英格兰所受到的"非人"对待，他现在需要一个公开的道歉（但谁将去做这种道歉却并不清楚）。不过，据说卢梭的家中就曾悬挂过乔治三世的画像。

卢梭的教育理论一度曾风行一时，不仅在法国、英格兰是如此，在瑞士、德国和爱尔兰也是如此。在此期间所涌现出来的不计其数的教育学论著，几乎全都打上了卢梭的思想烙印。而那些试图按照卢梭的教育理想来培养其子女的父母却是几家欢喜几家愁，一些人称，他们所培养出来的子女展现出一种令人不安的野性。达文波特很可能就是有意按照卢梭的方式来养育其父母双亡的孙子戴维斯的。这个孩子虽然被养育得很好，但却一直在为自己没能接受过足够的正规教育而苦恼，而不愿听到人们提及卢梭的名字。

1770 年至 1771 年间，卢梭在巴黎经常朗诵《忏悔录》中的相关段落，有时甚至长达 17 个小时。由于觉得受到了恶意中伤——因为卢梭在《忏悔录》中将她描绘成为一个诡计多端、蜚短流长之人，卢梭昔日的朋友埃皮奈夫人最终成功地说服警方将其查禁。卢梭的朗诵常常产生两种截然相反的效果。有些听众只听得涕泗纵横，并忘情地亲吻卢梭的双手。而另一些听众则愤而离席。在读过这本书的刊印本之后，巴芙勒夫人对卢梭更是痛加驳斥：这本回忆录"就好像是出自一个粗鄙的农场工人之手，甚至更糟，其冗长乏味、信口开河和阴险毒辣实在令人作呕。尽管我曾对这本回忆录寄予厚望，但我现在再也没有读完它的兴致……"

卢梭辞世后刊行的另一部疯癫但却才华横溢的大作是其耗时数年之久所创作的《卢梭审判让-雅克》（*Rousseau Juge de Jean-Jacques*）。在这场由卢梭一身而二任——一个是卢梭，一个是让-雅克——而展开的对话中，当作者的行为和人格受到道德法庭的审查，而其著述中的某些内容也被用作控告他的证据时，卢梭更是身兼多重身份：他既是一名法官，又是一名原告，还是一名被告。卢梭承认自己犯了罪：由于意志薄弱，他经常听命于自己的幻念，率性而为，而不是一切以义务为念。在这本书中，卢梭还旧事重提，称拉姆齐（Ramsay）给他画得的那张肖像画完全是出自休谟的恶意设计：无论是姿势、服饰，还是拉姆齐所使用的色彩，都使他看起来像是隐身于黑暗之中的怪物，而且长着——用卢梭的话说——"一张可怖的独眼巨人的脸"。

当这部作品最终于 1776 年创作完成时，为了防止其仇敌封杀这本书，卢梭决定孤注一掷、先发制人。2 月 24 日，卢梭试图将手稿存放在"巴黎圣母院"的最高祭坛上，就好像是在为它寻找一个避难地。但卢梭的愿望却最终落空了：因为那道将唱诗班和教堂中殿隔离开来的门廊关闭了。按照卢梭早期的一位传记作家亨利·格雷·格拉汉姆（Henry Grey Graham）的说法，卢梭当时"发疯般地冲出教堂，因为他觉得就连上帝也在图谋陷害他，他漫无目的地四处游荡，直至黑暗降临，他才拖着疲惫的身躯回家"。

好在这种骚动不安的状态并没有持续多久。在最后几年，卢梭再度获得了心灵的安静。而于 1776 年至 1778 年间所构写的《一个孤独散步者的遐想》（*Reveries of a Solitary Walker*）向我们呈现出一个截然不同的卢梭，他看上去恬静自得，不再对一个不公正的世界或腐化而虚荣的哲人们怒发冲冠。他对自然界的描述，让人再次感受到大自然的澄明和崇高，从而对后来的小说家和诗人产生了深远的影响。但这位曾自认为仅凭自己的内心就能看透休谟真实面目的思想家现在终于在《一个孤独散步者的遐想》中承认："现在想来，我绝大多数行为的真正动机并不像我此前所认为的那样一目了然。"

尽管曾有很多的不愉快，但对卢梭而言，英格兰是永难忘怀之地。他依然与伍顿的朋友们保持着联系。1769 年，卢梭特意给波特兰公爵夫人寄去了种子和植物。三年后，也就是在 1772 年的 4 月 17 日，卢梭再度致信公爵夫人，感谢她将迪维斯小姐（Miss Dewes）即将成家的喜讯告知他："我打心底里为迪维斯小姐感到高兴，一方面是为她找到了一位如意郎君而感到高兴，另一方面是为她杰出的叔叔高兴，这种天作之合一定会让他的晚年生活充满欢声笑语。"

1778 年 5 月，卢梭和他的妻子戴莱丝退居至位于巴黎北部的阿蒙农维拉（Ermenonville）的一栋农宅中，这栋农宅本属于吉拉尔丹侯爵（Marquis de Girardin）。正是在这里，卢梭于 7 月 2 日与世长辞。尽管医生断定卢梭死于中风，但关于他死于自杀的谣言一时蜂起。卢梭似乎不太可能会自杀，因为从没有迹象表明卢梭曾动过轻生的念头，即便是在他最彷徨无助的时候。

卢梭被安葬在阿蒙农维拉一个湖心小岛上。但"法国大革命"爆发五年后，"法国国民议会"（French National Assemby）决定将他的遗骸迁至巴黎的荣耀之地。于是在 1794 年 10 月 9 日，在自己所谱写的乐曲的伴奏下，卢梭的遗骸被挖出，并被护送至他生前所背弃的巴黎。凡行经之处，人们均瞩目致意。而在巴黎，人们则手擎火炬，列队迎候卢梭灵柩的到来。10 月 11 日早晨，卢梭的灵柩被安放在作为革命巴黎之心脏的"先贤祠"，不过，颇具讽刺意味的是，与他比邻而眠的正是其死敌伏尔泰。而比卢梭多活了 23 年的戴莱丝更是亲眼见证了其丈夫被民族化的全过程：对于革命者而言，卢梭已经成为自由、平等和博爱原则的象征。

至于"好人大卫"，他的晚年生活一直过得惬意自如、波澜不惊，直至病痛将他的生命耗尽。但不像卢梭，休谟的晚年几乎没有什么作品问世。

1768 年 4 月 26 日，在其 57 岁生日这一天，休谟致信巴芙勒夫人，声称：康威将军即将辞去"国务大臣"一职，而他也将步其后尘。在此后写给法国友人的一系列书信中，休谟解释了他将不再重返巴黎的决定：因为乔治三世已经恩赐他一大笔年金，并希望他能继续从事《英国史》的创作。但在给"神殿偶像"巴芙勒夫人的信中，休谟则给出了另一个理由，也即尽管他"非常渴盼"与她相依相伴，但"我实在不愿意变换自己的住所"。并称，报纸上所登载的他即将返回法国继续担任"大使秘书"一职的报道纯属子虚乌有。

卢梭创作"回忆录"这件事一直让休谟寝食难安,因为他依然认为这本书将威胁到他的一世清名,故而,他一直在关注着的卢梭的一举一动。在发现卢梭已经逃离孔蒂亲王的城堡时,休谟又忍不住对卢梭攻击一番。在给巴芙勒夫人的信中,休谟这样写道:卢梭"毫无疑问是这个世界上最特立独行、最不可理喻之人,但同时也是最不幸之人。"也许是为了不使休谟感到尴尬,巴芙勒夫人告诉休谟,自从上次闹翻后,她已与卢梭没有任何联系。尽管实情并非如此。

1769 年夏,休谟重返爱丁堡,并正式开始其隐修生活。这是一段平静而自得的生活:他不仅身体健康,而且每年还有一千英镑的收入,"尽管年岁渐长……但仍有望久享清福,并亲见自己声誉日隆"。休谟惬意地享受着自己豪奢而不失规律的晚年生活,并以炫耀自己高超的厨艺为至乐。他曾对吉尔伯特·埃利奥特爵士(Sir Gilbert Elliot)夸口道:他做的羊头汤是如此地鲜美可口,以至于其中的一位客人竟然在"此后的八天里"还一直对它恋恋不忘。

尽管自认为在写《英国史》时已"全力以赴",但休谟仍想对它作进一步的修订和润色。因为在时人的眼中,《英国史》可以算得上是休谟的桂冠之作。故而在晚年,休谟的许多闲暇时间都花在《英国史》的修订上。1770年,新版《英国史》最终得以面世。用休谟自己的话说,这些修订旨在"柔化或删除许多邪恶的、煽动性的辉格笔法"。因为前几版《英国史》"有太多愚蠢的英格兰偏见"。在享受安逸生活的同时,休谟还不断地在家中接待访客,这其中就包括于 1771 年登门拜访的本杰明·富兰克林。

1772 年,休谟搬至一栋新建的小房子("但对于一位作者来说,它已经足够大了"),在整个建房期间,休谟一直在旁督导。但奇怪的是,其客厅所悬挂的却是出自艾伦·拉姆齐(Allan Ramsay)手笔的两幅画像:一幅是他自己,一幅是卢梭。现在的休谟已经"彻底地淡出了喧嚣的尘世",在致巴芙勒夫人的信中,休谟声称他"决心不再以任何形式抛头露面。这样做不是出于不满,而是出于满足。现在,除了默坐沉思,并在安宁中死去,我已别无他愿"。

但对于休谟而言,安宁地死去将需要无比的坚忍和刚毅。早在 1775 年春,休谟就感到肠道不适。那时的他还不知道自己已经罹患肠癌。1776 年

2月8日,他对亚当·斯密坦承:他整整瘦了5英石(重量单位,1英石合14磅)。不仅如此,他还要承受腹痛和腹泻的折磨。斯密的经典之作《国富论》于同年3月问世,休谟专门写信向他表示祝贺。由于对斯密的这本书怀有很高的期待,故而当该书面世之后,休谟曾一度十分紧张,不过在捧读之后,休谟方才感到"如释重负"。但对于这本书能否赢得广泛的读者,休谟仍将信将疑。

癌症已开始向休谟的全身扩散。1776年的年中,由于已被病痛折磨得形销骨立,如果没有一个靠垫,休谟根本就无法坐起。休谟于1776年4月写下了简短的自传《我的自传》(My Own Life),并委任斯密为其文学方面的遗嘱执行人,并叮嘱斯密在其辞世后务必要将《自然宗教对话录》付梓(由于担心会破坏自己宁静的晚年生活,休谟在生前没有将这部作品公之于众):"我注意到拉罗什富科公爵曾说过的这样一句话——风既可以吹灭一根蜡烛,也可以助燃一场大火。"休谟还告诉斯密:如果他可以多活几年,"我将亲手将其付梓"。但当斯密因为害怕承担出版这部爆炸性著述的罪责而畏葸不前时,休谟又写下了一份遗嘱附录,指令由史翠寒负责其遗稿的刊印。

休谟深知他死期将至。而其医生也不断地向斯密汇报这位历史学家的最新病情:

> 他的身体状况非常糟糕,我对此深感忧虑。我听说您打算近日来访,如果可能的话,我希望您能尽早赶来。有您相伴,他或许会好受些。近几年来,他的身体每况愈下,只是病程缓慢,一时尚无大碍,直到12个月前,他的病情突然开始恶化。

1776年7月4日,美洲的13个殖民地在费城一致宣布独立;也正是在这一天,休谟举办了其一生中的最后一次晚宴。三天后,一直思量着要替休谟立传的鲍斯威尔赶来探望。让他不敢相信的是:此前的那个胖大卫现在已是"形销骨立、面如死灰"。不过,最让鲍斯威尔感到窝心的是:即便是在临终时刻,休谟仍顽固地拒绝从上帝那里寻求安慰,也拒不承认有来生。更糟糕的是,休谟对那些虔信者充满鄙夷,称"当他听闻某人是一位虔信之徒时,他便会由此断定,此人一定是一个无赖"。鲍斯威尔不认为休谟是在开玩笑。

1776 年 8 月 12 日,休谟给史翠寒送去了其作品最后的修订版,并在信中写道——

> 请做如下改动:在我的《哲学论文》第 2 卷第 245 页第 1 行、第 2 行请将这句话——"在人的本性之中存在着"仁慈"这样一种情感"——删去。亲爱的先生,这有可能是我最后一次劳烦您。因为布莱克医生曾向我保证,我将不久于人世。他做出的这种保证,只是根据他的预判,而不是出于必然。实际上,我认为这是一个好消息。因为近来,在短短的数周内,我已经不胜虚弱,生活甚至已成为一种重负。那么,永别了!我的老朋友和挚友!又及:在同一页第 4 行请将"拥有它"改为"仁慈的情感"。

他还得跟巴黎的密友巴芙勒夫人道别,还有巴芙勒夫人的情人孔蒂亲王。孔蒂亲王于 8 月 2 日逝世,收到这个噩耗,虚弱的休谟仍强撑着身体送去了自己的吊慰。8 月 20 日,他写完了自己人生中的最后一封信,语言简明直接,没有了先前精心构思、谦恭有礼的言辞。休谟在信中这样写道:

> 在这个令人悲伤的事件中,我第一时间想到的是您的处境……请写信给我,说说这方面的情况。但请您在措辞方面要格外注意,以免落入他人之手……我看到死神正在悄悄地逼近,但我既不感到焦虑,也没有什么遗憾。带着极大的爱意和尊重,向您致以最后的敬意!
>
> 大卫·休谟

五天后,大约在下午四点左右,休谟与世长辞,并被安葬在附近的"老卡尔顿公墓"(Old Carlton cemetery)。其古典风格的圆柱形陵寝是由著名设计师罗伯特·亚当(Robert Adam)亲手设计的。就在去世前不久,休谟还告诉亚当·斯密:他一直在读琉善(Lucian)的《死者的对话》(*Dialogues of the Deads*),在用来搪塞冥河渡神(Charon)并借以不上船的所有借口中,没有一条适合自己：

> 我实在想不出我能对冥河渡神编出什么好借口,从而可以让自己
> 多活几天。我曾打算做的重要事情都已做完;即便我再活几年,亲朋好
> 友们的境况也不会比现在更好。因此我现在可说死而无憾。

斯密后来将休谟的这些话刊印于世,尽管对这位经济学家是否曾缓和
其朋友的调门,并将其中更为激进的反基督教言论删掉,人们仍意见不一。
不过,斯密还是引述了休谟下面的一段话:"善良的冥河渡神,请再宽限几日
吧! 我正在致力于开启民智。如果我能再多活几年,我或许能心满意足地
看到某些盛行的迷信体系的倒台。"休谟的这番话很容易招致众怒,因为它
具有极大的挑衅性。鲍斯威尔就希望约翰逊博士能"狠狠地打击一下休谟
和斯密的嚣张气焰,并让这些狂妄而又大肆招摇的无信仰者成为人们的笑
柄"。塞缪尔·约翰逊和埃德蒙·伯克都认为休谟面对死亡时所表现出来
的勇气只是一种假象,其真正的目的是想向世人炫耀其品性的高尚和面对
死亡时的宁静,并借以证明道德和宗教信仰无关。约翰逊更是指摘道,休谟
"如此自负,以至于竟不惮于告诉全人类:他们已被蒙骗了数个世纪,而他却
是一个聪明人,故而要比他们看得更为透彻"。

但我们这本书的两位主角(卢梭和休谟)却共享同一位声名显赫的信
徒。1762 年——那时的卢梭尚在莫蒂埃,而休谟也即将远赴巴黎,在偏僻
的普鲁士小城哥尼斯堡,一位 38 岁的老讲师正在如饥似渴地拜读卢梭刚刚
面世的著作,他就是此后名噪天下的伊曼努尔·康德。关于康德,当地流传
着这样一则轶事:一丝不苟的康德的日常生活安排是如此地精准和一成不
变,以至于当地的居民常常根据他的日程来对表。有一次,由于读《爱弥儿》
读得太投入,他竟然忘记了雷打不动的餐后散步,这让邻居们颇为纳闷。对
于卢梭语言的魅惑力,以及由此所带来的危险,康德有着清醒的认识:他担
心卢梭语言之优美反而会分散人们的注意力,从而使读者往往忽略其思想
之深邃;为了透彻地领悟卢梭的这些思想,他总是对卢梭的著述吟咏再三,
反复把玩。康德认为,唯有卢梭真正理解自主的悖论,也即自由意味着遵从
规则。在创作其经典巨著《纯粹理性批判》(*Critique of Pure Reason*)时,康

德房间里所挂的唯一一幅画像就是让-雅克·卢梭的画像。

至于休谟，康德曾说过：这位苏格兰人"将我从独断论的迷梦中唤醒"。康德对因果关系甚为关注，因为他认为因果关系是一切科学知识的基础，而康德的这种关注正是受到了休谟怀疑主义反思的启发。由于无法接受休谟对因果关系的怀疑，康德便试图去证明我们何以知道某一命题——诸如"万事皆有原因"——是一个先验命题（也即其获知不依赖于经验），即使它只是一个综合命题。比如"水达到 100 摄氏度时会沸腾"就是一个综合命题。而"所有的单身汉都是未婚之士"则是分析命题，也即根据定义即可知它是正确的。

除了尼采，也许没有哪一位哲学家的身后之名像卢梭那样反差巨大。刚一面世，卢梭的《忏悔录》便受到了猛烈的抨击，訾骂之声不绝于耳，诸如称其为"浮夸的"、"猥亵的"。然而，不出十年，人们的评价已开始变得越来越正面。如今，卢梭的《忏悔录》已被尊为一部文学杰作。

与其文学作品相比，卢梭的政治遗产则更具争议。尽管卢梭本人并不是叛乱或革命的倡导者，但他的名字却已不可分割地与"法国大革命"联系在一起。"法国大革命"的缔造者总是全方位地征引卢梭的著述，并借以证明自己革命行为的正当性。其中最著名的当属罗伯斯庇尔，他在意识形态上对卢梭（还有罗马人加图）推崇备至，并带着满腔热情来践行其对于"人民的共同意志"这一概念的理解——按罗伯斯庇尔的理解，"人民的共同意志"就是"一个单一的意志"。不过，在罗伯斯庇尔掌权的前两年，埃德蒙·伯克曾针对革命者们的卢梭崇拜在其所写的《致国民议会成员的一封信》中发出了才华横溢的、极具远见的抨击："每个人都知道，国民议会的各领导人中间展开了一场大辩论，而争论的焦点则是到底谁最像卢梭。"伯克说道，实际上，他们每个人都是卢梭的精神后裔。伯克谴责"法国大革命"的领导人吸收了卢梭思想中的糟粕，也即卢梭邪恶和虚荣的一面，而正是这些"使卢梭整个人都陷入谬误"。"在英格兰，我们已经有了虚荣哲学的伟大教授和奠基人……他让我们深信不疑的是：主宰其心灵或指导其知性的，除了虚荣，别无其他任何原则。而由此不难看出，他已迹近疯狂。"

卢梭对后世的影响是毋庸置疑的（尽管这种影响并不总是积极的）。人们视其为"浪漫主义运动"之父，更有甚者，人们甚至称其为"绿色运动"的先驱。卢梭肯定每个人的价值,不管其多么平凡;卢梭强调人与人之间的平等,强调了认识内在自我的重要性,强调了人与自然的精神联系。所有这一切,再加上卢梭奇瑰的想象力和充沛的情感,一直在激励着一代代的浪漫主义作家。

1816 年,乔治·拜伦(Goerge Byron)和珀西·雪莱(Percy Shelley)对日内瓦湖做了一次朝圣之旅,他们随身携带的正是卢梭的《新爱洛漪丝》。雪莱将卢梭描述为"一位高贵的天才"。而雪莱的妻子玛丽·雪莱(Mary Shelley)也对卢梭的著述情有独钟,正是卢梭的著述给予她灵感,让她得以创作出伟大的《弗兰肯斯坦》(Frankenstein):正是因为接触了社会,那头人造怪物才变得腐化堕落。席勒、司汤达(对司汤达而言,卢梭是"迄今为止最高贵的灵魂和最杰出的天才")、德·托克维尔以及叔本华也都是卢梭的崇拜者。威廉·黑兹利特(William Hazlitt, 1778—1830 年,英国随笔作家)称卢梭是新时代的普罗米修斯。著名的传记作家利顿·斯特雷奇(Lytton Strachey)称卢梭的《忏悔录》"在文学和情感世界所掀起的巨流至今仍绵延不息"。年轻的列夫·托尔斯泰常常戴着一枚镌有卢梭肖像的像章。他阅读了卢梭所有的著述,但对《新爱洛漪丝》《爱弥儿》和《忏悔录》尤为着迷。

在 20 世纪,人们指控卢梭为"极权主义"提供了思想辩护。如果说卢梭的身后之名是剪不断理还乱的一团乱麻的话——有时被人们视为平等和自由的仁慈恩主,有时又被人视为专制暴政的邪恶鼓手,那么,休谟的身后之名则是稳步上升,尽管偶有中辍。在美国,休谟的非理论性作品(诸如他的随笔和《英国史》)的影响不容小觑。在美国的开国元老中,詹姆斯·麦迪逊可以称得上是休谟铁杆门徒,他的联邦理论就直接受惠于休谟。美国的许多杰出人物——这其中包括塞缪尔·亚当斯、乔治·华盛顿以及本杰明·拉西(Benjamin Rush)——都认真研读过休谟的《英国史》(尽管托马斯·杰弗逊蔑视这部作品,并将休谟称为"自负的苏格兰人")。

而在 19 世纪,作为历史学家的休谟开始让位于作为哲学家的休谟。《英国史》作为标准历史教材的地位开始被其他史著取代,如托马斯·麦考莱(Thomas Macaulay)的《英国史》。而与此同时,那本甫一出版就"死产"的《人性论》却开始被公认为一部不朽的经典巨著。到了 20 世纪,休谟作为人类历史最重要的思想家之一的地位已经牢牢地确立起来。围绕着其怀疑主义难题——人们仍然在展开无穷无尽的争论。休谟的哲学风格被尊为简洁明晰和独创性的典范。作为休谟传统中的一位经验主义者,伯特兰·罗素在其《西方哲学史》承认了休谟所具有的至高无上的重要性。在第二次世界大战之前曾一度执哲学界之牛耳的"维也纳学派",也是这位 18 世纪苏格兰学者的传人。由数学家、逻辑学家和哲学家组成的"维也纳学派"将美学、伦理学和宗教斥之为毫无意义的形而上学。在他们看来,一个命题要成为有意义的命题,它要么必须经过经验的验证,要么根据定义知道其为真。而在两个世纪前,休谟就在其《人类理解论》中得出了这个著名的总结:

> 如果我们随手拿起一本书,诸如神学或形而上学方面的书籍,那么我们不妨追问一下:其中包含量或数方面的任何抽象推理吗?没有。其中包含有关于事实问题和存在的任何实验性推理吗?没有。那么,我们就可以将其投入火中,因为这里面除了诡辩和幻想一无所有。

"维也纳学派"的某些成员就终生致力于解决休谟的归纳难题,出生于维也纳的卡尔·波普尔教授就是如此。而休谟的信徒并不局限于狭小的哲学圈,伟大的物理学家阿尔伯特·爱因斯坦就非常崇敬休谟,并声称:正是休谟塑造了他的批判推理能力,并最终促成了其"相对论"的发明。1915年,在致"维也纳学派"的奠基人莫里茨·石里克(Moritz Schlick)的信中,爱因斯坦透露:在他发明"相对论"前,他曾"带着极大的热忱和崇敬"去研读休谟的《人性论》。

真相终将水落石出

　　不能因为一个人做出了错误的推理，就称其为一个流氓、无赖和谎言家。

——大卫·休谟

　　卢梭不是一个邪恶之人；他命运乖张、性情阴郁、高度敏感，他就是这么一个奇怪的复合体；最重要的是，他身上具有一种特质，正是这种特质将卢梭与其同时代人割裂开来，并在他们之间形成一道巨大的鸿沟，卢梭是一个不折不扣的现代人。

——利顿·斯特拉奇(Lytton Strachey)

在献给"我们最杰出、永远令人难以忘怀的朋友"的长篇颂词的结尾,亚当·斯密将大卫·休谟标为"人类的脆弱天性所能企及的最明智、最具德操之人的典范"。如果真是如此,那么,在与让-雅克·卢梭的争吵中,为什么休谟的所作所为与其一贯的品性如此大相径庭呢?

想要寻找这个问题的答案,我们必须从巴黎说起。在巴黎这个大舞台上,休谟曾获得过巨大的成功。在巴黎,休谟可谓万人景仰,哲人们尊崇他,沙龙贵妇们荣宠他。在接连经历了官场失意、不温不火的成功和彻底的失望之后,是法国接纳并厚遇了休谟,这不仅仅因为其著述,而且还因为其人品。在那里,他是"好人大卫",正派、诚实、善良、正直、颖慧。在这种情况下,当那位对其怀有无限崇敬之情的巴芙勒夫人恳请他拯救深受迫害、处境悲惨的卢梭时,"好人大卫"怎么能让她失望呢? 休谟早期写给卢梭的那些华美的信函,与休谟平素朴实无华、直抒胸臆的文风相去甚远:休谟实际上是透过别人的眼光来审视自己(这或许就是卢梭所说的自尊心)。

但是,作为一个既没有家累也少有义务的单身汉,休谟既没有意愿也从没有考虑过要将卢梭护送至安全之地。如果当初不是由休谟将卢梭护送至英格兰——正如休谟所打算的那样,这位苏格兰人或许根本就不会露面,就像当初巴芙勒夫人参访英国时那样。如果没有当初诚挚相邀的热心人,也就没有后来形影不离的流亡者了。实际上,休谟所要照顾的不仅仅是麻烦不断的卢梭,他必须承担起照顾包括勒·瓦瑟和"苏丹"在内的整个家庭的责任。他现在已经从声名遐迩的休谟先生,摇身一变为同样声名遐迩的卢梭的"护花使者"。不仅如此,在他们即将前往的城市(伦敦),休谟总是郁郁不得志,从没得到其本应得到的东西。

有证据表明,休谟早就对卢梭心生轻蔑。毕竟,他很可能就是普鲁士国王之信中那个关键玩笑话的作者,甚至在卢梭离开伍顿之前,他已经对卢梭的性格进行了尖刻的剖析。如果再考虑休谟认为卢梭的性格、卢梭所公开宣示的对于孤独的向往、卢梭原始的生存方式、卢梭的"病"、卢梭的"美德"全都是矫揉造作,那么,我们便不难看到,所有这一切所揭示出来的不仅仅是休谟对于卢梭的敌意。这或许解释了休谟何以要调查卢梭的经济状况、何以要将一个单纯的感性之人揭露为一个骗子。当休谟敦促巴芙勒夫人赶紧与卢梭的银行家联系时,其动机已表露无遗:"即便调查的结果对他不利——这是不太可能的,我也只会将它视为卢梭的另一个缺点罢了,我不会仅仅因为这一件事情就改变我对卢梭的良好看法。"

而这也就是为什么所有看过卢梭那封信的人都觉得卢梭只是想延宕一些时日才接受"年金",而唯有休谟认为卢梭是在拒绝"年金",并在此基础上急不可耐地告诉其朋友卢梭是何等地不可理喻、值得谴责和放纵的原因。他谴责卢梭的过度敏感。对于那些曾经帮助过他的人,卢梭表现出来一种自以为是的不屑和冷漠。对于休谟而言,卢梭的这些行为无疑已将其真实本性暴露无遗。

我们不难想象休谟打开卢梭那封来信时的心情。他原本以为卢梭会对他的不懈努力礼表敬意,但不期想,他所收到的只是卢梭的一纸指摘,尽管他曾为年金一事整日里为卢梭奔走呼告。而且,这再度证明他那帮法国朋友是正确的。现在,休谟与卢梭之间这场愚不可及的争吵已经闹得人尽皆知。最糟糕的是,卢梭很可能会在"回忆录"中重申其对休谟的这些指责,再经过其生花妙笔的渲染,估计绝大多数读者都会信以为真。卢梭所做过的坏事还不仅止于此。休谟一直在寻找卢梭是个骗子的证据。而突然间,这个怀疑对象居然质疑起休谟的品行。于是,这个苏格兰人便发疯似地在卢梭控告信的页边空白处写下了三个词:谎言、谎言、谎言。从中,我们不难感受到休谟又怒又惧的复杂心绪。

正是休谟和卢梭在思想品性上的歧异最终导致了他们的分道扬镳。卢梭先是构想出一个大胆的结论,然后再用具体的细节来支撑这个结论。而休谟则反其道而行之——他总是先从具体的事实入手,然后再用这些事实来建构自己的结论。因此,在没有找到任何确凿的证据之前,卢梭已经做出了这样一种想象:他身陷一个专门针对他的致命的弥天大阴谋。而休谟则恰恰相反,他直接诉诸证据。通过详细审查每一个证据,休谟不仅让卢梭所有的攻击都不攻自破,而且使公众相信:他们有更多的理由不相信卢梭。卢梭对于直觉想象的依赖不仅让其昔日的恩人感到莫名其妙,而且还触怒了他。

所有这些都在某些程度上解释了休谟何以会在看到卢梭的这些指控时如此勃然大怒,解释了休谟何以会做出如此疯狂的努力,为了降低卢梭那如椽巨笔所可能造成的伤害,因为休谟从来就没有低估过卢梭的天赋。但休谟对卢梭所作出的一系列反击之残酷,严重地危及到其在巴黎的名声,甚至犹过于卢梭的指摘:事实上,在寻求报复的过程中,休谟已经与卢梭互换了角色,也即他已由一个受害者转变为一个施害者。不仅如此,休谟还以其行动向世人表明:他对于沙龙礼仪的了解是何其浅陋!尽管他一直被尊为巴黎沙龙的座上宾。也许他还未曾有机会去研习挂在巴芙勒夫人卧房里的"生活仪轨"。

而更让人深感困惑的是休谟一贯的虚假——他的虚伪不实、他的遮遮掩掩、他的狡黠诡诈。

对于普鲁士国王书信一事,他明明知悉内情,却谎称不知,并向卢梭隐瞒了其真正的作者,而待一切都真相大白时,他又转而告诉卢梭:沃波尔原本并未打算将这封信公之于众;他还故意不将艾斯皮奈夫人以及后来的达朗贝尔写给卢梭的信转交给他;他极力夸大自己在为卢梭赢得"年金"一事上所起到的作用。可能在卢梭看来,所有这些都构成了所谓的反对他的"阴谋"。

返程邮车一事就颇具启发性或颇能说明问题。在叙及这件事情时,传记作家们往往避而不谈卢梭的耻辱感——被当做一个靠施舍为生的乞讨者,而是径直将其视为生性敏感的日内瓦人一种典型的反应过度。在那时,想必仁善的达文波特定会对卢梭的过激反应大吃一惊。当然,达文波特之所以要撒谎,也是出于最纯正的动机,因为它既可以给穷困潦倒的卢梭以切实的帮助,又可以顾及到卢梭的面子。

休谟不太可能对达文波特的这种做法细加思量,认真考究起来,休谟似乎对"欺骗"持一种工具主义的观点。

但对于卢梭来说,休谟的这种态度是令人反感的。尽管卢梭的言论多有牴牾之处,但对于欺骗,卢梭却有一种本能的厌恶。对于卢梭而言,善意的谎言也是谎言,撒谎的行为既是对受骗者的一种轻贱,也是对说谎者的一种败坏。在卢梭看来,在返程邮车一事上,休谟即便不是那个谎言的始作俑者,他也知悉内情,这就使其成为达文波特的同谋;休谟关于什么才是其客人(指卢梭)最佳利益的个人判断则显示出了他的倨傲自大和自以为是。

在《一个独孤散步者的遐想》的"散步四"中,卢梭坦言,他有时会出于害羞或尴尬而撒谎,但"那种我们称之为善意的谎言的谎言仍是不折不扣的谎言,因为为了自己的好处或别人的好处而行欺瞒之事,与为了损害别人的利益而行欺瞒之事一样不义"。卢梭一直将他自己看视为真理的布道者。对卢梭而言,世间万物唯真理为要,在卢梭那里,"对谎言的恐惧要超过对其他任何事物的恐惧"。

休谟的谎言还不止于此。在返程邮车一事暂告平息之后,在卢梭揭穿了这一"阴谋"之后,休谟不断地向其支持者们提供各种误导性信息:例如,他声称卢梭曾称其为大腹便便的黝黑男人;他公开宣称其有证据表明卢梭为了算计他已密谋了两个月之久,尽管他从未能提供这些证据;他声称卢梭从未流露出对其不信任的任何迹象——但事实却并非如此,如果我们认可卢梭曾在"俪人街"提及"背信弃义之徒"这个词的话。休谟还声称:康威将军和赫特福德伯爵都建议他将此事公之于众,而他的法国朋友更是"强行要求"他将《说明》付梓;而在将沃波尔的书信编入法语版《说明》的过程中,休谟更是对沃波尔进行了欺瞒;另外,休谟还错误地将达文波特描述为不喜欢勒·瓦瑟,但事实却并非如此。熟知内情的旁观者至少可以从中找出不下20个谎言,这还不包括休谟所玩弄的一些小修辞伎俩。不过最让人感到困惑不解的却是休谟对巴芙勒夫人的欺骗,休谟不仅在卢梭一事上欺骗她,而且还在个人问题上欺骗她(譬如其重返巴黎的计划),尽管巴芙勒夫人是这个世界上最值得他坦诚相待之人。

纵观休谟和卢梭的整个争斗过程,我们不难从中得出这样的教益:尽管理智健全之人不可能让疯子变得理智健全,但疯子却可以让理智健全之人变得疯狂。由于处于一时的疯狂、暴怒和恐慌之下,休谟从未能真正理解卢梭抱怨的真正根由,即尽管就实践层面而言,休谟履行了一个朋友的义务,但就精神层面而言,他根本就没有做到这一点。而卢梭则希望其朋友能与他敞开心扉、坦诚相待,并且是出于纯粹的爱。友情需要一种特殊的理解力。卢梭曾提醒埃皮奈夫人(Mme d'Épinay)道:"我的言语罕有惯常的意义,因为我总是在用心与您交流,有一天您也许会发现,我的语言与发自别人内心的语言是不同的。"

在《尼各马可伦理学》(Nicomachean Ethics)中,对于"友谊",亚里士多德这样分析道:"对于一个朋友的正义与对待一个陌生人的正义是不同的。"对此,卢梭有着一种极为透彻的理解。友谊意味着心灵交契,意味着相互尊重、相互信任和相互温暖。作为朋友,我们总希望对方能获得幸福、成功,总希望能与他结伴同行,并以实际行动来促成这种愿景的实现。不仅如此,友谊的结成和维系需要时间。卢梭曾于1758年告诫年轻的弗朗索瓦·康德特(François Coindet):不要指望在短时间内收获友谊的果实。友谊"是一种成熟得很慢的东西,它必须要经过经年累月的涵育,故而,真正的朋友是那些早在使用'朋友'这个词之前就已经是朋友之人"。

卢梭对"苏丹"的溺爱也让休谟感到不可思议,"他对那个动物的溺爱已超乎人们的想象"。但卢梭与"苏丹"的关系或许有助于我们理解卢梭与其同伴之间的关系。对卢梭而言,唯有彼此独立的平等之人才能收获真正的友谊。真正的朋友应该彼此心灵相契,但不应当限制对方的自由。当鲍斯威尔前往莫蒂埃膜拜卢梭时,卢梭坚称:从对待猫的态度上就可以判定一个人的人品。那些生性专横暴虐之人是"不会喜欢猫的,因为猫生性自由、绝不愿委身为奴"。同样,人与狗的关系绝不应该是统治者和被统治者的关系。对于"苏丹"的前任,卢梭曾这样写道:"我的狗是我的朋友,而不是我的奴隶:我们总是具有相同的意愿,但这并不是因为它听命于我。"至于"苏丹",尽管它总是给卢梭带来无尽的麻烦,但它永远不会耍滑头、假惺惺、矫揉造作或盛气凌人。"苏丹"也不会背信弃义。

当看到卢梭与其郁郁寡欢的邻居伯纳德·格伦维尔交谈时,当看到卢梭在多佛溪谷采集植物标本时,人们或许根本就看不出有什么异样。但殊不知还有另一只狗如影随形地尾追其后,并不停地提醒卢梭要谨防别人的阴谋和背叛,其吠叫声一直在寂寥的伍顿庄园上空回响。尽管敌人的存在并不只是卢梭不着边际的臆想,但确实不存在阴谋。所谓的"阴谋"无非只是卢梭"受迫害妄想症"的产物。但卢梭为什么要将休谟锁定为整个"阴谋"的幕后黑手呢?

这或许只是因为休谟无法满足卢梭对于友谊的期许。作为真理的信徒和人类动机和人类品性的精明观察者,卢梭同样可以在其恩主休谟身上发现一些让他深恶痛绝的性格缺陷,诸如对真理缺乏热忱,对别人不够尊重。尤为重要的是,卢梭或许凭直觉已感觉到:休谟打心眼里瞧不起他。而这也解释了在"俪人街"他们共同度过的最后一个晚上,卢梭为什么会将休谟称为"背信弃义之徒"。

休谟不是阴谋家。但是,正是因为意识到了自己的清白无辜,休谟才不惜大动干戈,对卢梭发起了一轮又一轮咄咄逼人的反击(甚至最后坚称卢梭需要一个监护人),而这也最终导致了卢梭的精神崩溃和凄凉晚景,对此,休谟肯定难辞其咎。以此观之,一点也不奇怪的是:一俟这件事成为过眼云烟,休谟就不遗余力地将它从其个人历史中抹去。尽管它占用了休谟将近一年半的时间,尽管它展示了休谟的仁善,但在《我的自传》中,对于与像让-雅克·卢梭这样一位显赫人物的交往,休谟竟然只字未提。

"好人大卫"的形象一直经久不衰。但颇具讽刺意味的是,正是对卢梭的慷慨相助将休谟的这一形象置于危殆之境。正是"好人大卫"试图捍卫自己的清誉这一点几乎葬送了他的清誉。

通过运用其严苛的推理,休谟曾向世人揭明:启蒙运动对理性所做的那些夸赞实属言过其实。故而,同样具有讽刺意味的是:面对卢梭——一位感性之人——的攻击,休谟所作出的反应实在有失法度。1776 年夏,当休谟抛弃其终生守持的中庸之道时,他似乎意在向我们表明:理性确实是激情的奴隶。

大事年表

1711，大卫·休谟于该年4月26日出生于爱丁堡。

1712，让-雅克·卢梭于该年6月28日出生于日内瓦。

1758，卢梭写下了《论戏剧：致达朗贝尔的信》，并致使他和达朗贝尔、伏尔泰以及狄德罗的关系恶化。他益发相信自己陷入一场由埃皮奈夫人、格里姆和达朗贝尔等人策划的阴谋之中，并最终导致他与他们之间关系的决裂。随后，在卢森堡公爵及公爵夫人的庇护下，卢梭搬至蒙莫朗西森林，并在蒙特-路易斯（Mont-Louis）住了下来。正是在这里，卢梭结识了巴芙勒夫人。

1759，卢梭由一开始厌恶沃德琳夫人，到后来逐渐产生好感。

1760，乔治三世登上英国王座。

1761，卢梭隐居于蒙莫朗西森林。巴芙勒夫人开始与休谟有书信往还。

1761—1762，卢梭发表了《新爱洛漪丝》、《社会契约论》和《爱弥儿》。《爱弥儿》的最后一部分《一个萨瓦牧师的信仰自白》招致法国和瑞士宗教当局的广泛谴责。

1762

5月，英格兰，约翰·斯图亚特，布特伯爵成为英国财政部的第一大臣。

6月9日，卢梭事先得知讯息，巴黎法院对他发布了逮捕令，于是便流亡瑞士。

6月中旬,巴芙勒夫人向休谟告知了卢梭的困境,并坦言,她已建议卢梭前往英格兰。休谟则给予积极的回应,不仅向卢梭无偿提供其在爱丁堡的房子,还首次提及为其向乔治三世申请年金一事。

日内瓦统治当局决定焚烧卢梭的《爱弥儿》和《社会契约论》,如果发现其卢梭回到日内瓦,便立刻予以逮捕。

7月10日,卢梭在苏格兰元帅基思伯爵和腓特烈大帝的庇护下搬至莫蒂埃村居住。

7月,卢梭因日内瓦当局禁止出版《致博蒙书》(巴黎大主教克里斯托·德·博蒙)而放弃了日内瓦公民权。

1763

2月10日,《巴黎条约》终于为英法"七年战争"画上了句号。

4月,赫特福德伯爵被聘为驻法大使,他邀请休谟作为其私人秘书一同赴任。

4月6日,布特伯爵辞去财政部的第一大臣职务,让位与乔治·格伦维尔。

4月17日,巴芙勒夫人前往英格兰旅行,却未能如愿与休谟相见,扫兴而归。

8月,格伦维尔巩固了其权力,布特被赶出朝廷。

秋天,在日内瓦,总检察官让-罗伯特·唐奇恩匿名发表了一本题为《乡间书简》的小册子,鼓吹君主专制政体,旨在削弱"代表"(自由党)的势力。

10月8日,休谟作为赫特福德伯爵的私人秘书抵达巴黎。

1764

4月4日,赫特福德伯爵的弟弟康威将军因对"空白搜查令"的抵制而被从宫廷和军队扫地出门。

12月3日,卢梭发表了《山中书简》以支持日内瓦的自由党。其复本在日内瓦广为流传,一度让日内瓦的寡头政权陷于混乱之中,但具有讽刺意味的是,这场动乱却最终成为"自由党"向寡头政权示好的前奏。

同天,鲍斯威尔到莫蒂埃村拜访卢梭。

12月，一本题为《公民情感:答复〈山中书简〉》的小册子匿名出版,对卢梭大肆攻击。人们普遍认为这本小册子出自伏尔泰之手。

1765

2月,格伦维尔在北美殖民地引入"印花税法案"。

3月,亚历克西斯·克劳德·克莱罗(Alexis-Claude Clairaut)向休谟告知了卢梭的悲惨境遇。休谟则回应以一个可以增加卢梭收入的秘密计划。

6月3日,休谟获悉其大使秘书一职已获批准。

7月10日,格伦维尔离职,不再担任首相。

7月13日,罗金厄姆侯爵接任首相一职。在随后的政局变动和改组中,康威将军荣升"南方部"国务大臣,并成为"下议院"的魁首。而赫特福德伯爵则被授予爱尔兰总督一职,并由里奇蒙公爵接任驻法大使一职。

9月,霍拉斯·沃波尔开始了其为期六个月的巴黎之行。

9月6日,由于其住所遭到莫蒂埃村愤怒村民的乱石袭击,卢梭被迫重新开始其流亡生涯,并在圣·皮埃尔岛暂住下来。

10月22日,休谟致信给住在圣·皮埃尔岛的卢梭,信中提到要帮他逃往英国。

10月29日,已经离开圣·皮埃尔岛的卢梭暂住在伯尔尼,随后又去了斯特拉斯堡,但他仍然未决定好到何处去寻找安身立命之地。

11月2日,已经到达斯特拉斯堡的卢梭投宿于芙蓉客栈(La Fleur inn)。在这里他收到了休谟的来信。

11月9日,里奇蒙公爵抵达巴黎接任驻法大使一职。休谟的大使秘书一职也告终结。

12月4日,卢梭写信给休谟,称他为"其同时代的最杰出人士"。他将投身于休谟的庇护之下。

12月9日,卢梭离开斯特拉斯堡前往巴黎。

12月2日,沃波尔与休谟、奥索里、克劳福德一道用餐。在这次气氛欢洽的聚会上,有人嘲讽(调侃)卢梭道:如果卢梭想寻找新的不幸,腓特烈大帝将会满足他的这种需要。

12月16日,卢梭抵达巴黎,并于次日现身"卢森堡公园"。他先是与孀居的公爵夫人住在一起,随后又搬至孔蒂亲王的"神殿"居住。

12 月 27 日,沃波尔冒用普鲁士国王之名讥刺卢梭的书信流传于大街小巷,妇孺皆知。

1766

1 月 3 日,在辞别之际,霍尔巴赫男爵警告休谟,他帮助卢梭实际上就等于揽蛇于怀。

1 月 4 日,休谟、卢梭、让-雅克·德·卢兹(Jean-Jacques de Luze)以及卢梭的爱犬"苏丹"一起离开巴黎前往伦敦。

1 月 4 日或 5 日,卢梭听见休谟在睡梦中嘀咕道:"我留住了让-雅克·卢梭。"

1 月 10 日或 11 日,在从加莱横渡英吉利海峡的时候,休谟提到了从乔治三世那里为卢梭申请年金的可能性。

1 月 13 日,卢梭、休谟和"苏丹"进入伦敦城。

1 月 18 日,休谟告诉卢梭:那封冒用普鲁士国王之名的伪信已在市面上广为流传。

1 月 23 日,卢梭和休谟在"德鲁里巷剧院"观看加里克的表演。

1 月 28 日至 30 日,《圣詹姆斯纪事报》刊登了一份来自巴黎的关于普鲁士国王书信的简短报道。

1 月 31 日,卢梭离开伦敦,并寄宿在奇斯维克的杂货商普莱恩家。鲍斯威尔和勒·瓦瑟一道从巴黎启程,在第二天晚上两人就开始同床共眠。而在此期间,罗金厄姆政府正致力于议会斗争,力争废除格伦维尔的"印花税法案"。

2 月 13 日,鲍斯威尔陪同勒·瓦瑟前往奇斯维克,在这里,卢梭和勒·瓦瑟终得团聚。

3 月 1 日,在伦敦的哈利街 67 号,艾伦·拉姆齐正在为端坐着的卢梭画像。在这里,卢梭遇到了其后来的房东理查德·达文波特,达文波特把其位于斯塔福德郡的"伍顿庄园"租给卢梭。同一天,卢梭的爱犬"苏丹"跑丢了,不过所幸的是,它自己后来又找回来了。

3 月 18 日,在乘"返程邮车"动身前往伍顿的头一天晚上,卢梭、勒·瓦瑟与休谟一道在"俪人街"住了一晚。卢梭对那一晚他和休谟之间所发生的事情的描述成为他谴责休谟的核心证据。

3月22日,卢梭到达伍顿。他致信休谟,意欲借此考验休谟到底是不是背信弃义之徒。

4月3日,冒用普鲁士国王之名的那封伪信刊登在《圣詹姆斯纪事报》上。

4月7日,卢梭写信给《圣詹姆斯纪事报》,就其登载伪信一事提出抗议。卢梭的这封抗议信刊登在4月8日至10日这一期的《圣詹姆斯纪事报》上。

4月9日,卢梭写信给沃德琳夫人,首次详细陈述了休谟专门针对他的阴谋。

4月中旬,《圣詹姆斯纪事报》和《劳埃德晚报》(Lloyd's evening Register)刊登了一封致让-雅克·本苏非博士(Jean-Jacques Pansophe)的信,人们都认为这封信出自伏尔泰之手,意在嘲讽卢梭。

4月17日至19日,在由普鲁士国王那封伪信和卢梭的抗议信所激起的风潮中,《圣詹姆斯纪事报》上又刊登了一位署名为"Z. A."的教友派信徒所写一封信,该信通篇都在嘲弄卢梭。

5月2日,康威将军告知休谟,乔治三世已答应赐予卢梭一笔100英镑的年金,不过前提是这件事必须保密。

5月3日至6日,《圣詹姆斯纪事报》刊登了一封来自"X"的信,该信不仅为卢梭辩护,还严厉地批评了那些写信嘲弄卢梭的作者。

5月12日,卢梭致信康威将军,并向其解释道:由于太过心烦意乱,对于是否接受年金,他一时还拿不定主意,恳请延后一段时间再做决定。

5月14日,康威将军荣升"北方部"国务大臣。

5月17日,休谟致信卢梭,并认定年金的保密条款是问题的关键,并希望卢梭能回心转意。同时,休谟也补充道:对于那封伪信,沃波尔深表歉意。

6月5日至7日,《圣詹姆斯纪事报》刊登了一封署名为"V. T. h. S. W"的信,在信中,作者对卢梭进行了大肆抨击,并显示出其对卢梭在伦敦期间各种行迹的精细了解。

6月19日,休谟致信卢梭:如果卢梭答应接受这笔年金,康威将军将会恳请国王将其授予卢梭年金一事予以公开。

6月21日,休谟给卢梭寄去了一封正式的便笺,要求卢梭就其6月19日所提出的条件予以答复,同时还解释道:他即将动身去苏格兰,此后,他在年金一事上再也无法帮助卢梭了。

6月23日,卢梭致信休谟,称"这将是他写给休谟的最后一封信",并指摘休谟他之所以将他带到英格兰,就是为了要羞辱他。

6月26日,休谟给卢梭回了信,并要求卢梭对他的指控作出具体说明,同时说清楚到底谁是"背信弃义之人"。

6月27日至7月1日,休谟致信霍尔巴赫,并以激烈的言辞对卢梭进行了谴责。与此同时,休谟还从布莱尔和达文波特那里收回了其此前对卢梭不吝溢美之词的去信。

7月8日,休谟致信达文波特,称卢梭拒绝接受年金是早就谋划好的,意在将他此前所欠休谟的恩情一笔勾销。

7月10日,卢梭给休谟寄去了一封详尽的控告信。在其中,卢梭绘声绘色地描述了他如何嘲讽休谟,说他给了休谟三个"耳光"(比喻性的用法),而休谟却浑然不觉。

7月22日,休谟对卢梭的控告信做出回应。他对卢梭的指控信做了详细的批注,以备将来出版。在批注中,休谟指出了卢梭控告信中的"十二谎言"。

在此期间,休谟在巴黎的朋友们都纷纷出谋划策,商讨休谟该如何应对卢梭的指控。

7月30日,罗金厄姆政府解散。国王陛下要求皮特(查塔姆伯爵)重组新政府。康威将军继续执掌"北方部"国务大臣一职。

8月2日,在给其巴黎出版商皮埃尔·盖(Pierre Guy)的一封信中,卢梭似乎在故意向休谟寻衅,声称休谟不敢将他们之间的书信付梓。这封信的内容不胫而走。

8月初,休谟将卢梭写给他的所有信件都寄给了达朗贝尔。在读完卢梭那封冗长的控告信后,达朗贝尔和休谟的其他朋友都纷纷告诉休谟:休谟没有必要出版小册子为自己辩护。

8月底或9月初,伦敦的报纸刊登了一份声明,声称卢梭已经向其敌人下了战书,他们没有胆量将他们之间的通信付梓。于是,巴黎的态度又出现了180度的大转弯,现在倾向于将休谟的"说明"付梓。

9月9日,休谟委托亚当·斯密转告达朗贝尔:达朗贝尔可以全权处理休谟的"说明"。

10月,法文版《大卫·休谟与让-雅克·卢梭之间纷争的简要说明》出版发行。

11月,英语版《大卫·休谟与让-雅克·卢梭之间纷争的简要说明》出版发行。

1767

3月,卢梭和达文波特商量,他打算搬到伦敦去住。达文波特再次旧话重提,谈到向乔治三世申请年金一事。

3月12日,卢梭卖掉其藏书,准备离开伍顿。

3月18日,康威将军通知达文波特:乔治三世已同意授予卢梭一笔一百英镑的年金。

4月27日,达文波特抵达"达文波特山庄",因痛风病发作而被迫滞留于此。

5月1日,卢梭离开伍顿。

5月5日,在斯帕尔丁,卢梭请求大法官(Lord Chancellor)给他派一个官方的向导,将他护送至多佛。

5月14日,卢梭离开斯波尔丁。

5月18日,在多佛,卢梭致信康威将军,请求康威让他安全回国,并接受了这样的这样的观点:他对于休谟的怀疑可能是不公平的。

5月22日,卢梭、勒·瓦瑟和"苏丹"抵达加莱。

1768

4月29日,卢梭正式与戴莱丝·勒·瓦瑟结婚。

1770

6月后，卢梭重返巴黎，完成了《忏悔录》的写作，并大声地将它现场读给那些如痴如醉的听众们听，直至受到当局的毁禁（直至卢梭死后，《忏悔录》方才于1781年得以出版发行）。

1776年8月25日，休谟逝世。

1778年7月2日，卢梭逝世。

译后记

正是数年前在伦敦书店的一次邂逅成就了这一段痛苦而愉悦的翻译体验。从遇见并买下此书，到向出版社友人推荐，再到自己最后毅然地接手翻译，冥冥之中似有天意。

在《卢梭与休谟》一书中，畅销书作家大卫·埃德蒙兹(David Edmonds)和约翰·艾丁诺(John Eidinow)保持了其一贯的行文和叙事风格：构思精巧、史料淹博、文辞华美。他们不仅以细致、生动而敏感的笔触为我们描绘了休谟与卢梭这两位启蒙巨人由惺惺相惜到公开决裂，并进而引发了一场震惊并席卷整个"文人共和国"的"笔战"的完整过程，而且还通过引证大量的私人信笺和文献材料来揭示这个扑朔迷离、众说纷纭的"文坛讼案"背后冷酷的人性现实。就此而言，这似乎是一个有关"同情、背叛、怨怒和报复"的故事。

但我更愿意将"卢梭—休谟之争"理解为一种象征性的隐喻。它喻示着整个"文人共和国"的内在紧张，喻示着两种启蒙心性的龃龉，喻示着古与今的对垒，喻示着现代文明的辩证法：卢梭感性、热烈而多变，而休谟则理性、清明而恒定；卢梭行文铺张、雄恣、奇诡如海洋，而休谟则行文节制、平易、温煦如和风；卢梭崇尚一种简朴、孤寂、内省的生活，而休谟则追求一种文雅、合群、行动的生活；卢梭不屈不挠地高声控诉"商业文明"所带来的依赖、伪善、算计和腐化，而休谟则声嘶力竭地大声称颂"商业文明"所带来的自由、文雅、富足和人道。

在评价伏尔泰和卢梭之争时，休谟曾说过这样一段话："正如维吉尔所描述的达雷斯(Dares)和恩特鲁斯(Entellus)之间的对决，伏尔泰和卢梭这两位斗士正可谓棋逢对手、将遇良才。一个人的快活、优雅和冷嘲热讽，恰与另一个人的雄力与热烈形成绝妙的对比。"

在某种意义上，这段话同样适用于"卢梭—休谟之争"，因为它同样无关乎对错，而只涉及风格。

周保巍
2013 年于闵大荒

图书在版编目（CIP）数据

卢梭与休谟:他们的时代恩怨/（英）大卫·埃德
蒙兹(David Edmonds),（英）约翰·艾丁诺
(John Eidinow)著;周保巍,杨杰译.—上海：上海
人民出版社,2016
（走近大思想家）
书名原文:ROUSSEAU'S DOG;Two Great Thinkers at War in the Age of Enlightenment
ISBN 978－7－208－13982－4

Ⅰ.①卢… Ⅱ.①大… ②约… ③周… ④杨… Ⅲ.
①卢梭,J.J.(1712—1778)—哲学思想—思想评论②休谟,
D.(1711—1776)—哲学思想—思想评论 Ⅳ.
①B565.26②B561.291

中国版本图书馆 CIP 数据核字(2016)第 171926 号

责任编辑 孙 瑜 顾 雷
封面设计 张志全

走近大思想家

卢梭与休谟:他们的时代恩怨

[英]大卫·埃德蒙兹、约翰·艾丁诺 著

周保巍 杨 杰 译

出 版 上海人民出版社
　　　　　（200001 上海福建中路 193 号）
发 行 上海人民出版社发行中心
印 刷 常熟市新骅印刷有限公司
开 本 635×965 1/16
印 张 19.75
插 页 2
字 数 289,000
版 次 2016 年 10 月第 1 版
印 次 2018 年 6 月第 2 次印刷
ISBN 978－7－208－13982－4/B·1203
定 价 58.00 元